러시아 히스토리: 제국의 신화와 현실

러시아 히스토리

제국의 신화와 현실

로드릭 브레이스웨이트 지음

홍우정 옮김

시그마북스
Sigma Books

러시아 히스토리: 제국의 신화와 현실

발행일 2022년 12월 9일 초판 1쇄 발행
지은이 로드릭 브레이스웨이트
옮긴이 홍우정
발행인 강학경
발행처 시그마북스
마케팅 정제용
에디터 최연정, 최윤정
디자인 김문배, 강경희

등록번호 제10-965호
주소 서울특별시 영등포구 양평로 22길 21 선유도코오롱디지털타워 A402호
전자우편 sigmabooks@spress.co.kr
홈페이지 http://www.sigmabooks.co.kr
전화 (02) 2062-5288~9
팩시밀리 (02) 323-4197
ISBN 979-11-6862-091-9 (03920)

나는 당신에게 러시아의 행동을 예측해줄 수 없소.
그것은 불가사의 속의 미스터리로 포장된 수수께끼요.
그렇지만 아마 답은 있을 거요.
그 답은 러시아의 국익이오.

- 윈스턴 처칠

차례

지은이의 말

러시아 역사에 관해 글을 쓰자면 당장 막막해지는 문제가 있다. 이 나라를 무슨 이름으로 부를 것인가? 루시, 머스커비, 제정 러시아, 소련, 소비에트 사회주의 공화국 연방, 러시아 공화국 등 러시아에는 이름이 많았다. 러시아인들만 그 땅에 살았던 것도 아니다. 여러 시대에 걸쳐 우크라이나인, 폴란드인, 타타르인은 물론, 발트, 캅카스, 중앙아시아와 많은 다른 곳에서 온 사람들이 섞여 살았다. 각 이름에는 학자, 정치인, 언론인, 일반인이 격렬하게 대립하는 정치적·역사적 함의가 있다.

중세 도시 키예프를 중심으로 형성된 국가를 무슨 이름으로 부를지는 특히 문젯거리다. 대부분의 러시아인은 키예프 루시라고 부르고, 지금의 러시아가 그 국가를 직접적으로 계승했다고 믿는다. 많은 우크라이나인이 격렬히 반대하는 지점이다. 우크라이나는 그 도시를 키이우라고 부르고, 여러 다른 도시까지 포함해 러시아 이름과 다른 우크라이나 철자를 써야 한다고 고집한다. 나는 시기에 따라 적합하다고 판단되는 철자를 사용하려고 노력했다. 하지만 어쩔 도리 없이 모든 사람이 만족할 수는 없을 것이다.

이 책의 일부는 이런 차이가 왜 그토록 중요한지 설명하려는 시도이다. 그렇지만 대부분의 경우 '러시아', '러시아인', '키예프'를 사용하는 것이 가장 간단하다고 판단한 점에 대해 사과한다.

*

러시아어 단어를 영어로 옮길 때 나는 의도적으로 표준 학술체계를 따르지 않았다. 러시아어를 모르는 독자가 최대한 이해하기 쉽게 쓰려고 노력했다(러시아어를 아는 사람들은 원래 철자를 떠올리는 데 문제가 없을 것이다).

따라서 적은 대로 소리 내서 읽으면 된다. 영어에 존재하지 않는 소리는 다음과 같이 표현했다. 'kh'는 '로크[loch]'의 '크'처럼 들리고, 'zh'는 '루즈[rouge]'의 '즈'처럼 들린다. 러시아어 단어의 첫머리에 있는 'e'는 보통 '예[ye]'로 발음된다. 그러므로 'Yeltsin'은 '엘친'으로 읽지 않는다. 하지만 러시아 옐부르즈산[山]은 'Yelbruz'가 아니고 'Elbruz'라고 쓴다(여기서 쓰인 'E'는 러시아어에서는 철자가 다르기 때문이다). 한편 'ë'는 '요[yo]'로 발음되기도 한다. 영어로 쓴 'Fedor'는 러시아어에서는 '표도르[Fyodor]'로 발음된다. 그래서 나는 이 책에서 'Fyodor'라고 썼고, 비슷하게 'Semen' 같은 이름들도 '시메온[Semyon]'이라고 썼다. '흐루쇼프[Khrushchev]'와 '고르바초프[Gorbachev]'는 소리 나는 대로 'Khrushchyov'와 'Gorbachyov'로 쓰는 대신 좀 더 친숙하게 알려진 철자를 사용했다.

나는 영어권에서 익숙한 용어를 사용했다. '모스크바'는 'Moskva' 대신 'Moscow', '표트르'는 'Pëtr' 대신 'Peter', '알렉산드르'는 'Aleksandr' 대신 'Alexander'를 썼다. 하지만 적합하다고 생각되면 다르게도 썼다. 예를 들면 '미하일'을 쓸 때는 'Michael'보다 'Mikhail'에 손이 간다.

러시아어에 익숙하지 않은 사람들은 러시아 이름이 정말 기억하기 어렵다고 생각할 수 있다. 사실 어려운 게 맞다. 하지만 러시아 이름에는 성과 이름 사이에 부칭父稱이 있다는 점을 기억하면 가끔은 좀 수월해질 수도 있다. 남성은 부칭이 −ovich/-evich로 끝나고, 여성은 −ovna/-evna로 끝난다. 영어에서는 '존 존슨John Johnson'이라는 이름을 가진 두 남자가 서로 구분되지 않는다. 하지만 러시아에서 '이반 이바노프Ivan Ivanov' 두 사람이 있다고 한다면, '이반 이바노비치 이바노프Ivan Ivanovich Ivanov'는 '존의 아들 존 존슨'이고, '이반 스테파노비치 이바노프Ivan Stepanovich Ivanov'는 '스티븐의 아들 존 존슨'인 셈이다. 어떤 사람을 이름과 부칭만으로 불러도 전혀 결례가 아니다. 따라서 소련의 마지막 대통령과 러시아 공화국의 첫 두 대통령의 이름을 '미하일 세르게예비치'(고르바초프), '보리스 니콜라예비치'(옐친), '블라디미르 블라디미로비치'(푸틴)로 정중하게 부를 수도 있다.

나는 러시아어 이름에서 마지막 음절이 '스키'로 끝나는 경우 '-sky'로 철자를 썼다. 폴란드 이름은 '-ski'로 끝나는데, 폴란드어에서 쓰는 방식이기 때문이다.

이 책은 학술 주석이나 참고문헌으로 뒷받침하기에는 너무 짧다. 하지만 직접 인용의 경우, 미주에 출처를 밝혔다. 마지막에 간략하고 개인적인 참고도서 목록도 적었다.

＊ '지은이의 말'에서 설명하는 인명이나 지명에 관한 사항은 원서가 출판된 영국 기준입니다.

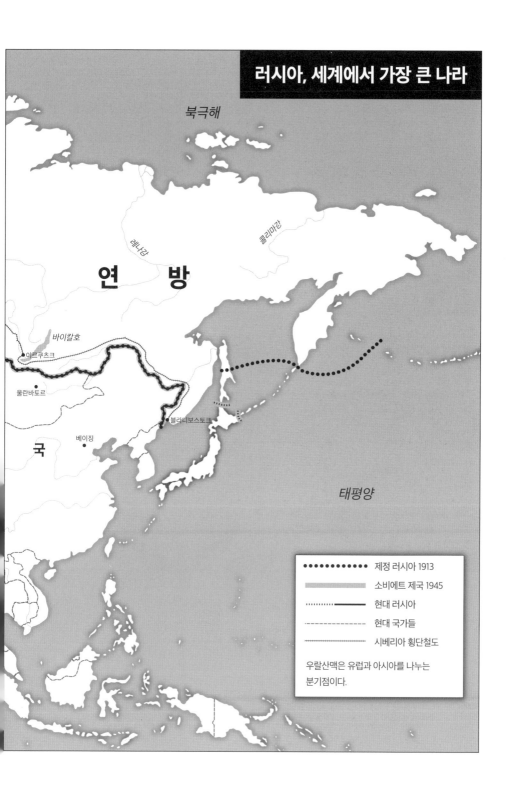

러시아, 세계에서 가장 큰 나라

북극해

레나강

콜리마강

연 방

바이칼호

이르쿠츠크

울란바토르

블라디보스토크

베이징

국

태평양

●●●●●●●●●●●● 제정 러시아 1913

소비에트 제국 1945

·········━━ 현대 러시아

------------ 현대 국가들

·············· 시베리아 횡단철도

우랄산맥은 유럽과 아시아를 나누는
분기점이다.

류리크 왕조 시대

로마노프 왕조 시대(1613-1917)

소련의 전쟁(1918-1945)

범례:
- 독일의 러시아 침공(1918)
- 1939년 여러 나라의 국경
- 소련 국경(1939)
- 소련과 독일의 경계(1939-1941)
- 나치 최대 진출선(1941-1942)
- 러시아의 서방 최대 진출선(1945)
- 전투

아르칸젤

핀란드

레닌그라드 포위전 (1941-1944)

탈린
에스토니아

모스크바 공방전 (1941)

소비에트 사회주의 공화국 연방 (USSR)

라트비아
리가

1939년 당시 독일

발트해

리투아니아
빌뉴스

돈강

볼가강

베를린 전투 (1945)

엘베강

바르샤바 전투 (1920, 1944)

폴란드

키예프 전투 (1920, 1941, 1943)

쿠르스크 전투 (1943)

스탈린그라드 공방전 (1942-1943)

카스피해

프라하

독일

빈(비엔나)

부다페스트

1939년 당시 폴란드

비슬라강

리보프

드니프로강

오데사

노보시비르스크

트빌리시

세바스토폴 전투 (1941)

흑해

다뉴브강

콘스탄티노플

| 0 | 150 | 300 miles |
| 0 | 150 | 300 | 450 kilometres |

N

국가, 신화, 역사

러시아는 예측할 수 없는 과거를 가진 나라다.

– 유명한 러시아 농담

모든 사람은 머릿속에 국가적 서사, 즉 자기 나라에 관한 줄거리를 가지고 있다. 그 줄거리는 실제 일어난 일, 실제 일어났다고 잘못 기억하는 일, 그리고 '거짓 신화myth'로 구성된다. 현재의 혼란에 의미를 부여하기 위해 사람들은 자신들의 과거를 두고 이런저런 이야기를 만든다. 과거에 관한 이야기는 대대손손 당대 현실에 알맞게 새로 각색된다. 사람들은 불편하거나 불명예스러운 일화는 누락하거나 잊거나 완전히 재창조한다.

이 이야기들은 뿌리가 깊다. 그 이야기들은 우리의 애국심을 고양한다. 우리가 누구인지, 어디서 왔는지, 어디에 속하는지 이해하게 한다. 우리의 통치자들도 마찬가지로 과거의 이야기들을 신봉한다. 우리는 그런 서사에 의해 민족 정체성을 공유하는 한 국가nation에 소속되고, 그 서사에 고무되어 조국을 위해 목숨을 바친다.

영국인들은 자신들만의 '섬 이야기'(영국 학교에서 사용하는 역사책으로 『우리 섬 이야기[Our Island Story]』-옮긴이)를 가지고 있다. 그 이야기 속에서 영국은 마그나카르타에서 시작해 곧장 한 길로 권력과 자유, 민주주의를 향해 진보했고, 영국이 프랑스를 상대로 거둔 눈부신 승리들은 그 서사에 방점을 찍는다(윈스턴 처칠이 『영어권 민족의 역사[A History of the English-Speaking

Peoples]』에서 웅변처럼 쓴 내용이 그런 예다). 영국인은 600년 동안 3개의 제국을 획득하고, 착취하고, 잃었다. 영국제국의 지배를 받은 사람들의 후손은 영국인이 탐욕스럽고, 잔인하고, 교활하고, 위선적이라고 생각한다. 이것은 영국인들이 자신들에 대해 생각하는 것과는 하늘과 땅 차이다.

하지만 '국가'는 고정된 실체가 아니다. 국가는 아메바와 같다. 역사의 깊은 수심 아래서 떠오르고, 이리저리 꿈틀거린다. 이분법으로 분열했다가 다른 모습으로 재결합하기도 하고, 이웃을 흡수하거나 이웃에 흡수된 후 결국에는 사라진다. 국경의 한편에 있던 지방이 전쟁, 정치, 왕조끼리의 결혼, 국민투표로 다른 편으로 넘어가기도 한다.

평범한 한 사람이 평생 다른 곳으로 이주하지 않고도 태어나기는 이 나라, 자라기는 저 나라, 그리고 또 다른 세 번째 나라에서 죽는 것이 가능하다. 1869년에 알자스로렌에서 태어난 프랑스인에게 물어보라. 1917년에 슬로바키아와 헝가리의 국경에서 태어난 오스트리아 유대인에게 물어보라. 제2차 세계대전이 발발하기 전, 지금의 우크라이나 르비우(리비우)에서 태어난 폴란드인에게 물어보라. 르비우는 13세기에 '레브호로드Levhorod'로 설립된 이래 폴란드, 오스트리와 독일, 러시아의 통치자들에게는 각각 르보프Lwów, 렘베르크Lemberg, 리보프Lvov였다.

현재 유럽 국가들 대다수가 제1차 세계대전 이전에는 아예 존재하지 않았다. 콜럼버스가 아메리카 대륙을 발견할 무렵, 독일과 이탈리아, 러시아는 물론 심지어 프랑스와 영국도 여전히 분열되어 있었고, 폴란드-리투아니아 연방이 유럽에서 제일 큰 왕국이 되려는 중이었다.

'유럽'이라는 개념은 그 자체로 상당히 인위적인 산물이며, 유라시아 대륙의 서쪽 끝에 있는 나라들의 집단을 한 지붕 아래로 끌어들이려는 시도이다. 아이슬란드에서 루마니아, 노르웨이에서 그리스, 스페인에서

에스토니아에 이르는 이 나라들은 서로 판이하다. 이들을 느슨하게나마 결합하는 요소는 기독교 전통과 국내에서의 끔찍한 박해, 피비린내 나는 반란과 폭력적인 종교 갈등, 권력과 약탈을 추구하는 끝없는 전쟁, 대량 학살, 노예제, 그리고 외부를 향한 제국적 잔혹성 등이다.

이런 참담한 기준으로 볼 때 러시아인들은 다른 누구보다도 유럽인이라 불리기에 손색이 없다. 하지만 이것이 이유의 전부는 아니다. 아시아를 향해 길게 뻗은 러시아의 거대한 영토 때문에라도, 러시아인 자신들뿐 아니라 외국 사람들도 러시아가 과연 유럽에 속하는지 의구심을 가진다. 러시아에 인접한 여러 이웃 국가 사람들은 러시아를 아시아의 야만인으로 간주하고, 수 세기 동안 러시아가 그들에게 가한 고통을 분노에 차서 지적한다. 아마도 나폴레옹이 했다고 전해지는 "러시아인을 긁어내면 타타르인이 나온다"라는 말에 격하게 수긍할 것이다.

약 1000년 전 오늘날 러시아의 영토에서 한 민족이 생겨났는데, 그들의 기원은 논란거리다. 그 민족은 비잔티움에서 그리스정교를 받아들였다. 따라서 로마 가톨릭을 선택한 유럽 다른 나라들과 완전히 다른 길을 걷게 되었다. 그들은 자신만의 슬라브 언어를 발전시켰다. 또 그들은 '키예프 루시'('키예프 공국' 혹은 '키예프 러시아'라고도 한다-옮긴이)를 세웠는데, 이 나라는 잠시나마 유럽에서 가장 크고 가장 정교한 도시 중 하나였다. (또한 가장 취약한 도시 중 하나이기도 했다.) 오늘날 러시아인, 우크라이나인, 벨라루스인이 자신들의 기원으로 삼는 곳이 바로 키예프 루시이다.

그러나 키예프 루시는 13세기에 몽골에 의해 침략당하고 파괴되었다. 파괴된 파편들은 이후 수 세기에 걸쳐 머스커비Muscovy(표트르 대제가 상트페테르부르크로 수도를 옮기기 전까지, 모스크바를 중심지로 한 모스크바 대공국 시기를 가리키는 말로 서양에서 당시 러시아를 부르는 이름이었다-옮긴이)라는 이름으로 재건된다. 이를 주도한 도시는 그때까지만 해도 볼품없었던 북쪽의 모스크바였다. 새 국가는 내분, 경제적 재앙, 폴란드의 침공으로 파괴된다. 그 후 다시 회복하는데, 표트르 대제와 그의 후계자들은 이 나라를 유럽 정치의 지배 세력, 즉 제국주의 강대국으로 변화시켰다. 19세기에 이르러 러시아는 현대 유럽 문화의 본질을 정의하는 일에 한몫을 차지한다.

러시아의 존립은 다시금 나폴레옹, 독일, 그리고 20세기 러시아가 스스로에게 입힌 상처의 결과로 심각한 위기를 맞는다. 스탈린은 러시아를 다시 지도에 올려놓고, 경제 체제를 바꾸었으며, 독일과의 전쟁에서 끔찍한 인적 손실을 보았지만 승리했다. 그 후 1991년에 소비에트 연방(소련)이라는 제국은 조각조각 해체되었다. 러시아는 다시 빈곤과 비일관성, 국제적 무관심 속으로 빠져들었다. 많은 러시아인에게 2000년에 그들이 대통령으로 선출한 블라디미르 푸틴은, 러시아인들을 참을 수 없는 굴욕에서 구해내고 러시아를 세계 속에 마땅히 가져야 할 지위로 회복시킨 인물이다.

역사가 에드워드 기번은 "역사는 인류의 범죄와 어리석음과 불행의 기록일 뿐이다"[1]라고 적었다. 러시아인들은 다른 모든 이들과 마찬가지로 자신들의 역사가 한 길로, 긍정적인 방향으로 나아갔다고 믿는 편을 더 선호한다. 그들은 이반 뇌제나 스탈린의 잔혹한 통치와 같은 골치 아픈 사건들은 위대함으로 향하는 길에 필요했던 단계일 뿐이라고 설명한다.

러시아인들은 매력적이고, 기발하고, 창의적이고, 감상적이고, 온정 넘치고, 너그럽고, 요지부동으로 용감하고, 끝없이 굳센가 하면, 때때로 사악하고, 잔인하고, 무자비하다. 평범한 러시아인들은 자신들이 다른 사람보다 마음이 따뜻하고, 친구에게 더 충실하며, 공동의 이익을 위해 기꺼이 자신을 희생하고, 삶의 근본을 이루는 진리에 더욱 헌신한다고 굳게 믿는다. 그들은 러시아 영토만큼이나 넓고 포용력이 있는 러시아의 혼을 찬양한다. 러시아의 위대함을 향한 그들의 열정적인 감각은 역설적으로 기저에 자리 잡은 비관주의에 갉아먹히며 훼손된다. 그리고 그들은 외국인들이 러시아를 충분히 이해하지 못하고 존중하지 않는 것을 원망하며 마음을 다스린다.

러시아에서 현실이란 '브라니요^{Vranyo}'(진실에서 불편한 부분을 뺀 악의 없는 거짓말, 환상 따위-옮긴이)라는 당황스럽고 뿌리 깊은 현상으로 채색된 것이다. 아일랜드인의 '블라니^{Blarney}'와 비슷하지만, 브라니요에는 장난기 어린 매력의 뉘앙스가 담겨 있지 않다. 러시아의 개인이나 공무원, 정부는 그렇게 하는 것이 자신의 이익에 부합한다고 믿거나, 자신의 상사나 조직 또는 국가의 이익에 부합한다고 믿으면 거짓말을 한다. 브라니요는 16세기에도 발견된다. 당시 영국 상인들은 동료에게 러시아인을 상대할 때는 꼭 문서로 하라고 다음과 같이 충고했다. "저들은 교활하고 항상 진실하지는 않으며 다른 사람들도 저희처럼 행동하리라 생각한다." 오늘날 러시아인도 여전히 그렇게 한다. 러시아인들은 자신의 대화 상대가 그들이 거짓말을 하고 있다는 것을 알고 있는지 개의치 않는다. 그렇다고 해서 러시아 정부가 자신들의 진실성에 도전하는 사람들을 처벌하는 것을 멈추는 것도 아니다.

보통의 러시아인에게는 러시아 정부가 말하는 대로 믿는 편이 더 쉬울 수도 있다. 하지만 한계가 있다. 그런 뒤얽힌 거짓말에 대한 환멸이 도스토옙스키 소설의 많은 등장인물에게 길고 긴 고백을 읊게 했다. 소련 관료들과 사상가들의 조직적인 거짓은 알렉산드르 솔제니친과 같은 반체제 작가들의 끊임없는 주제였다. 일반 국민들 사이에서도 혐오감이 커진 것이 소련 연방을 무너뜨리는 데 일조했다.

처칠은 러시아가 불가사의 속 미스터리에 숨겨진 수수께끼 같다고 말했다. 그것은 지적 게으름에 대한 좋은 변명이 되어 주었다. 러시아를 이해하기는 쉽지 않았기 때문이다. 하지만 러시아를 이해하기 위해서는 러시아인들뿐 아니라 러시아를 싫어하는 사람들이 만들어낸 거짓 신화로부터 사실을 분리하는 것부터 시작해야 한다. 1782년에 『브리태니커 백과사전』은 러시아를 '유럽의 매우 크고 강력한 왕국으로, 완전한 전제정치가 지배하며 악랄하고 술에 취한 야만인들이 사는 곳'이라고 묘사했다. 프랑스 사교계와 불화를 겪고 있었던 진보주의자 퀴스탱 후작^{Marquis de Custine}은 1839년에 잠시 러시아를 방문했다. 퀴스탱이 쓴 책 『러시아 1839년^{La Russie en 1839}』은 매우 지적이고, 통찰력 있고, 재치 있고, 편향적이며, 극도로 깊이가 없었다. 그는 귀족층을 제외하면 러시아 사회는 거의 보지 못했다. 퀴스탱은 러시아 귀족이 유럽 문명의 허식을 '야만인이 할 법하게 제멋대로 사용'하고 문명을 함양하지 못했다는 결론을 내렸다. 그의 눈에는 러시아 귀족들이 마치 '야생 곰을 보고 싶게 만드는 서커스 곰' 같았다. 퀴스탱의 책은 1960년대 모스크바 주재 미국 대사관에서 필독도서였다. 이것은 오늘날 많은 외국 관측통의 태도를 설명한다. 퀴스탱의 책은 러시아를 이해하려는 그 어떤 방식의 시도이든 좋은 출발점이라고 할 수 없다.[2]

어떤 이들은 러시아 민족국가^{national state}만큼 일관된 것은 없었다고 언쟁을 벌인다. 하지만 대부분 러시아인은 의심조차 하지 않는 듯하다. 'nation'이 국가든 민족이든 무엇을 의미하든 간에, 러시아 사람들은 러시아가 예외적인 나라, 하느님이나 역사가 선택한 나라라고 믿는다. 이런 구세주적 사명감은 중세 모스크바 대공국 시절 정교회에서 생겨났고, 그 이후로도 계속 남아 있다. 이 사명감은 19세기에 도스토옙스키를 위시한 여러 사람들에 의해 촉진되었다. 20세기에 이르러서는 볼셰비키들이 사명감을 이어받기는 했지만, 하느님의 자리는 '공산주의라는 도구를 통해 스스로 나아가는 역사'가 대체했다. 그러나 곧 그들의 '멋진 신세계'는 이름만 다를 뿐인 옛 러시아제국이 아닌가 하는 의심의 눈초리를 받았다.

러시아인과 그들이 잘 되기를 바라는 사람들은 러시아가 그토록 줄기차게 다른 사람들과 그들 자신에게 가하는 재난에 절망하고, 그 절망을 다시 '죄 사함'을 받을 수 있다. 소비에트 연방이 붕괴한 후, 그들은 현대 러시아가 러시아 정교국 키예프 루시의 독점적 상속권을 가지고 있다는 생각으로 돌아왔다. 블라디미르 푸틴은 '우리의 거대한 공통의 불행과 비극'이 1991년 이래 러시아와 우크라이나의 분열, 즉 그가 '본질적으로 동일한 역사적, 정신적 공간'이라고 부르는 지역들 사이의 분열이라는 생각에 사로잡혔다. 그 집착이 2022년 2월 러시아가 우크라이나를 침공하도록 기름을 부었다.

*

나는 내 인생의 많은 부분을 러시아와 러시아 사람들에 매료된 채 살아왔다. 나는 소비에트 연방이 붕괴할 때 그곳에 있었다. 그 사실이 지금부터 등장할 이 짧은, 그리고 바라건대 신중한 역사 이야기에서 앞으로 등장할 몇 가지 판단에 영향을 주었다.

베를린 장벽이 무너지기 전부터 우크라이나의 독립 열망이 소비에트 연방 해체를 촉발할 수도 있을 것처럼 보였다. 1990년대 초에는 러시아와 우크라이나 사이의 전쟁도, 러시아의 민주주의 실험이 독일의 바이마르 공화국처럼 비참하게 실패할 가능성도 상상하기 어려웠다.

슬프게도, 나의 여러 판단 중 몇 가지는 틀렸다. 러시아는 아직 제국으로서의 욕망을 잃지 않았다. 푸틴의 잔혹한 우크라이나 침공으로 러시아가 이웃 국가들과 평화롭게 현대 민주주의 국가의 일원이 될 것이라는 희망은 족히 수십 년은 뒤로 물러나게 되었다. 그 희망을 실현하기 위해 수많은 용감한 러시아인이 피땀 흘리며 노력해왔다.

하지만 우리는 어떤 사람들에게도 구제 불능이라는 딱지를 붙여서는 안 된다. 나는 러시아 설화 속, 러시아가 더 좋은 날들을 맞이하리라는 희망을 상징히는 불새, 컴컴한 숲에서 날갯짓하는 황금빛 불새의 잔영을 부여잡는다.

1

국가의 탄생

"당신들은 기독교인이요, 아니면 가톨릭 같은 사람들이요?"

- 노년의 러시아 촌부, 1991년

1952년, 스탈린이 버젓이 살아 있었던 때였지만 블라디미르 푸틴의 할머니는 갓 태어난 푸틴에게 정교회 세례를 받게 했다. 그때까지만 해도 소비에트 연방은 '역사상 최초로 등장한 무신론 국가'였는 데도 말이다. 반세기가 흐른 뒤 푸틴은 러시아의 대통령으로서 러시아 정교회의 주요 행사에 꼬박꼬박 참석한다. 푸틴은 러시아의 시계를 되돌려 과거의 전통으로 회귀했다.

비잔티움의 교훈

약 1000년 전에 러시아인들은 가톨릭이 아닌 그리스정교를 선택했다. 그 선택은 러시아의 역사에 거대한 영향을 미쳤으며, 지금까지도 유럽의 여타 기독교 국가들과 러시아가 서로 크게 차별화되는 결과를 낳았다.

소비에트 연방이 붕괴했을 때 평생 공산주의자로 살았던 사람들은 자신들이 줄곧 신앙을 가지고 살아왔음을 깨달았다. 2008년에 이르자 러시아 국민 전체 성인의 약 4분의 3이 자신이 정교회 신자라고 응답했다. 그렇게 응답한 사람들이나 푸틴 대통령의 믿음이 정말 '진실'한 것인지는(진실을 어떻게 정의하든) 중요하지 않다. 이것은 믿음보다는 정체성의 문제다. 정교회는 다시 한번 러시아인들의 삶과 정치의 중심부를 차지하게 되었다. 러시아 군대도 더 이상 공산주의를 표방하지 않는다. 그들이 내세우는 이념은 정교다. 2020년에 러시아 군대는 수도 모스크바에 러시아군을 위한 화려한 성전을 지었다. 정교회 성직자들은 새로운 미사일이 제조될 때마다 성수를 뿌려 축성하고, 2022년에 우크라이나 침공을 앞둔 병사들은 총대주교의 축복을 받았다.

일설에 따르면 푸틴의 고해성사는 스레텐스키Sretensky 수도원장인 티혼 셉쿠노프Tikhon Shevkunov 신부가 담당한다고 한다. 스레텐스키 수도원은 푸틴이 한때 몸담았던 비밀경찰 KGB의 본부, 루뱐카 빌딩을 나와 조금 걸으면 닿는 거리에 있다. 2008년에 셉쿠노프 신부는 「제국의 멸망: 비잔티움의 교훈Fall of an Empire: The Lesson of Byzantium」이라는 TV 다큐멘터리 영화를 제작했다. 1204년 각양각색의 십자군 무리가 그리스정교의 본산이었던 비잔티움을 덮친 대약탈 사건을 다루는 영화였다. 셉쿠노프는 가톨릭 유럽이 비잔티움의 물자와 지적 유산을 갈취함으로써 문명화할 수 있었다고 주장했다.

그는 단호하게 다음과 같은 결론을 내린다. "비잔티움과 비잔티움의 계승자들을 향한 서방의 불타는 증오는 오늘날까지 이어진다. … 충격적이지만 의심할 바 없이 확실한 이 사실을 깨닫지 못하면, 지난날의 역사는 물론 20세기와 심지어 21세기 역사를 제대로 이해할 수 없다."

서방에 속한 일원으로서 이런 주장은 극단적으로 들린다. 하지만 많은 러시아인에게 그의 주장은 심정적으로, 그리고 역사적으로 진실을 비추는 거울과도 같다. 비잔티움이 당한 일은 여전히 그들의 세계관에 영향을 끼치고 있다.[1]

기독교의 분열

기독교는 시작부터 분열되었다. 예수의 제자들은 외부 세계로 복음을 전파하기를 원했던 사도 바울과, 한편으로는 처음 교리가 뿌리내린 집단인 유대민족만이 복음을 보존해야 한다고 믿었던 이들로 금세 양분되었다.

예수가 총애했던 사도 베드로는 로마의 초대 주교(로마 주교는 훗날의 교황-옮긴이)였다. 그의 후계자들은 자신들을 베드로가 예수로부터 직접 얻은 진실을 지키는 수호자라고 생각했고, 따라서 모든 기독교인의 영적 지도자를 자처했다.

하지만 330년에 로마제국의 콘스탄티누스 대제는 로마에서 그리스 비잔티움으로 수도를 옮겼고 비잔티움을 자신의 이름을 따 콘스탄티노플이라고 부르게 했다. 비잔티움은 그렇게 로마제국의 수도일 뿐 아니라 기독교의 수도가 되었다. 비잔티움 시민들은 그들의 신앙이 유일하고 진정한 '정교'라고 철석같이 믿었다. 그들에게 로마 교회의 사람들은 문화랄 것도 없고 문명화되지도 않은, 12세기에 한 비잔틴 역사가가 남긴 표현을 따르자면 '글도 없고 문맹이나 다름없는 야만인'이었다.[2]

분열의 골은 점점 깊어졌다. 똑같이 사랑의 하느님을 섬기는 이들이 서로 이단의 딱지를 붙여 저주하고, 박해했으며, 때로는 죽였다. 기독교 세계 전체에서 교회와 국가들이 권위를 확보하려는 투쟁을 벌였다. 교리 해석을 두고 벌어지는 분쟁은 권력 다툼의 대리전이었다. 비잔틴(동로마) 제국 황제들은 통치의 정당성을 신이 부여한 신성한 권리에서 찾았다. 영국의 찰스 1세나 프랑스의 루이 14세도 똑같이 취한 전략이다. 수백 년 동안 강력한 단일 세속국가와 다름없었던 교황은 언제나 거침없이 주변 정세에 개입했다. 교황의 영향력을 피해 도망쳐 본들 기다리는 것은 세속 군주의 손아귀였다. 종교 갈등은 17세기 말까지 유럽을 피로 물들였다.

하지만 계몽사상에 기반을 둔 회의주의가 점차 확산하자 20세기에 이르러 많은 유럽인이 종교는 결국 언젠가 사라질 동력이라고 믿었다.

좋게 표현하자면, 그 믿음은 성급했다. 계몽주의의 꽃이라는 미국 헌법은 교회와 국가의 분리를 천명했지만, 미국의 그 어떤 정치인도 감히 공공연히 신을 부정하지 못한다. 2011년 조사에 따르면 영국 국민의 60퍼센트는 여전히 자신을 기독교인이라고 생각한다. '전투적 이슬람Militant Islam'(혹은 이슬람원리주의 무장 투쟁 운동의 총칭이자 사상인 '지하디즘'-옮긴이)은 다시 한번 국내 정치에서나 국제 무대에서 핵심적인 주체가 되었다.

동유럽에서는 로마 가톨릭교회가 공산주의의 박해를 받은 민족들이 신앙을 유지하도록 도왔다. 정교회는 러시아인들이 몽골제국에 점령당하고, 여러 차르의 박해를 받고, 볼셰비키 정권의 가차 없는 무신론 세뇌와 유혈이 낭자했던 스탈린의 폭압을 거치는 동안 살아남도록 도왔다.

정교회와 러시아의 끈끈한 관계는 러시아 역사를 아울러 면면히 흐른다. 때때로 정교회는 세속 권력과 결탁했다. 어떨 때는 극심하게 대립했고, 다른 때는 아예 존재감을 상실하기도 했다. 하지만 키예프 공국(키예프 루시)의 블라디미르 1세가 세례를 받기로 결심했던 10세기부터, 푸틴 대통령이 자신의 목적대로 종교를 끌어들인 21세기까지 정교회는 항상 그 자리에 있었다.

비잔티움

비잔틴제국(동로마제국)은 역사상 가장 오래 존재했던 제국이다. 앞선 로마제국보다는 수명이 2배나 더 길었고, 뒤이은 오스만제국(오스만튀르크)에 비해서도 더 오랫동안 존속했다. 1000년 전에 로마의 크기는 콘스탄티노플의 10분의 1에 불과했다. 로마 교회들은 장엄함에서 성소피아 대성당(아야소피아)의 상대가 되지 못했다. 로마의 귀족들은 여전히 제국의 잔해를 깎아 만든 저택에서 기거하는 수준이었다. 비잔티움은 기독교 세계의 예술, 문학, 법률, 군사 및 외교 기술의 핵심지였다.

비잔티움은 오랫동안 평판이 좋지 않았다. '비잔틴Byzantine'이라는 단어는 퇴폐, 표리부동, 쓸모없는 격식과 복잡한 관료제를 떠오르게 한다. 계몽주의의 권위자들은 비잔티움을 그들이 신봉하는 모든 것의 부정否定으로 보았다. 프랑스 계몽사상가 볼테르는 비잔티움이 '인간 정신의 수치'라고 비난했다. 영국 역사가 에드워드 기번은 '뒤틀리고 악랄한' 비잔틴제국의 그리스인들은 '인간의 연약함으로 부드러워지지도 않고 기억에 남을 만한 범죄의 활력에도 살아 숨 쉬지 않는 그야말로 부동 불변인 극도의 악덕함'을 가졌다고 비난했다. 빅토리아 시대의 한 지식인은 비잔티움이 '단 하나의 예외 없이, 인류의 문명이 가질 수 있는 가장 비도덕적이고 저열한 모습을 지녔다'라고 생각했다.[3]

비잔티움의 제도적 틀은 완벽하지 않았다. 비잔틴제국에는 질서 있는 계승 원칙이 존재한 적이 없었다. 황제는 궁정 암투나 무력 반란으로 권력을 잡았고 대중의 환호로 승인되었으며, 그 후에는 신중하게 고안되었다고는 하나 숨 막히는 궁정 절차 속에 들어앉아 권위와 위엄을 강화했다.

하지만 제도가 작동하지 않은 것은 아니다. 동로마는 유능한 관료들에 의해 효율적으로 운영되었고, 그 밑에는 신뢰할만한 조세 체계가 있었다. 유스티니아누스 황제가 성문화한 비잔티움의 법체계는 서양 대부분의 법체계에 여전히 남아 있다. 비잔틴제국은 외국 무역을 장려해 비잔틴 주화는 국제 공용 통화로 쓰일 정도였다. 지능적인 외교와 잘 조직된 병력은 외부 적들로부터 제국을 수호했다. 여성들은 정치와 심지어 신학 논쟁을 중재하는 데도 중요한 역할을 담당했다. 정교회는 경건하고 사고의 깊이가 상당한 여러 사람의 권위를 잘 받아들였다. 가톨릭의 성 토마스 아퀴나스는 정교회 교부인 다마스쿠스의 성 요한의 글을 매일 읽었다고 했다.

1000년 동안 동로마제국은 유럽에서 안정적으로 장기간 지속했던 유일한 국가였다. 몰락하기 전까지 유럽의 동쪽과 남쪽 국경을 입박하던 페르시아인, 아랍인, 튀르크인들을 막는 장벽이기도 했다. 정교회 일각에서는 비잔틴제국의 이 같은 보호가 없었다면 서유럽이 자신들만의 여러 정치, 경제 제도를 발전시킬 수 없었을 거라고 본다. 일부 현대 학자들 또한 11세기 비잔틴제국에서 문학적 창의성이 폭발한 것이 실제로 서양 르네상스의 전신이 되었다고 믿는다.

두 기독교 분파 간 갈등은 1054년 '동서교회 대분열'로 절정에 달했다. 주요 쟁점은 2가지였다. 첫 번째는 삼위일체의 본질에 대한 교리적 논쟁이었다. 간략히 말하자면 정교회는 '성부로부터 발출發出하는 성령'을 믿었다. 로마인들은 성령이 '성부와 성자로부터 발출한다'고 믿었다. 라틴어로 필리오케filioque('그리고 아들'이라는 뜻-옮긴이) 논쟁이라 부르는 것이다. 이런 애매모호함이 빚어내는 상호 간의 증오는 외부인이 이해하기 어렵다. 그것은 여전히 정교회와 가톨릭을 구분하고 있다.

두 번째 쟁점은 정치적이었다. 양측은 모두 동서 분열에 개탄했다. 하지만 통일된 교회에서 누가 최고 권좌를 차지할 것인가? 서방 교회는 성 베드로의 후계자인 로마 교황이 당연히 그 자리를 차지해야 한다고 생각했다. 정교회는 그들이 이단자에 가깝다고 생각하는 사람에게 권위를 양보할 이유가 없었다.

13세기 초, 교황 인노켄티우스 3세는 새로운 십자군을 소집했다. 4차 십자군이었다. 베네치아가 자금을 댔는데, 지중해 동부에서 경제적 이익을 증대시킬 심산이 컸다. 십자군은 성지로 가는 길에 콘스탄티노플에 들렀고 그곳에서 자신들이 추천하는 인물을 동로마의 황제로 옹립하려고 했다. 비잔티움 주민들은 그들이 내세운 인물을 죽였다. 1204년 4월, 무질서하고 잔혹한 데다 문맹이었던 십자군 병력이 보복에 나서 도시를 휩쓸었다. 십자군은 사람들을 죽이고 교회들을 짓밟고 대도서관을 불태웠으며 보물을 약탈했다. 도시를 지키다가 죽은 사람 중에는 황제의 바랑기아^{Varangian} 근위대('varangia'는 스칸디나비아 노르드어에서 유래한 말로 바이킹을 뜻한다. 바이킹의 후손인 노르만인이나 프랑크인을 가리키기도 한다-옮긴이)에 속한 여러 덴마크인과 잉글랜드인도 있었다.

승자들은 폐허 위에 그들만의 '라틴'제국을 세웠다. 베네치아는 당초 기대한 것보다 훨씬 두둑한 수입을 올렸다. 그들이 고국으로 가져간 약탈물 중에는 베네치아 산마르코 대성당을 장식하고 있는 4마리의 청동 마상이 있다.

이것이 앞에서 언급한 셉쿠노프 신부가 그의 다큐멘터리에서 재조명한 잔혹 행위이다. 서양에서는 거의 기억되지 않고, 정교회 세계에서는 절대 잊히지 않는다.

라틴제국은 오래 버티지 못했다. 1261년에 비잔틴제국은 비잔티움을 다시 수복했다. 그 후 거의 200년 동안 제국은 더 지속되었다. 그러나 오스만제국이 확장하면서 비잔틴제국을 무자비하게 약탈해왔고, 영토는 계속 줄어드는 가운데 방어에 급급하느라 비잔틴제국은 이미 돌이킬 수 없는 지경으로 힘을 잃었다. 1365년 무렵에 이르면 동로마는 바다를 등진 고립무원의 처지에 놓인다. 제국의 아시아 영토는 이미 모두 오스만제국의 수중에 떨어진 후였다.

비잔티움 지도자 중 일부는 최후의 타협이 필요하다고 결론을 내렸다. 바로 유의미한 원조를 받으려면 기독교의 두 세력을 다시 통합하기 위한 서로마 측의 조건을 받아들여야 한다는 뜻이었다. 제4차 십자군을 잊지 못하는 다른 이들은 그리스의 정체성을 유지하자면 오스만제국과 타협하는 편이 더 낫다고 생각했다. "추기경 모자보다 술탄의 터번이 낫다." 비잔티움의 마지막 내공 루카스 노타라스가 남겼다고 전해지는 말이다.[4] 그리스 아토스 성산의 위대한 정교회 수도원은 의심의 여지 없이 술탄을 선택했다.

1439년 교황은 피렌체 공의회를 소집하여 교리와 교황권, 그리고 양 교회의 통일 문제를 논의했다. 동로마 사절단은 황제 자신이 대표를 맡았고 유약한 비잔티움의 총대주교 요제프 2세와 좀 더 온건한 주교들이 참석했다. 패색 짙은 제국의 사절단에는 기강이 없었고, 사람들은 쉽게 신경질을 냈으며, 자금이 쪼들려 거지꼴이었다. 오스만제국군이 시시각각 목을 조여 오는 상황에서 협상력은 없었다. 사절단은 결국 로마가 원하는 조건으로 동서 교회를 통합하는 데 동의했다. 콘스탄티노플은 경악했다. 절대로 받아들일 수 없는 결과였다. 사절단 일원이었던 '키예프와 전 러시아 대주교Metropolitan of Kiev and all Rus' 이시도르Isidor는 크렘린에서 양 교회 통합을 선언할 계획이었다. 그는 분노한 비잔티움 대공의 지시로 투옥되었다가 그곳에서 탈출해 로마로 건너가 가톨릭으로 개종했다.

절박해진 황제는 줄기차게 대사를 보내 교황과 베네치아, 제노바, 그리고 서방 군주들의 도움을 청했다. 궁지에 몰리다 못해 황제와 수석 고문들은 마침내 가톨릭 측의 요구를 받아들였다. 서방은 그들을 도울 것이며, 제국 신민들은 결국 상황을 인정할 것이라는 도박을 한 셈이다.

하지만 그 시도는 모두 실패했다. 비잔티움의 성직자와 주민들은 한결같이 로마와 어떤 식으로든 타협하기를 거부했다. 교황과 베네치아는 그저 돕겠다는 약속만 거듭했다. 프랑스, 영국, 스페인은 침묵했다. 제노바는 백전노장 조반니 주스티니아니가 이끄는 700명의 용병대를 보냈다. 규모는 작지만 값을 매길 수 없는 도움이었다.

오스만제국의 젊은(당시 겨우 21세였다.) 술탄 메메트 2세는 1453년 4월에 포위를 시작했다. 도시 안에 있던 사람은 5만 명 남짓이었다. 주스티니아니와 그의 부하들을 제외하면 5만 명 중 7,000명 정도에만 무기가 보급되었고 그마저도 대부분은 정식 훈련을 받은 적이 없었다. 이 작은 군대가 23킬로미터에 달하는 도시 성곽을 지키며 성벽 너머 8만 명의 오스만군을 상대해야 했다.

40일 동안 폭격이 이어졌다. 1453년 5월 29일 밤, 마침내 결전의 순간이 도래했다. 그 시각 사람들은 아야소피아 대성당에 모여 간절한 기도를 올렸다. 그리스인이든 이탈리아인이든, 정교회든 가톨릭이든, 통합을 지지했든 절치부심으로 반대했든, 모든 이들이 지엽적인 교리 분쟁을 제쳐두고 한마음으로 기도했다. 1차로 쏟아진 공격은 막아냈다. 하지만 주스티니아니가 다치고 튀르크군이 성벽을 넘어섰다는 소식이 알려지자, 많은 병사가 진지를 버리고 가족을 찾아 뿔뿔이 흩어졌다. 황제는 싸움의 한복판에 뛰어들었다. 이후에 그를 본 사람은 아무도 없었다.

술탄은 병사들에게 3일간 약탈해도 좋다고 약속했었다. 그가 마침내 점령지를 둘러보았을 때 도시는 폐허였다. 술탄이 그 광경에 눈물을 흘렸다는 이야기가 전해진다. 메메트 2세는 비잔티움의 이름을 바꾸지 않았다. 비잔티움은 계속 콘스탄티노플이라 불리다 1925년에 튀르키예 민족주의자들이 마침내 도시 이름을 바꾸었다. 얄궂게도 그들이 새로 붙인 이름인 이스탄불은 패배한 그리스인들이 비잔티움을 구어로 부르던 이름 'eis ten polin'('도시 속으로'이라는 뜻)이다.

서방은 양심의 가책을 거의 보이지 않았다. 그들은 콘스탄티노플이 교황의 권위와 서로마 교회의 교리를 받아들이지 않아서 신의 벌을 받았다는 편리한 관점을 취했다. 영국의 교회 역사학자 다이어메이드 매컬러 Diarmaid MacCulloch는 이렇게 분석했다. "라틴인들은 자신들의 행동이 떳떳하지 않을수록 비잔틴제국을 더 나쁘게 그려야 했다. 비잔틴제국이 사악하고, 물러 터지고, 타락해서 그들이 겪는 그 어떤 불쾌한 행위도 당해 마땅하다는 생각을 더 퍼뜨렸다."[5] 이런 시각은 여전히 정교회를 바라보는 서구식 편견의 기저에 자리 잡고 있다.

러시아를 포함한 정교회 세계에 비잔티움의 몰락은 여전히 끝나지 않은 비극이다. 그러나 러시아인들에게 그 비극은 역사적 기회이기도 했다. 그들은 이제 어떤 실체를 가져도 무방하고 유일한, 정교회 국가를 지휘했다.

키예프 루시

비잔틴제국의 최종 계승자가 될 새로운 민족이 등장한 시기는 이미 비잔틴제국이 수명의 절반가량을 지나고 있던 무렵이었다.

8세기 어느 시기, 스웨덴 출신의 바이킹(바랑기아인)이 그때까지 핀족이 거주하던 오늘날의 북서 러시아 땅에 정착했다(증거가 희박하고 역사가들 사이에 그 정확한 의미를 두고 논란이 있다). 자타공인 '루시Rus'라 불린 사람들이다. 루시는 노를 젓는 사람을 뜻하는 고대 노르드어에서 유래했다. 그들은 연륜연대학年輪年代學(나무의 나이테로 연대를 측정해 환경과 기후를 추정하는 학문 - 옮긴이)

상 확실하게는 753년에 스타라야라도가라는 교역 중심지에 자리를 잡았다. 연대기(9세기부터 12세기 초까지의 키예프 루시 역사를 담은 『원초 연대기』. 키예프(키이우) 수도원에서 11세기부터 17세기까지 집필한 것으로 보인다-옮긴이)에 따르면 전설적인 지도자 류리크가 러시아 북부의 노브고로드를 건설했다.

비슷한 시기에 슬라브족이라 불리며 비잔틴제국을 못살게 굴었던 소규모 약탈 부족들이 같은 지역을 향해 북쪽으로 이동하기 시작했다. 초기 러시아 연대기는 슬라브족들이 자신들의 무능한 자치 능력에 낙담해 바이킹에게 질서 재건을 도와달라고 요청했다고 적었다. "우리 땅은 넓고 비옥하지만 질서가 없습니다." 이 구절은 사건이 일어난 지 2세기가 훌쩍 지나고서야 연대기에 등장한다. 많은 러시아인은 이것을 러시아인의 내치 능력을 향한 증거도 없는 불쾌한 중상모략이라고 여긴다. 하지만 러시아 정세가 나쁜 쪽으로 크게 휘청일 때마다 저 구절을 다시 인용하는 것도 러시아인들이다.

진실이 무엇이든 점점 더 많은 슬라브족이 자신들을 루시라고 부르기 시작했고 바이킹은 슬라브어를 사용하기 시작했다. 러시아인들은 이 시기를 러시아 역사의 시작으로 본다. 훗날 예카테리나 대제는 하나의 민족이 등장했다고 주장했지만, 이 소규모 씨족들은 그렇게 통일되지는 않았다. 그들의 민족적 다양성은 러시아인, 우크라이나인, 벨라루스인이 서로 차별화되는 근원이다. 이것이 21세기에 이르기까지 여러 문제의 원인으로 작용한다.

바이킹은 북부에 갇혀 있는 데 만족하지 않았다. 바이킹은 러시아의 젖줄인 볼가강, 돈Don강, 드니프로강을 따라 이동해 모피, 밀랍, 꿀, 노예 등을 고급 직물, 보석, 유리, 포도주, 올리브유와 교환했다. 흑해로 바로 연결되는 드니프르강은 군데군데 통항이 불가능한 급류로 막혀 있었다.

바이킹은 강의 하구에 정착하려고 우회했다. 9세기, 류리크는 그곳에 키예프가 된 교역소를 건설한 것으로 추정된다. 광범위하고 느슨하게 조직된 국가의 수도였다.

860년, 약탈로 잔뼈가 굵은 키예프 통치자들은 콘스탄티노플을 공격할 정도로 자신감이 넘쳤다. 콘스탄티노플은 성모마리아의 개입으로 살아남았다. 이때 이후로 콘스탄티노플은 북쪽의 새로운 세력과 확고하게 관계를 발전시키기 시작했다. 양측은 무역과 군사 원조에 관한 협정에 서명했다. 가끔은 적대적인 무력 충돌이 밀월 관계에 얼룩을 남기곤 했다.

기독교로 개종한 루시

10세기 말에 루시는 기독교를 받아들였다. 어떤 학자는 이를 두고 이슬람의 부상이나 아메리카 대륙 발견에 필적할 만한 사건이라고 격하게 표현했다.[6]

10세기 초 무렵에 북쪽의 프스코프 출신으로 추정되는 처녀 올가는 류리크의 아들 또는 손자인 이고리와 결혼했다. 사실관계는 물론 확실치 않다. 945년에 이고리가 소규모 교전으로 사망하자, 올가는 피비린내 나는 창의적인 복수극으로 가해자들을 모두 제거하고 어린 아들 스뱌토슬라프에게 대를 잇게 한 후 섭정을 했다. 올가는 유능한 개혁가였고, 동부 스텝 지대 유목민족의 끊임없는 침략에 맞서 키예프를 성공적으로 방어했다.

기독교는 이미 북쪽으로 확장 중이었다. 이고리가 사망할 무렵 키예프에는 교회가 있었고, 이고리 자신은 아니었지만 수하 부족 전사 중 일부는 기독교인이었다. 950년대에 올가는 콘스탄티노플을 방문해 비잔틴 교회의 세례를 받았다. 올가가 사망한 969년으로부터 6세기 후, 정교회는 올가를 '사도대등자使徒對等者' 성인으로 선포했다. 정교회에서 이런 명예를 얻은 여성은 올가를 포함해 5명뿐이다.

올가의 아들 스뱌토슬라프는 확고한 이교도였다. 그는 올가가 새로 지은 교회들을 부수고 이교도 성지들을 다시 복구했다. 스뱌토슬라프는 가공할 전사였다. 하지만 비잔틴제국의 영향 아래 있던 불가리아를 점령하려고 원정에 나섰다 패배한 뒤, 동맹이었던 유목 부족에 배신당해 그들 손에 죽었다. 그의 아들 야로폴크는 8년 동안 루시를 통치한 후, 아버지에게 물려받아 노브고로드를 다스렸던 자신의 이복형제 블라디미르에게 살해당했다.

블라디미르는 키예프의 가장 위대한 통치자 중 한 명이었다. 988년에 (역시 확실치 않다.) 기독교를 키예프의 국교로 채택한 사람이 바로 블라디미르였다. 연대기가 전하는 이야기는 이렇다. 그가 적당한 종교를 찾고 있을 때, 이슬람교는 술을 금지한다는 이유로, 유대교는 유대인들이 예루살렘을 잃자 신이 그들을 버리더라며 퇴짜를 놓았다. 하지만 종교를 물색하는 임무를 맡은 사절단은 콘스탄티노플에서 보았던 그들의 의식 광경이 너무나 인상적이어서 마치 신이 사람들 사이에 살고 있는 듯했다고 블라디미르에게 보고했다. 결국 블라디미르는 할머니 올가처럼 정교회를 선택한다.

이렇게 전설이 완성되었지만, 블라디미르의 동기는 정치적이었을 가능성이 더 높다. 당시 다른 통치자들처럼 그도 이질적인 백성을 융합하고 기강을 세우려면 단일 국교를 지정하는 편이 유리하겠다고 판단을 내렸을 법하다. 비잔틴제국은 루시의 이웃 중에서 가장 강력하고 수준 높은 강대국이었다. 비잔틴제국과의 동맹이 가톨릭이나 이슬람 세력과 동맹을 맺는 것보다 지리적으로나 군사, 경제적으로나 더 이치에 맞았다.

비잔틴제국에게도 키예프 루시는 좋은 파트너였다. 바실리오스 2세는 여타 적들을 견제할 동맹으로 키예프가 간절했던 나머지 블라디미르에게 자신의 누이 안나를 보내 혼인시켰다. 비잔틴제국의 황제가 누이를 동맹국으로 시집보낸 일은 그때까지 유례가 없었다. 그 대가로 블라디미르는 기독교로 개종했고, 6,000명의 지원군을 보내 황제가 반란을 진압하도록 도왔다. 루시 파견군은 비잔틴제국에 계속 남아 비잔틴 군대에서 중요한 역할을 담당하고 후한 보수를 받는 병력이 되었다. 일부는 훗날 황제의 바랑기아 근위대에 들어갔는데, 근위대는 노르만 정복 이후 추방된 잉글랜드인이 주요 대상이었다. 용병에 의존했다는 점에서 서방은 그리스 군대를 한껏 더 경멸했다. 에드워드 기번이 열변을 토한 부분이다.

연대기에 따르면 블라디미르는 988년 고대 그리스의 식민지였던 크림반도의 케르소네소스에서 세례를 받았다. 키예프로 돌아온 그는 백성들에게도 개종을 명했다. 키예프 시민들은 큰 잡음 없이 따랐다. 북부 노브고로드 주민들은 강제로 개종당했다. 블라디미르는 유목민 침입자를 막기 위해 키예프 주변에 요새를 지어 올렸다. 내부에 최초의 석조 교회인 데샤티나 교회(십일조 교회)도 세웠다. 도서관을 짓고, 문맹 퇴치를 위해 비잔티움에서 교사를 데려왔으며, 금화와 은화를 발행하고, 여러 자선 사업과 문해력 교육을 장려했다. 그 결과 블라디미르 치세에 러시아는 가장 크고 수준 높은 문화를 가진 유럽 국가 중 하나로 발돋움했다.

블라디미르는 수많은 아내와 첩을 거느려 '음탕하고 흉포한 간음자'로 유명했지만, 나중에 정교회에 의해 시성되었다. 우크라이나인들은 그를 '볼로디미르^{Volodymyr}'라 부르고 우크라이나의 조상이라고 주장한다.

키예프 루시는 한 국가가 아니고 여러 봉건 영지가 연합한 체제였다.

영지들은 키예프 대공에 충성하는 관계였다. 대공은 자신의 여러 아들을 각각 개인 종사단이자 군대인 드루지나^{Druzhina}를 붙여 공후로 파견한 후, 루시 영토 전역에서 자신을 대표하도록 했다. 루시의 지방 공후는 각 영지의 사법, 조세 징수, 군사, 종교를 관장했다(종사단에 소속된 성직자가 농노의 종교 생활을 관리·감독했다). 북쪽의 스몰렌스크, 로스토프, 폴로츠크, 남쪽의 체르니고프^{Chernigov}, 페레야슬라블^{Pereiaslavl}, 블라디미르-볼히니아$^{Vladimir-Volhynia}$ 공국들이 그런 예다. 오늘날에도 여전히 번영하는 도시들이다.

노브고로드는 입지가 특별했다. 키예프가 생기기 전부터 이미 교역 중심지로 자리 잡은 곳으로서, 키예프를 거쳐 콘스탄티노플로 이어지는 북부 무역로의 핵심 거점이었다. 노브고로드는 발트 해안의 한자동맹 국가들과 교역이 활발했다. 모피는 값나가는 품목이었는데, 북쪽과 동쪽으로 뻗은 숲과 영지에서 모피를 생산하는 사람들이 거래를 위해 모여드는 곳이 노브고로드였다. 노브고로드는 모피 무역에 관해 느슨한 통제권을 행사하며 그야말로 중세 유럽에서 가장 큰 국가 중 하나가 되었다. 이곳 점토층에서 거래 기록과 개인 서신으로 사용한 자작나무 껍질들이 무더기로 발견되었다. 당시 여타 유럽 지역에서는 일상생활에 관한 기록들이 넘쳐났는데, 중세 러시아에서는 이 놀라운 작품들이 거의 유일하게 그에 필적할 만하다.

12세기 노브고로드에는 류리크의 후손인 공후가 있었지만, 실권을 휘두르던 상인계급과 재임 기간을 협상해야 했다. 공후는 세금을 올릴 권리도 없었다. 대신 그는 자신의 임무를 수행하는 대가로 '선물'을 받았다. 도시 기관인 민회 베체^{veche}는 시장인 포사드니크^{posadnik}를 선출했고, 교회의 승인을 받아야 했지만 대주교도 선출했다. 노브고로드가 누린 이런 상대적인 독립성은 15세기 모스크바 대공국의 강력한 통치자들 손에 참혹한 끝을 맺는다.

키예프의 사상누각 같은 정치 체제는 결함이 명백했다. 통치자들은 합의된 규칙을 만들어 보려고 간헐적으로 시도했지만, 질서 있고 지속적인 계승 체계를 결코 만들어내지 못했다. 키예프 루시의 역사는 쿠데타, 암살, 동족상잔으로 얼룩져 있다. 모든 공후는 키예프 대공이 될 꿈을 꿀 수 있었다. 전략을 잘 세워 성공하기만 한다면 말이다. 보야르^{boyar}로 알려진 대지주들은 서쪽 왕국들의 봉건 영주와 비슷했다. 보야르의 권력도 영지와 그 땅에 소속된 농노에게서 나왔다. 표트르 대제가 이 문제를 다소나마 해결하기 전까지, 러시아 국내 역사의 많은 부분은, 보야르 위에 군림하면서 지도자의 권위를 주장할 후계 통치자를 결정하는 일과 연관되어 있었다. 그렇다고 일방적인 관계도 아니었다. 보야르의 지지와 지원은 통치자에게 꼭 필요했다.

1015년, 블라디미르 대공이 사망하자 그의 여러 아들은 피 튀기는 살육전을 펼쳤다. 희생자 2명 중 한 명은 보리스^{Boris}로, 블라디미르 대공이 후계자로 점찍었을 가능성이 있는 인물이다. 다른 한 명은 보리스의 동생 글렙^{Gleb}이었다. 이야기에 따르면 두 사람이 형제끼리 죽이고 죽는 일은 하지 않겠다고 선언하자, 형인 스뱌토폴크^{Sviatopolk}('저주받은 자'라는 별명을 가졌다)가 둘을 모두 죽였다고 한다. 러시아 정교회는 두 사람을 순교자로 시복했다. 줄줄이 뒤를 잇는 러시아 정교회의 초대 성인 반열에 오른 것이다. 그러나 정작 마지막에 웃은 자는 야로슬라프^{Yaroslav}였다. 그는 스뱌토폴크의 또 다른 동생으로 혈투 끝에 승리했다.

야로슬라프 1세는 노브고로드 공후로 재임했으며 볼가강 인근에 도시를 건설했다. 야로슬라프는 스웨덴 출신을 아내로 맞았다. 아마도 스칸디나비아와 혼맥으로 연대를 유지한 마지막 루시 공후였을 것이다. 그는 자신이 블라디미르의 훌륭한 후계자임을 입증했다. 유목 부족의 약탈을 훌륭하게 막아냈고, 키예프의 최초 법전인 『루스카야프라브다^{Russkaya Pravda}』('러시아의 진실'이라는 뜻-옮긴이)를 공포했다. 키예프에 콘스탄티노플 아야소피아의 이름을 딴 웅장한 대성당도 지었다. 그는 아들을 비잔틴 공주와 혼인시켰다. 아들은 키예프 동굴 수도원^{Monastery of the Caves}을 건립했는데, 이곳은 최초의 대수도원이었고 정교회의 학문 중심지가 되었다. 대수도원들은 다음의 두 세기에 걸쳐 키예프 루시를 종횡으로 확장했고, 그 과정에서 정교의 정신적 권력뿐만 아니라 루시의 세속 권력도 함께 강화했다.

야로슬라프 치하에서 키예프는 여러 유럽 국가들에게 인기 있는 협력 대상이 되었다. 그의 딸 안나는 프랑스의 앙리 1세와 결혼했다. 앙리 1세와 달리 안나는 자신의 이름을 읽을 수 있었고, 서명도 했으며, 프랑스가 역겨운 관습을 가진 야만적이고 추악한 나라라고 생각했다. 둘째 딸 옐리자베타는 노르웨이의 군주 하랄드 3세 하르드라다^{Harald Hardrada}와 결혼했다. 하르드라다는 잠시 바랑기아 근위대에서 복무하기도 했다. 그는 잉글랜드의 해럴드 2세가 (정복자 윌리엄에게 결국 패배한) 헤이스팅스 전투에 출정하기 직전, 해럴드를 왕위에서 끌어내리려고 시도하다 자신이 죽음을 맞았다. 셋째 딸 아나스타시아는 헝가리 왕 앤드루와 결혼했다. 야로슬라프의 손녀 옙프락시야는 신성로마제국 황제 하인리히 4세와 결혼했지만, 나중에 그의 이상한 성적 취향 때문에 갈라섰다고 전해진다.

야로슬라프의 대단한 업적 때문에 그는 '현자'라는 이름으로 역사에 남게 되었다. 야로슬라프의 아들 중 3명이 키예프의 통치자가 되었다. 그러나 그의 가장 탁월한 후계자는 러시아 북부에 장차 수도가 되는 블라디미르를 건설했던 손자 블라디미르 모노마흐였다. 모노마흐 또한 외국에 폭넓은 인맥을 가지고 있었다. 어머니는 비잔틴 공주였고, 첫 번째 부인은 잉글랜드 해럴드 2세의 딸이었던 것 같고, 두 번째 부인은 또 다른 비잔틴 공주였다.

1125년에 모노마흐가 사망할 때까지, 키예프 루시는 유럽에서 가장 큰 정치 체제 중 하나였다. 북쪽의 발트해에서 남쪽의 흑해, 서쪽의 비슬라^{Vistula}강(현재 폴란드 비스와강)에서 동쪽의 볼가강 상류에 이르는 광활한 영토를 보유했다. 루시의 군주들은 러시아 전역에 걸쳐 석조 대성낭, 수도원, 교회, 궁전, 정교한 요새 등을 축조했다. 키예프는 경건하고, 융성하며, 빠르게 문맹을 벗어나고 있었던 유럽의 대도시였다. 그에 걸맞게 웅장한 건축물들이 하늘로 우뚝 솟아 위용을 자랑했다. 노브고로드는 국제도시의 면모가 더 강해졌다. 무역상들이 스칸디나비아와 독일, 그리고 대륙의 동쪽에서 몰려들어 도시 내에 자신들의 구역을 형성했다.

러시아에서 가장 아름다운 몇몇 교회는 12세기와 13세기 작품이다. 블라디미르 시는 키예프의 건축물들과 유사한 건축물을 경쟁적으로 지어 올렸다(의도적이었던 듯하다). 노브고로드의 여러 교회는 공후가 아닌 부유한 상인들이 건축했다. 이런 교회들은 비잔틴 양식을 따르기는 했지만, 독자적인 러시아 스타일로 진화했다. 비잔틴 공식에 기초한 이콘^{icon}(정교회 성상화나 조각−옮긴이)과 프레스코화가 장엄함을 더했다. 이콘 화가들은 익명으로 작업했지만, 몇몇은 이름이 확인된다. 그리스인 테오판^{Theofan}, 디오니시^{Dionisi}, 다니일 체르니^{Daniil Cherny}, 안드레이 루블레프^{Andrei Rublev}가 그들이다. 볼셰비키는 러시아혁명 후에 수많은 이콘을 파괴하고 외국에 팔아넘겼다. 그러나 러시아인들의 정신세계와 관련해 성화의 지배력은 어마어마하다. 스탈린은 1941년에 진군하는 독일인들로부터 모스크바를 지키기 위해 「블라디미르의 성모」 이콘을 가져오게 했다고 한다.

키예프의 다른 약점은 덩치였다. 국경은 유동적이었고 방어가 힘들었다. 키예프는 동부 스텝 지대에 사는 유목민들의 공격에 특히 취약했다. 유목민들은 강 하류로 내려가는 와중에 상인들을 약탈하고, 여러 외딴 마을을 공격해 물건을 뺏고, 사람들을 노예로 삼았다. 200년 동안 가장 무시무시했던 유목민 약탈자는 페체네그(6세기부터 12세기 중앙아시아와 흑해 북쪽 스텝 지역 연안에 살던 투르크 계열 유목민족-옮긴이)였다. 페체네그는 키예프를 습격하기도 하고, 어떨 때는 키예프와 손잡고 비잔틴제국을 공격하기도 했다. 야로슬라프는 1036년에 페체네그의 숨통을 끊었다. 그들의 뒤를 이은 부족은 먼 친척뻘인 폴롭치^{Polovtsy}(서방에서는 쿠만, 비잔틴인들은 킵차크라 불렀다-옮긴이)였다. 이들은 이후 두 세기 동안 러시아, 폴란드, 헝가리, 리투아니아를 못살게 굴었다. 러시아 공후들은 국내외 적들에 맞서 폴롭치와 동맹을 맺었다. 이때의 복잡 미묘한 관계가 알렉산드르 보로딘의 오페라 「이고리 공」(이고르 공)의 배경이다. 1223년 러시아-폴롭치 연합군은 몽골군의 손에 격파되었고, 이후 폴롭치는 역사에서 사라졌다.

가끔은 하자르족이 동쪽의 습격자를 차단해주었다. 하자르인들은 볼가강 중류에서 캅카스 지역(흑해와 카스피해 사이 산악지역으로 현재 러시아, 조지아, 아제르바이잔, 아르메니아가 자리 잡은 곳이다-옮긴이)에 이르는 유럽과 아시아 사이의 무역로를 300년 동안 지배했다. 그들의 기원, 조직, 언어, 신앙에 대해서는 거의 알려진 바가 없다. 논쟁의 여지가 있는 한 주장에 따르면, 9세기에 유대교로 개종한 하자르인들이 조국이 멸망하자 서쪽으로 이주했고 동유럽의 아슈케나지 유대인 인구의 조상이 되었다고 한다. 여러 해 동안 루시는 하자르인들이 큰 강들을 따라 남쪽으로 진출하는 과정에서 수지맞는 교역을 했다. 10세기에 이르러 하자르족은 힘을 잃기 시작했다. 965년 키예프의 스뱌토슬라프 1세는 하자르의 수도를 점령하고 그들을 멸망시켰다.

　운하 교통로에 자리 잡은 또 다른 세력은 불가르족이었다. 이들은 튀르크계 유목민이었는데 7세기에 현대의 카잔시 인근 볼가강 유역에 수도 볼가르를 건설했다. 볼가르 역시 무역 중심지였다. 불가르족이 이슬람으로 개종한 후, 볼가르는 이슬람 세계의 주요 도시가 되었다. 오랜 기간에 걸쳐 쇠퇴한 후 결국 몽골의 공격으로 멸망한다.

　다른 불가르족 집단은 다뉴브강을 건너 남동 유럽에 진출했다. 그들 역시 강력한 국가를 세웠지만, 형제들과는 달리 기독교로 개종했고 슬라브어를 채택했다. 비잔틴제국 도시들과의 관계는 조금 복잡했다. 이슬람 세력에 대항할 때는 함께 싸웠지만, 콘스탄티노플을 점령하겠다고 공성전을 펼치다 실패하기도 했다. 1018년에 그들은 마침내 비잔틴 황제 바실리오스 2세에 의해 격퇴되었다. 이 업적으로 황제는 '불가르 학살자 바실리오스Basil the Bulgarslayer'라는 이름을 얻었고 오늘날에도 그리스 사람들 사이에 유명하다.

　언어를 둘러싼 분쟁이 불가리아인들이 가톨릭이 아닌 정교회를 채택한 이유 중 하나였다. 로마 가톨릭교회는 예배할 때 반드시 라틴어나 히브리어를 써야 하고, 여의찮다면 그리스어 사용은 허용한다는 원칙을 세웠다. 정교회는 그것이 그리스어든 라틴어든, 혹은 조지아어, 아르메니아어, 슬라브어든지 상관없이 모든 사람들이 자신의 언어로 하느님을 찬양하도록 허용해야 한다고 믿었다. 황제는 예식에 슬라브어를 사용하게 해달라고 로마를 설득하기 위해 2명의 젊은 수사 키릴과 메토디우스를 보냈지만, 그 임무는 실패했다. 훨씬 더 장기적인 공헌은 다른 곳에서 나왔다. 그들은 그리스어를 활용해 새 문자를 고안했는데, 이것은 라틴어 문자보다 훨씬 더 슬라브어에 적합했다. 그들이 만든 키릴 문자는 조금 변형된 형태로 오늘날 정교회 러시아인, 세르비아인, 우크라이나인, 불가리아인, 마케도니아인들에 의해 여전히 사용되고 있다. 키릴 문자 또한 정교회와 서양 사이의 분열을 공고히 하는 데 한몫을 했다.

그러던 1242년, 키예프에 재앙이 닥쳤다. 동쪽에서 말 탄 침략자들이 습격하는 일은 원래 비일비재했다. 하지만 몽골군은 최후의, 그리고 단연코 가장 무서운 물결이었다. 정치 체제로서 키예프 루시는 산산조각 났다. 갈리치아-볼히니아 공국은 폴란드와 헝가리인들에게 굴복할 때까지 간신히 살아남았다. 키예프를 기반으로 하는 독립 국가는 1918년까지 다시 등장하지 않았다.

그러나 키예프 루시의 북동부, 류리크 왕조 출신 공후들이 통치하던 여러 공국은 폐허를 딛고 새로운 세력이 성장하며 정체성을 보존했다. 모스크바 대공국의 시작이었다. 모스크바 대공국 역시 철저한 정교회 국가였고, 몽골 지배 때문에 그 어느 때보다 더 심하게 유럽 다른 지역들과 차별화되는 길을 걸었다.

2

종말을 몰고 오는 기마대

우리의 죄가 커서 그해 여름, 이름 모를 이교도들이 밀려왔다. 우리는 그들을 타타르라
부르지만 어디에서 생겨난 민족인지, 어디에서 달려왔는지, 무슨 종교를 믿는지
아무도 알지 못했다. 신만이, 그리고 아마도 경전 속 현자들만이 아시리라.

- 러시아 연대기 작가[1]

몸집 작은 말을 타고 줄지 않는 속도로 달리는 사람들. 몽골족은 1223년 아무 경고도 없이 유럽에 들이닥쳤다. 20년 후 몽골제국은 키예프 루시를 완파했다. 2세기가 넘는 기간 동안 살아남은 공후들은 몽골제국에 공물을 바쳤다. 많은 러시아인뿐 아니라 러시아를 비방하는 외부 사람들은 '몽골의 멍에'('타타르의 멍에'라고도 한다)가 러시아의 색채와 정치 제도 형성에 결정적인 영향을 미쳤다고 생각한다. 이것은 과장이다.

몽골의 정체

몽골족은 유목민이자 부족 집단이었다. 유럽 침략으로부터 멀지 않은 1206년에 젊은 군주가 '칭기즈칸'('위대한 군주'라는 뜻이다)이라 선포되었고, 그는 몽골족을 역사상 가장 강력한 군대 중 하나로 거듭나게 했다.

200년 동안 그들은 중국과 한반도 동해에서 인도와 버마(미얀마), 베트남까지, 서로는 유럽, 남으로는 페르시아, 킵카스, 레반트에 이르기까지 제국을 확장했다. 중국에는 아예 새로운 왕조를 세웠다. 역사상 그 어떤 군대도 그렇게 많은 전투에서 승리하거나, 그렇게 넓은 영토를 정복한 적이 없었다. 하지만 몽골족에게 제국의 주된 목적은 점령이 아니라 약탈이었고, 점차 교역으로 관심이 옮겨갔다. 몽골이 세력을 유지하는 동안 상인들은 유럽에서 태평양까지 안전하게 이동할 수 있었다.

사람들은 그들을 명망 높았던 한 몽골 부족의 이름을 따 '타타르인'(일반적으로는 몽골계와 튀르크계를 포괄하는 중앙아시아 유목민족을 통칭하는데, 이 책에서는 몽골의 후예로 이해하면 쉽다-옮긴이)이라고 부르기도 했다. 크림반도와 킵차크한국(금장한국)의 수도 인근 지역에 사는 그들의 후손들은 여전히 그 이름으로 불린다. 두려움에 질린 유럽인들에게 타타르는 타르타로스Tartarus, 즉 지옥에서 튀어나온 악마였다. (타르타로스는 로마인들이 지옥을 부르던 말이었다.) 러시아에서는 몽골에 대한 두려움이 설화나 유명한 속담 등에 계속 남아 있었다. 아이들은 말을 안 들으면 타타르가 잡아간다는 말을 들으며 자랐다.

몽골에 대한 견해가 심지어 당시에도 부정적이기만 한 것은 아니었다. 동시대의 잉글랜드 수도사 로저 베이컨Roger Bacon은 몽골제국이 성공한 이유는 몽골인들의 전투기술이 더 우월했기 때문이 아니라, 화약 같은 과학적 발견 덕분이었다고 생각했다. 영국의 대문호 제프리 초서는 칭기즈칸을 '모든 면에서 뛰어난 고귀한 왕'[2]이라 칭했다. 에드워드 기번은 유럽의 종교재판보다는 몽골의 재판방식이 훨씬 낫다고 썼다. 현대 역사학자들은 칭기즈칸과 몽골인들을 그들이 가진 악명에 비해 더 세련되고 덜 피에 굶주린 사람들로 보고 있다.

멍에 씌우기

비중으로 말하자면 제일 압도적이었지만, 몽골의 첫 급습은 무장 강도형 공격에 지나지 않았다.

폴롭치는 오랜 숙적 키예프 루시에 앞으로 무슨 일이 일어날지 경고했다. "이 끔찍한 이방인들이 우리 땅을 빼앗았습니다. 지금 달려와 우리를 돕지 않는다면 내일은 당신들을 찾아갈 겁니다."[3] 하지만 러시아는 반격할 준비가 되어 있지 않았다.

키예프는 여전히 유럽에서 가장 큰 국가 중 하나였지만, 그 무렵에는 제대로 확립되지 않은 승계 제도 때문에 혼란이 컸다. 북부 공국들에 대한 대공의 권위는 바닥으로 추락했다. 키예프 루시 군대는 중무장한 귀족 기마대와 무기도 거의 없는데다 훈련도 제대로 받지 못한 농민 징집병을 합친 부대였다. 야망에 찬 귀족들은 거드름을 떨며 누가 지휘권을 가질지 언쟁을 벌였다. 루시의 군대는 동유럽의 그저 그런 적들과 맞붙기에는 문제가 없었다. 하지만 훈련받은 적과 제대로 된 전투를 벌이기에는 적합하지 않았다.

몽골군은 강도 높은 훈련과 서슬 퍼런 기강, 치밀한 보급과 적극적인 지휘권 위임체제를 갖추었다. 그들은 전술의 달인이자 광역 전투 전략의 달인이었다. 몽골 기마 궁수들은 외곽에서 자유자재로 움직이며 상대 병력이 충분히 손실을 볼 때까지 기다린 후, 안으로 파고들어 숨통을 끊었다. 몽골군은 거추장스러운 보급부대 없이도 엄청난 거리를 오랫동안 이동할 수 있었다. 중국 송나라에서 의사를 고용해 부상자를 치료했고, 공성술을 받아들이고, 송나라 출신 포병을 데려와 초원지대를 넘어 도시의 요새를 마주했을 때 요긴하게 활용했다. 몽골군은 자기 병사들을 잃지 않도록 신경 썼다. 패전국의 포로들을 끌고 와 전투 최전선에 배치해 인력 손실을 메꾸었다. 상대가 저항하면 끔찍하게 보복했는데, 이는 의도적이었다. 도시와 마을을 쑥대밭으로 만들고, 남기는 것이라곤 연기가 자욱한 폐허와 썩어가는 시체뿐이었다. 이것은 효과가 있었다. 소문은 빨랐고 몽골군이 들이닥치면 적들은 빈번히 저항 없이 바로 항복했다.

1223년, 전에 본 적 없는 부족이 쳐들어온다는 소식을 들은 루시는 이리저리 긁어모아 2만 명에 이르는 대부대를 결집했다. 여러 공국이 파견한 부대는 갈리치에서 온 므스티슬라프 대머리왕과 키예프의 므스티슬라프 3세가 공동으로 지휘했다. 므스티슬라프 대머리왕의 장인이자 기독교로 개종한 코티얀칸도 폴롭치 원조군을 이끌고 도착했다.

루시는 크고 어리석은 실수를 저지르기 시작했다. 몽골족은 사절을 보내 자신들은 폴롭치와 싸우고 있으니 루시는 빠지라는 메시지를 전달했다. 제안을 받아들이는 대신, 그들은 사절단을 죽였다. 이렇게 키예프 루시는 죽음의 전투에 참전한다.

몽골군은 후방부대만 미끼로 남기고 동쪽으로 철수했다. 위장 퇴각은 전형적인 몽골 전술 중 하나다. 키예프 연합군은 속았다. 그들은 후방부대를 공격해 흩어지게 하고, 며칠 동안 몽골 주력군을 추격했다. 몽골군이 현재 우크라이나 동부에 있는 칼카강에 진을 쳤을 때, 루시 연합군은 조직적으로 움직일 상태가 아니었고 대열은 무너졌다. 므스티슬라프 대머리왕은 연합군이 합류할 때까지 기다리지 않고 강을 건너 공격했으나 패배했다. 대머리왕은 불명예스러운 탈출을 감행했고 폴롭치군이 그 뒤를 따랐다. 그는 도망치며 교각을 파괴해버렸다. 오갈 데 없이 포위된 므스티슬라프 3세는 자신의 군대와 함께 몰살되었다. 연대기에 따르면 '칼카강 전투'에서 사망한 루시 공후는 12명에 달했고, 루시 연합군은 전체의 10분의 1만 살아남아 귀환했다고 한다. 그에 비하면 몽골군의 손실은 미미했다.

이때 전투들은 '전 유럽 정복'이라는 보다 야심 찬 공격을 준비하는 사전 정찰에 지나지 않았다. 1237년 겨울, 칭기즈칸의 뛰어난 손자 바투칸이 군대를 이끌고 돌아왔다.

루시 군대는 이번에도 몽골군의 탁월한 교란술에 정신을 차리지 못했고, 차례차례 점령당했다. 몽골군은 처음에 랴잔을 습격하고 주민을 몰살했다. 다음은 블라디미르였다. 블라디미르의 대공 유리 2세는 지원군을 요청하려고 급히 성을 떠났다. 몽골군이 블라디미르를 덮쳤고 부인을 포함해 남아 있던 유리 2세의 가족들은 활활 타오르는 성당 안에서 타 죽었다. 유리 2세가 연합군과 돌아왔을 때는 이미 상황은 걷잡을 수 없었다. 그의 군대는 싯^{Sit}강에서 몽골군에 포위되었고 몰살당했다. 대공은 물론 여타 공후들, 그의 아들 3명과 조카 2명도 함께 죽었다.

노브고로드와 프스코프는 분별력을 발휘했다. 그들은 몽골군이 도착하기 전에 항복했다. 다행히 야로슬라블, 로스토프, 트베리는 공격이 비껴갔다. 하지만 싯강 전투를 마지막으로 러시아 북동부에서는 몽골에 대항하는 어떤 연합 체제도 등장하지 않았다.

1242년, 키예프의 차례가 돌아왔다. 바투칸은 사절단을 보내 항복하라고 했다. 당시 키예프 대공이었던 미하일 체르니곱스키$^{Mikhail \ of \ Chernigov}$는 사절단을 죽이고 도망쳐 버렸다. 키예프의 대공좌를 두고 그와 경쟁했던 공후 중 누구도 키예프를 방어하려고 나서지 않았다. 몽골은 키예프를 초토화하고 주민을 남김없이 죽였다. 6년 후, 교황이 몽골 황제에게 보낸 사신이 목격한 바에 따르면, 그때까지도 키예프에는 폐허가 된 건물과 죽은 자들의 뼈 외에는 아무것도 없었다.

이후 바투칸은 남서쪽의 갈리치아-볼히니아 공국의 항복을 받아내고, 폴란드와 독일, 헝가리 군대를 가뿐히 물리쳤다. 몽골군은 서쪽으로 대륙을 휩쓸 태세였는데 그러는 대신 고국으로 철수해버렸다. 이유는 논쟁거리다. 칭기즈칸의 뒤를 이었던 대✦칸 오고타이가 수도 카라코룸에서 급사했고, 장군들이 왕위 계승 회의에 참석하라는 명을 받기는 했다. 어쩌면 인구밀도가 더 높았던 유럽에는 군마를 먹일 스텝 지대 같은 초원이 없었기 때문에 서진을 단념했을 수도 있다. 아니면 유럽까지 점령하면 행정적으로 통치하기가 어려울 것으로 판단했을지도 모른다. 이유가 어떻든 간에 유럽은 살아남았다.

하지만 몽골 부대가 전부 돌아가지는 않았다. 바투칸은 볼가강 인근 사라이에 남았고, 그가 이끌던 황금 군단(바투의 '황금 군단'은 몽골제국의 4대 울루스 중 하나인 조치[Jochi] 울루스로, 1259년 몽골제국 분열 이후 킵차크한국이 된다. 황금 군단이라는 이름은 몽골족이 사용하던 황금색 천막 때문에 나중에 붙은 이름이다 - 옮긴이)은 훗날 이슬람을 채택하고, 중앙아시아에서 사용되던 튀르크어와 유사한 언어를 사용하게 된다. 초기부터 킵차크한국에 이르기까지, 볼가강 유역의 몽골인들은 유동적인 정치 조직을 유지했다. 바투칸이 사라이에 세운 도시는 정치 중심지가 아니라 실크로드 무역 중심지였다. 그곳은 상인이나 장인, 이국의 여행자들을 위한 핵심 거점이었다. 도시 안에는 잘 정비된 도로, 이슬람 사원, 이슬람식 학교인 마드라사, 대상 무리를 위한 숙소인 카라반세라이가 있었고, 정교회 주교관과 독일인들의 교역사무소를 허락할 만큼 포용적이었다.

몽골 침략으로 키예프 루시의 많은 도시가 폐허가 되었고, 인구는 미미해졌으며, 인근 거주지와 경작지는 황폐해졌다. 류리크 왕조는 절멸했다. 하지만 러시아의 일부는 살아남았다. 이후 수 세기 동안 지속된, 러시아인들이 '몽골의 멍에'라고 부른 상황은 그곳 사람들이 예전처럼 살아가는 것까지 막지는 못했다. 폐허가 된 도시들은 재건되었다. 살아남은 류리크 왕조의 후예들이 여전히 도시 공국들을 통치했다. 주민들은 여전히 러시아어로 말했고, 러시아 관습을 따랐으며, 정교회 신앙 공동체 속에서 힘을 얻었다. 세속 통치자들이 죽거나, 흩어지거나, 적에게 부역하는 동안, 교회는 러시아인들에게 집결지가 되어 주었다. 훗날 18세기에 프로이센과 오스트리아, 러시아가 폴란드를 분할했을 때, 가톨릭교회가 폴란드인에게 지붕이 되었던 것과 마찬가지다.

초기의 무력 행사 이후 몽골족의 주요 목표는 최소의 군사력을 투입해 수익을 극대화하면서 러시아를 착취하는 것이었다. 몽골은 루시의 영토를 차지하지 않았다. 잉글랜드를 정복한 노르만족이 그곳에 눌러앉았던 것과는 달리, 그들은 정복한 땅에 머무르며 사람들과 함께 살지 않았다. 대신 몽골제국은 원격으로 러시아를 관리하는 편을 선호했고, 반항의 낌새를 보일라치면 발본색원했고, 고분고분하지 않은 공후는 누구라도 상관없이 죽였으며, 보복으로 도시와 마을을 약탈해 초토화하고 주민들을 노예로 끌고 갔다. 물론 여러 명백한 차이점이 있지만 몽골이 러시아를 다스린 간접 지배는 영국이 인도 식민지를 관리했던 방식과 비슷했다.

몽골제국은 들쑥날쑥한 약탈 대신 철저한 인구조사에 근거한 조세 징수 체제를 확립했다. 종교에는 관대해서 교회는 면세를 해주었다. 초기에는 러시아 전역에 조세 징수관을 두었다. 하지만 금세 러시아 공후들이 조세 징수를 책임지도록 권한을 이양했고 주요 거점에 감독관만 남겼다. 공후들은 정기적으로 사라이로 가서 야를릭^{yarlyk}이라는 통치 허가증을 얻고 공물을 바치며 수익을 남기는 사업도 했다.

키예프는 여전히 종교와 지식의 중심지로 남아 있었다. 특히 키예프의 동굴 수도원이 그 중심에 있었다. 나중에 키예프는 폴란드 가톨릭 세력과 맞서는 종교, 교육, 문화 중심지가 되었고, 러시아 정교회를 근대화하는 사상의 원천이 되었다.

하지만 키예프에는 더 이상 영토를 가진 정치 체제가 존재하지 않았다. 키예프는 수많은 공국에 둘러싸여, 앞으로 수 세기 동안 폴란드인, 리투아니아인, 헝가리인, 튀르크인 및 타타르인의 정치적 영향권 아래 놓인채 가톨릭과 정교회 간 종교전쟁의 전장이 될 터였다. 처음에는 남서쪽으로 치우친 갈리치아가 류리크 왕가에서 독립한 공후의 통치하에 살아남았다. 하지만 류리크 왕조가 멸망하자 갈리치아는 가톨릭계 폴란드에 합병되었다. 리투아니아인들이 나머지 일부분을 차지했다. 폴란드인들보다 지역색에 관대했던 리투아니아의 지도자들은 현지인과 혼인했고, 정교회를 받아들이고 교회슬라브어를 공식 행정 언어로 사용했으며, 러시아 법과 유사한 법령을 채택했다.

북부에서는 사람들이 여전히 자신들을 '루시'라고 불렀다. 키예프 루시의 언어를 계속 사용하고, 정교회를 믿으며, 과거와 유사한 정치 체제를 유지했다. 수즈달, 블라디미르, 트베리, 노브고로드, 프스코프, 스몰렌스크와 같은 북부 도시들은 여전히 옛 왕조의 후예인 공후들의 통치를 받았다. 도시들의 뒤얽히는 음모가 앞으로 러시아의 미래를 수놓을 예정이었다. 영국에서 장미전쟁의 신물 나도록 복잡한 음모 정치가 잉글랜드를 형성했던 것과 마찬가지다. 공후들이 가진 야망의 최고봉은 블라디미르 대공좌였다. 블라디미르 대공좌는 이전의 키예프 대공이 누렸던 것 같은 실질적인 정치 권력은 없었지만 명예로운 자리였다. 처음에 몽골제국은 키예프가 정하는 조건대로 (공후들은 불만이 많았다) 대공을 결정하도록 내버려두었다. 하지만 점차 러시아에서 세금을 가장 잘 거두고 치안을 잘 유지할 인물을 골라 지지하는 편이 낫다는 사실을 깨달았다. 일부 약삭빠른 공후들은 몽골 지방관과 불명예스러운 뒷거래를 함으로써 어느정도 자치권을 허용받을 수 있었다. 그들은 몽골 지배층의 호의를 얻기 위해 경쟁했고, 필요하다면 비위를 맞추며 내통했으며, 벗어날 수 있다는 판단이 들 때 저항했다.

킵차크한국은 그때까지 줄기차게 습격을 반복하던 유목 부족을 저지하고 러시아의 남동부 국경을 형성하는 데 성공했다. 하지만 북쪽과 서쪽은 여전히 불안정했다. 폴란드의 압박과 리투아니아의 약탈적 습격은 물론이고, 스웨덴의 세력 확장과 발트해에서 이교도를 기독교로 개종시키는 데 혈안이었던 튜턴 기사단의 '북방 십자군'이 러시아 영토를 흔들었다. 북서쪽 국경 방어는 대부분 러시아군이 담당했고 가끔 몽골군이 개입했다.

노브고로드와 블라디미르 공국의 대공 알렉산드르 넵스키[1221-1263]가 무공으로 명성을 얻은 곳이 바로 이곳이었다. 넵스키는 유리 돌고루키('긴 팔'이라는 뜻)[Yuri Vladimirovich Dolgoruky, 약 1099-1157]의 증손자이자, 블라디미르 모노마흐의 여섯 번째 아들이며, 아마도 잉글랜드 해럴드 2세의 손자일 것이다. 그는 네바[Neva]강에서 스웨덴군을 매복 공격하는 데 성공해 '넵스키'라는 별명을 얻었다. 네바강의 승리는 루시 군이 싯강에서 몽골족에 대패한 후 3년 만에 거둔 단비 같은 승리였다. 2년 후 넵스키 대공은 노브고로드 외곽의 얼어붙은 페이푸스호에서 튜턴 기사단을 물리쳤다. 구소련 출신 영화감독 세르게이 예이젠시테인[Sergei Eisenstein]이 영화 「알렉산드로 넵스키」 속에서 인상적으로 묘사한 바로 '얼음 위의 전투[Battle on the Ice]'이다. 이것들은 비교적 소규모 전투였다. 하지만 러시아인들은 이런 사건들을 가톨릭과 정교회 간 뿌리 깊은 해묵은 갈등을 보여주는 사례로 곱씹는다.

넵스키는 몽골과는 절대로 맞서 싸우지 않았다. 싸우기는커녕 재임 기간 대부분을 몽골에 협력하며 이익을 보았고, 정기적으로 킵차크한국의 사라이를 방문했다. 넵스키는 노브고로드를 방어하고 훗날 일어나는 반란도 진압했다. 대공의 역할은 몽골제국의 이해관계에 부합했다. 노브고로드는 사치품과 은 교역의 중심지였고, 은은 몽골제국이 가장 큰 수익을 올리는 공물이었다.

넵스키는 모스크바를 막내아들 다니일Daniil, 1261-1303에게 물려주었다. 당시 모스크바는 넵스키의 증조부가 세웠던 요새화된 정착지 수준을 벗어나지 못한 상태였다. '다니일로비치Danilovichi'(다니일의 후손들을 뜻함)는 16세기 말까지 모스크바를 통치했다. 다니일의 후손들은 지속적으로 간계를 꾸몄고, 결의에 차 있었고, 정치 기술에 능하고, 냉혹했다. 러시아 귀족 가문 중에서 맞수를 찾기 어려울 정도였다. 류리크 왕조 내에서 다니일 가문은 보잘것없는 위치였으므로, 그들은 몽골제국의 근면 성실한 대리인이자 세금 징수인, 그리고 치안 담당관을 자처함으로써 입지를 강화했다. 상대적으로 모스크바가 더 안전하고 평화로워지자, 다른 도시에서 이주하는 사람들로 인구도 늘었다. 가끔은 몽골의 편에서 다른 러시아 공국과 대립하기도 했고 어떨 때는 몽골에 맞서기도 했다. 무엇이 가장 유리한지 판단해서 움직였다. 모스크바의 주인은 때가 되자 주저 없이 멍에를 벗어던졌다. 이후 200년 동안 모스크바는 다른 공국들을 모아 점점 더 중앙집권적이고 영향력 있는 모스크바 대공국 체제를 만들어갔다.

주변의 도움도 있었다. 트베리의 여러 공후는 명망 높은 블라디미르 대공좌를 얻으려고 몽골제국을 수년간 설득했지만 몽골과 좋은 관계를 유지하지 못했다. 3명의 공후가 연속으로 사라이에서 처형당했다. 1327년 마침내 트베리가 반란을 일으켰을 때, 탁월한 경제적 수완 때문에 '돈주머니'라는 별명이 붙었던 모스크바 공국의 이반 1세는 몽골 측에 지원군을 보내 트베리 반란군 유혈 진압을 도왔다. 1332년, 블라디미르 대공

자리가 모스크바 공후의 수중에 떨어졌다. 몽골제국의 하사품이었다.

그 당시 킵차크한국은 내부 알력으로 몸살을 앓고, 우두머리가 이리저리 바뀌었고, 흑사병이 창궐해 인구는 급감했으며, 실크로드 양쪽 끝에서 일어난 분란 때문에 무역망도 상당히 망가진 상태였다. 다른 한국^汗^國들이 킵차크한국의 영토를 조금씩 잠식했다. 티무르 대왕(타메를란)이 수도 사마르칸트에서 출발해 대대적으로 북방 공격에 나섰을 때, 킵차크한국의 주요 도시들도 파괴되었다. 킵차크는 분열되고 결국 서서히 멸망하는 길로 접어들고 있었다.

이반 칼리타의 손자 드미트리 돈스코이¹³⁵⁰⁻¹³⁸⁹는 몽골군을 상대해 러시아에 최초로 대승을 안긴 인물이다. 돈스코이는 아버지가 죽었을 때 겨우 아홉 살이었다. 몽골제국은 잠시 블라디미르 대공좌를 다른 곳으로 옮겼다. 여전히 10대에 불과했을 때 돈스코이는 블라디미르 통치권을 되찾고 트베리 공후들의 도전을 물리쳤다. 젊은 군주는 모스크바에 걸맞은 요새, 크렘린 건설에 착수했다. 크렘린은 훗날 리투아니아의 공격에 맞서 두 번의 공성전을 버텨냈다.

하지만 독일, 스웨덴, 리투아니아의 약탈로 노브고로드로 통하는 모스크바의 무역로가 망가지고, 몽골에 세공을 제때 바치지 못하게 되자 돈스코이는 몽골의 미움을 샀다. 1380년 사라이의 마지막 칸 마마이가 직접 군대를 이끌고 공납을 요구하며 모스크바로 쳐들어왔다. 돈스코이의 병사들은 수적으로는 열세였지만, 조직적으로 움직였고 잘 훈련된 상태였으므로 칼카강에서 몽골군과 대적했던 오합지졸과는 달랐다. 양 병력은 돈강의 쿨리코보에서 마주 섰다. 돈스코이는 세심하게 진을 짰다. 숲에 바짝 붙어 측면을 방어했고, 기병대는 매복해있었다. 접전을 펼친 끝에 몽골군은 뿔뿔이 흩어져 내뺐다. 몽골군이 데리고 온 리투아니아 동맹군은 분별 있게 행동했다. 참전하는 대신 귀환해버렸다.

눈부신 승리였다. 이 승리 덕분에 그는 '돈스코이'라는 이름을 얻게 되었다. '돈강의 드미트리'라는 뜻이다. 하지만 이야기는 여기서 끝나지 않는다. 마마이는 톡타미시Toktamysh에 의해 바로 축출되었고, 톡타미시는 2년 후 모스크바를 불태웠다. 이후 톡타미시는 티무르의 북진에 밀려 리투아니아로 피신한다. 돈스코이는 험난한 지뢰밭을 영리하게 헤쳐 나갔다. 그는 몽골과 다시 손을 잡았다. 몽골제국은 돈스코이를 다시 조공 책임관으로 지명하고, 모스크바 공후이자 블라디미르 대공으로 임명했다.

러시아 신화에서 그려지는 것처럼 극적이지는 않았지만, 몽골을 상대로 승리를 거둔 돈스코이의 업적은 전례가 없는 것이었다. 몽골인들은 그 후로도 수년 동안 지배권을 행사했지만 이제 그렇게 자신만만하지는 못했다. 쿨리코보 전투가 있은 지 100년 후, 돈스코이의 증손자 이반 3세(이반 대제)는 정기 조공을 거부했다. 다시 한번 칸은 응징에 나섰다. 양 군대는 우그라강을 사이에 두고 대치했다. 하지만 약속했던 리투아니아 동맹군이 나타나지 않자, 칸은 전투를 포기하고 돌아갔다. 우그라강의 대치가 상황을 종결지은 것은 아니었지만 상징적 의미가 컸다. 러시아인들은 아직도 '우그라강의 위대한 대치'가 몽골 지배를 끝낸 결정적 순간으로 본다.

그것은 다른 면에서도 의미심장했다. 공후들은 몽골에 바치는 공물이 돌고 돌아 결국 자신들에게 혜택이 돌아온다고 믿었다. 하지만 이제 몽골의 멍에를 벗어던진 이반 3세는 형제 공후들로부터 거둬들인 공물을 자신을 위한 용도로 사용했다. 이반 3세의 이런 조치는 러시아인들이 몽골 제도를 흡수한 사례 중 하나로 종종 언급된다. 아니면 적어도 이반 3세가 공후들로부터 공물을 받을 정도로 권력을 잡은 것만은 확실하다.

어느 쪽이든 이제 이반 3세는 안정적인 수입 구조를 확보했고, 이것이 그가 도시를 발전시키고, 군사력을 증강하고, 훗날 모스크바 공국이 권력의 정점에 오를 수 있도록 토대를 강화하는 데 도움이 되었다. 국가가 농민 개인에게 과세할 행정 시스템이 없었기 때문에 마을 공동체가 대신 조세 납부를 책임졌다. 이 제도도 국가 권력의 도구로 쓰이게 된다. 농노의 능력에 자신의 운명이 달린 이 추가 부담은 1903년 마침내 폐지되었지만, 공산주의자들에 의해 허울만 바뀌었을 뿐 다시 도입된다.

알렉산드르 넵스키와 드미트리 돈스코이는 러시아의 국가적 영웅이다. 모든 러시아 학생은 그들의 이름을 안다. 1941년 여름, 독일군이 러시아를 급습할 때 스탈린은 그들의 이름을 다시 입에 올렸다. 러시아 정교회는 두 사람을 성인으로 선포했다. 알렉산드르 넵스키는 러시아군과 비밀경찰의 수호성인이며, 예카테리나 대제는 넵스키의 이름을 딴 군사 훈장을 만들었다.

몽골이 남긴 것

많은 러시아인, 그리고 러시아인을 싫어하는 대다수는 몽골 지배가 러시아인을 유럽인도 아시아인도 아닌 어중간한 사람들로 만들었다고 생각한다. 러시아인들은 키예프 몰락 이후로 러시아인과 유럽인의 격차가 벌어진 이유로 '몽골의 멍에'를 탓한다. 외국 사람들은 몽골 지배가 러시아에 많은 것을 남겼다고 생각한다. 잔혹함을 띠는 러시아 국내 정치나 외국을 대하는 자비 없는 태도, 정부의 고압적 분위기, 약한 법치주의, 군사 훈련 방식은 물론, 억눌린 여성들이나 심지어 러시아어에 (다른 언어들도 마찬가지기는 하지만) 외국에서 들어온 단어가 많다는 점까지도 멍에 때문이라고 믿는다(몽골어와 프랑스어가 조금, 독일어와 영어는 꽤 많다).

앞에서 언급한 명제들이 몽골 문화가 러시아 문화에 구체적으로 어떻게 스며들었는지 그 과정을 설명하지는 못한다. 하지만 활발한 토론은 열정을 불러일으키는 법이다. 이런 논쟁은 꽤 오랫동안 지속될 것이다.

칭기즈칸 치하에서 정치는 군사 지휘 체계에 입각해 있었다. 모든 일은 칸에 보고되었고 칸은 옳다고 판단하는 대로 명령을 하달했다. 국고는 피지배인들에게 징수하는 조세와 공물로 넘쳐났다. 몽골제국의 역참 제도는 속도와 신뢰성 측면에서 로마와 견줄 만했다. 제국을 길게 가로지르는 대상 무역이 꽃을 피웠다.

몽골제국의 제도는 정교한 법 원칙과 광범위한 회의 관행에 근간이 있었다. 구체적 원칙은 관습적으로 시행되던 세부 사항을 칭기즈칸이 성문화했던 법전에 기반을 두었는데, 부족 간에 의견 합의를 어떻게 이루는지도 시시콜콜 규정했다. 부족 회의의 정점은 부족장 최고회의 쿠릴타이였다. 쿠릴타이는 칸이 소집해 군사 작전을 계획하거나, 칸의 사후에 후계자 결정을 위해 친족들이 소집하는 최고 의사결정기구였다.

몽골 지배가 끝난 자리에 남은 러시아는 확실히 권위주의적이었다. 하지만 당시 유럽 나라들도 거의 그랬다. 권위주의는 아직 고도화된 행정 체계를 가지지 못한 나라가 전쟁을 일으킬 풍부한 물자를 동원하고, 내란을 틀어막을, 확실하고 실용적인 방법이다. 근대 초 유럽 전역에서 왕과 귀족이 패권을 두고 다투었다. 대부분의 유럽 국가에서 군주가 승리했고 러시아도 마찬가지였다. 군주들은 통치의 근거를 신이 주신 권리에서 찾았다. 그들은 정교한 예식으로 착시효과를 만들며 정말로 그런 척했다. 태양왕을 자처한 프랑스의 루이 14세가 대표 사례다. 러시아에서는 이론도 전례도 모두 비잔티움에서 가져왔다. 러시아에서 독재체제는 먼 서쪽 나라들보다 더 절대적이고 더 수명이 길었다. 여러 설명이 제기되지만 핵심은 몽골제국이 아니라 지리적 조건에, 빈곤에, 그리고 모스크바를 지배한 왕조의 무자비한 야망에 있을지 모른다.

몽골의 법은 모스크바의 법체계에 전혀 채택되지 않았다. 모스크바의 법은 키예프 시절에 만들어진 원칙에 여전히 근거했는데, 그것은 통치자의 권력을 거의 제한하지 않았다. 물론 다른 곳에서도 법치주의는 갈대처럼 휘청였지만, 외국에서 온 방문자들은 차르의 절대 권력에 충격을 받곤 했다. 이반 뇌제가 통치하던 시절 영국 무역 사절단으로 방문한 조지 터버빌은 영국으로 돌아가 다음과 같이 소회를 남겼다. 모스크바는 '법이 아무런 힘이 없는 곳, 모든 것은 왕의 뜻, 죽이고 살리는 것도 마찬가지'라고.[4]

이러한 전통은 깊이 뿌리박혀 있었다. 1830년대에 차르의 비밀경찰 대장이었던 벤켄도르프 백작은 반란군을 심문하며 이렇게 말했다. "법은 아랫사람이 지키라고 만든 것이지 윗사람에게는 해당하지 않는다. 당신이 나를 상대할 때는 법에 호소할 권리도, 당신이 옳다고 주장하는 데 법을 사용할 권리도 전혀 없다."[5] 우리는 벤켄도르프 백작을 이 책의 뒤에서 다시 만나게 될 것이다.

러시아의 잔혹한 형사 사법제도는 다른 나라들과 썩 다르지 않았다. 처형, 절단, 고문은 유럽 전역에서 횡행했다. 영국에서는 교수척장분지형(목을 매달고 내장을 꺼낸 뒤 토막 내는 방식)이라는 끔찍한 처형법이 반역죄에 대한 법정 형벌이었다. 실제로는 1820년에 좀 덜 야만적인 방식으로 시행된 것이 마지막이었지만, 명목상으로는 1870년까지 남아 있었다. 러시아인들은 가톨릭의 종교재판소가 죽이고 불태운 마녀와 이단자의 가공할 숫자와, 헨리 8세와 엘리자베스 1세가 죽인 수많은 희생자를 지적한다. 그들은 1698년 모스크바에서 표트르 대제가 항거하는 보병부대 스트렐치 streltsy(소총수라는 뜻)들을 대거 처형한 것이나, 1572년 파리에서 벌어진 '성 바돌로매 축일의 학살'이 무엇이 다르냐고 반문한다. 어느 쪽이든 이러한 점에서는 자랑스러운 것이 없다. 몽골군이 모범을 보일 필요도 없었다.

러시아인들이 보유한 여러 군사적 관습이 몽골의 유산이라는 주장은 근거가 훨씬 더 희박하다. 사람들은 유사점을 지적한다. 러시아군이 몽골군과 똑같이 군대를 선봉, 주력, 후방부대 그리고 좌익과 우익으로 나누었다. 양 군 모두 우두머리가 우익을 맡았다. 둘 다 위장 퇴각, 우회 공격, 포위 기술을 썼다. 하지만 이런 전술들은 그리스와 로마 사람들도 사용했다. 헤이스팅스 전투에서 정복자 윌리엄은 위장 퇴각으로 난공불락이던 해럴드의 군대를 교란했다. '대열의 우측'은 현재 영국군에서도 상석이다. 모든 군대는 적에게서 배운다. 중세 러시아군은 서방에 맞설 때는 중무장 기병대를 주력으로 사용하고 보병들이 보조했다. 그다지 훈련이 잘되어 있지는 않았다. 적군도 사정이 비슷했다. 하지만 동쪽의 유목민 적들을 상대할 때는, 몽골군이 등장하기 훨씬 전에도, 기병 궁수들을 활용했다. 화약과 총포, 정교한 요새와 고도로 훈련된 보병들이 유럽 전역에 퍼지자 러시아인들도 발을 맞췄다. 20세기에 러시아는 독일과 미국으로부터 배웠다. 짧은 기간을 제외하면 러시아 군사 체제는 몽골군에 빚진 것이 거의 없다.

러시아에서 여성 억압이 몽골의 관행에서 온 것이라는 설득력 있는 근거도 없다. 몽골 사회가 가부장적이고 일부다처제였지만, 여성들은 몽골 사회에서 꽤 역할이 컸고, 가끔은 중요한 의사결정을 담당하기도 했다. 부족이 전쟁에 나설 때 부인이 남편의 말에 함께 타고 나서기도 했고, 지도부의 부인인 원로 여성들은 쿠릴타이의 의사 결정에도 정해진 역할을 담당했다. 외국에서 온 관찰자들은 몽골의 일상생활에 여성들이 맡은 역할이 상당하다고 언급했다. 그것은 몽골인들이 이슬람을 받아들인 이후에도 마찬가지였다.

키예프와 모스크바에서는 여성이 섭정 통치를 했다. 확실히 여성이 가졌던 여러 기회는 몽골이 떠난 후 모스크바 대공국 초기에도 줄지 않았다. 하지만 국가의 중앙집권 기조가 강화되고 새로운 재산법이 제정되면서 여성들이 받는 불이익이 커지자 상황이 달라졌다. 이반 뇌제(이반 4세)는 가정을 위한 바람직한 행실을 다루는 책인 『도모스트로이('가정 질서'라는 뜻)』편찬했는데, 훗날 이 책은 가부장적 폭압의 가이드북이라는 악명을 얻었다. 이때부터 지배계급은 부녀자를 '테렘terem'이라는 여성 전용 별채에 가두기 시작했다.

표트르 대제는 이런 조치들을 폐지했다. 특히 지방의 보수적인 상인 층에서는 좀 더 오래 지속되었다. 지위가 낮은 여성들은 남자들과 함께 언제든 자유롭게 외출하고 음주 가무를 즐길 수 있었다. 물론 시골에서는 여성들이 적어도 남자들만큼 열심히 야외에서 일했다.

18세기 대부분의 기간, 여성들이 권좌에 앉아 있었다. 예카테리나 대제의 친구였던 공작 부인 다시코바Dashkova는 유럽에서 최초로 정부 관직을 맡은 여성 중 한 명이었고, 러시아 국립과학아카데미의 초대 회장이었으며, 벤저민 프랭클린이 만든 미국 철학협회의 첫 여성 회원이었다. 18세기 말에 러시아 여성들은 아마도 유럽 다른 곳의 여성들보다 더 많은 법적 권리를 누렸을 것이다. 상트페테르부르크 대학은 1859년에 여성 입학을 허용했다. 최초의 여성 대학인 케임브리지 거튼Girton 칼리지는 같은 해에 설립되었지만, 여성들은 1948년까지 공식적으로 대학에서 학위를 받지 못했다. 19세기에 러시아 여성들은 활동적인 혁명가였다. 20세기에 들어서자 러시아에는 유럽 어느 나라보다 여성 의사, 변호사, 교사가 많았다.

*

러시아인들이 스스로 정체성을 규정하고 근원을 찾을 때 몽골 지배가 피해 갈 수 없는 트라우마와 신화를 생산한 것은 당연한 일이다. 러시아 사람들은 러시아가 실패할 때마다 '몽골의 멍에'를 이유로 갖다 붙인다. '아지아치나^Aziatchina'는 문화 결여, 후진적 문화, 조악함을 뜻한다. 그 용어는 체호프의 소설 「벚꽃 동산」에 등장하는 불쾌하게 속물적인 오만한 남자 하인 야샤가 러시아 시골의 농장주가 생활하는 모습을 가리킬 때 등장한다. 외국인들에게 '몽골의 멍에가 아직도 영향을 끼치고 있다'라는 해석은, 그들이 러시아에서 이해하기 어려운 것을 발견했을 때 손쉬운 설명을 제공했다.

무어인들은 700년이나 스페인에서 살았다. 몽골인들과는 다르게 무어인들은 해당 지역 사람들과 함께 살았다. 무어인들은 아랍인과 유대인 문화, 그리고 한 발자국 떨어진 고전 그리스의 문화까지도 가지고 왔다. 그들은 스페인에 이슬람 건축과 언어, 요리, 사회적 관습의 여러 유산을 남겼는데 오늘날까지도 스페인 문화에 이국적인 색채를 가미한다. 하지만 아무도 스페인 사람들이 유럽인인지 의심하지 않는다.

그에 반해 몽골은 상대적으로 250년이라는 짧은 기간 동안 러시아에 머물렀다. 그들이 러시아에 가져온 것은 고급문화가 아니라 몽골이 가진 영향력 아래 안전하게 무역을 할 수 있는 기회였다. 몽골은 건축물을 남기지도 않았고, 뚜렷하게 식별할 만한 제도를 남기지도 않았다.

몽골이 러시아에 진출했을 무렵 키예프 루시는 이미 기독교가 굳건하게 자리 잡았고, 국제적으로 교류가 활발했으며, 문맹률도 비교적 낮았다. 예술과 건축은 상당한 수준으로 독자적 전통을 수립한 상태였다. 당시에 이미 키예프 루시는 정교회의 영향으로 서방의 이웃들과는 뚜렷이 구분되었고, 정치 제도는 비잔티움의 제도에서 출발했다.

러시아와 다른 유럽 국가와의 간극은 이미 벌어지고 있었다. 서방 유럽은 기술 발전, 정치 혁신, 영리회사, 고도화된 금융, 그리고 마침내 시기가 무르익어 콜럼버스와 위대한 여행가들이 열어젖혔던 신세계의 풍경이 뒤섞이며 앞서 나가고 있었다. 은행가와 상인, 그들의 나날이 고도화하는 사업 수단, 그들이 만들어내는 점점 몸집을 불리고 복잡하고 수익이 커지는 경제 관계망, 결국 그들이 창출하는 부^{富}가 군주와 교황, 거물들이 점점 더 그들의 기술에 의존함에 따라 유럽의 판도에 엄청난 영향을 끼치고 있었다.

키예프 루시는 그에 필적할 만한 풍부한 세속 문화도, 성장하는 중산층도, 활력 넘치고 기업가적이며 독립적인 사고방식을 가진 도시들도 없었다. 그나마 예외라면 북부 무역 거점이었던 노브고로드와 프스코프라 할 수 있고, 그것도 잠재력을 평가하자면 그렇다는 말이다. 러시아에서는 이탈리아 메디치 가문이나 독일의 후거 가문과 같은 기업형 은행가가 성장한 적이 없었다. 그런 가문은 유럽의 패권을 쥐고 흔드는 군주들에게 큰 돈줄이 되어주었고, 개인적으로도 거대한 부를 축적했다. 그런 수준의 은행가는 19세기 후반이나 되어서야 러시아에 뿌리를 내렸다. 그때까지 러시아 경제에서 발생한 모든 변화는 개인들의 혁신적이고 개별적인 결정들이 모여 이룬 결과가 아니라, 거의 예외 없이 군사적 필요로, 그리고 국가가 정한 방향으로 일어난 사건들이었다.

러시아는 언제나 외국과 상당한 양의 교역을 하는 나라였다. 하지만 러시아 경제는 상대적으로 후진적이고 전통적인 수준에 머물렀는데, 지리적인 약점 때문임을 부인하기는 어렵다. 19세기까지 물건을 옮기는 길은 육로보다는 수로가 용이했다. 대부분 유럽 사람들은 지중해를 가로질러서, 대서양 연안을 따라서, 발트해 내부에서 교역할 수 있었다. 러시아는 남쪽과 동쪽으로 큰 강을 따라 무역했다. 하지만 서쪽 바다를 향해 나갈 수 있는 길은 노브고로드를 거쳐 인접한 한자동맹을 통하는 길이 유일한 방법이었다. 이반 3세가 끊어버린 길이기도 했다. 흑해와 발트해 항구를 확보하고 수복하는 것은 러시아 정책의 핵심 목표였고, 오늘날도 여전히 마찬가지다.

이반 3세는 전 유럽을 순식간에 뒤덮었던 인쇄술이라는 혁신 기술도 채택하지 않았다. 마틴 루터는 인쇄술을 사용해 로마 가톨릭을 둘로 쪼갰다. 이반 3세는 러시아에서 그런 일이 일어나도록 두고 볼 수 없었다. 그의 손자인 이반 뇌제(이반 4세)는 1564년 한 지방 주에 인쇄 사무소를 만들도록 허락했다. 하지만 1년 후 폭도가 그 인쇄소를 파괴했다. 아마도 이반 뇌제가 암암리에 허락했을 것이다. 인쇄술이 완전히 자리 잡은 것은 그로부터 100년이나 지난 후였다. 표트르 대제가 포문을 연 후 예카테리나 대제가 사설 인쇄소를 허용하고 나서야 인쇄문화는 비로소 대대적으로 확대된다.

이후 등장할 러시아의 미래는 몽골이 만든 것이 아니었다. 이런 경제적 사건들과 국교인 정교회가, 러시아의 특수한 지정학이, 그리고 15세기 이후로 북부 러시아 공국들 사이의 경쟁에서 승리를 거머쥔 모스크바 통치자들의 편협한 권위주의가 러시아 미래의 본질을 결정했다. 16세기에도 타타르인들은 여전히 모스크바 공국 통치자들의 셈법에 변수로 작용했다. 하지만 1553년에 이반 뇌제가 킵차크한국을 물리친 이후 그들의 영향력은 미미해졌고 결국 성가신 수준으로 전락했다.

'몽골의 멍에'는 러시아 내부에서도 외국 연구자들 사이에서도 여전히 활발히 논의되는 주제다. 이 논쟁은 사료가 충분치 않기 때문에 더 불붙는다고 할 수 있다. 러시아 원로 역사학자 니콜라이 카람진[1766-1826]은 가장 저명한 역사가 중 한 명이면서 타타르계 러시아인이었다. 그는 러시아인들이 '몽골의 멍에' 아래 있었어도 아시아보다는 유럽인으로서 정체성을 가졌다고 확고히 믿었다. 그의 뒤를 따른 후대 학자들도 이 생각에 동의한다. 현대 역사가 보리스 아쿠닌은 정반대 입장이다. 그는 '타타르 몽골 요소는 러시아 정치 체제의 유기적인 요소일 뿐 아니라 고대 바랑기아-비잔틴 요소와 아마도 심지어 슬라브 요소를 압도하는 영향을 끼쳤다'고 생각한다.[6]

유라시아주의 이론은 정교하지만 모호한 이론이다. 이 이론은 1917년 혁명 후 서유럽으로 망명한 러시아 학자들 사이에서 나왔다. 유라시아주의 이론가들에 따르면 러시아는 유럽도 아시아도 아닌 양측의 전통에 모두 영향을 받은 독특한 문명을 이뤘다. 문화적, 정치적 간극을 가로지르는 지리적 위치에 적합하게 만들어진 것이다. 소련 해체 후 이 이론은 인기를 얻었다. 소련 붕괴의 참담함에 대한 정서적 보상이었다. 하지만 뒷받침할 근거가 모호하다. 후대 지지자 중 한 명인 알렉산드르 두긴은 블라디미르 푸틴이 서방과 거리를 두고 친중 정책을 취하기 시작했을 때 그에게 자문한다는 말이 있었다. 하지만 두긴의 자문이 아니더라도 푸틴의 진화하는 정책에는 이유가 차고 넘친다.

'몽골의 멍에' 관련 토론은 때때로 웃음거리로 전락하기도 한다. 저명한 현대 러시아 수학자인 아나톨리 포멘코는 신연대기[New Chronology]를 믿는 사람 중 한 명이다. 신연대기는 흔히 사실이라고 받아들여지는 사건들의 순서는 사실 모두 틀렸다고 주장한다. 포멘코는 몽골은 처음부터 러시아를 침략한 적이 없다고 주장했다. 외국 역사가들의 날조에 불과하다는 것이다. 포멘코가 그리스도는 기원후 1152년에 태어나 기원후 1185년에 십자가에 못 박혔다고 주장하며 그다지 일반적이지 않은 증명을 득의양양하게 해 보인 후, 전통적인 역사학자들은 그를 괴짜로 여기고 있다.[7]

3

모스크바 대공국의
성장과 몰락

흘러라, 흘러라, 오 비통한 눈물이여!
울어라, 울어라, 오 정교의 영혼이여!
이제 적군이 닥쳐와 어둠이 내리리
새벽이 밝지 않는 깊은 어둠이
울어라, 울어라, 오 조국이여!
울어라, 울어라, 오 러시아인이여!
오 굶주린 이들이여!

- 무소륵스키 오페라 「보리스 고두노프」 중에서

16세기에 모스크바의 통치자들은 몽골을 물리쳤고, 다른 러시아 공국에 대한 주도권을 확립했으며, 아시아와 유럽에서 제국의 기틀을 마련했다. 하지만 16세기 말 700년 동안 이어진 류리크 왕조가 멸망하고, 러시아의 후예들은 생존의 위기를 맞았다.

이반 대제

이반 대제, 즉 이반 3세¹⁴⁴⁰⁻¹⁵⁰⁵는 돈강에서 몽골을 물리친 드미트리 돈스코이의 증손자였다. 그는 러시아에서 '대제'라는 칭호를 얻은 4명의 군주 중 한 명이다. 다른 3명(키예프의 블라디미르, 표트르, 예카테리나)과는 달리 이반 3세는 카리스마가 없었다. 합리적이고, 무덤덤했고, 셈이 빨랐고, 검소했으며, 전쟁에 나서는 것에 신중했다. 하지만 치세 말기가 되자 점점 잔인하고 복수심에 불타는 면모를 보였다.

그가 우그라강에서 몽골군과 싸우지 않고 정신적 승리를 거둔 것이 전환점이 되었다. 그때 이후로 타타르는 꾸준히 세가 줄었고, 이반 3세는 네 가지 전략 목표를 선언할 기회를 잡았다. 첫째, 국가 체제를 강화하고 제멋대로인 보야르에 대해 군주의 권위를 확립하는 것, 둘째, 독립적인 공국들과 공화국들을 모스크바의 지배를 받는 단일 국가로 바꾸는 것, 셋째, 키예프 루시였던 영토에서 모스크바의 주도권을 확립하는 것, 마지막으로 러시아를 국제 무대에서 강대국의 지위에 올려놓는 것이었다.

목표 달성을 위해 이반 3세는 이미 권위주의적이었던 모스크바의 정치 체제를 더 강화하고, 재정 구조를 개혁했으며, 강력하고 중앙집권적인 행정 제도를 만들고, 성문법을 제정하고, 군대를 재정비하고 신식 장비를 갖추었다. 이반 3세는 공화국이던 노브고로드를 복속시켜 북부에서 모스크바의 지배력을 공고히 했고, 서쪽의 여러 나라, 남쪽과 동쪽 국경의 침입자들에 맞서 국경 수비를 강화했다. 이후 수백 년 동안의 러시아 외교 정책은 이때 방향을 잡았다. 드미트리 돈스코이가 물려받은 땅은 1,600제곱킬로미터 정도에 불과한 공국이었다. 돈스코이가 사망한 지 100년이 지나지 않아 영토는 25배로 몸집을 키웠다.

스탈린은 강한 국가의 초석을 세우고 러시아 영토를 확보한 점에서 이반 3세를 칭송했다. 다른 사람들은 러시아에 권위주의를 못 박은 사람이 이반 3세라고 생각한다. 그들은 이반 3세 때문에 러시아가 서구의 지식 세계로부터 동떨어졌다고 비난한다. 러시아의 이웃들은 나중에 그들을 고통으로 밀어 넣었던 러시아 제국주의를 일깨운 사람이라는 이유로 이반 3세를 혹평한다.

당시 다른 군주들과 마찬가지로, 이반 3세에게 호칭은 중요했다. 호칭은 여러 나라 사이의 서열에서 내 위치를 가리키는 푯말이다. 이반 3세와 그의 선조들은 대대로 '대공'이었다. 그에게는 대공이 이제 충분하지 않았다. 신성로마제국 황제는 '왕'이 어떻겠냐고 제안했다. 이반 3세는 단칼에 거절했다. 왕은 너무 낮았다. 적어도 황제와 대등한 수준은 되어야 했다. 이반 3세는 '전제군주'라는 뜻의 그리스어 'avtokrato'에서 따와 자신을 '사모데제츠samoderzhets'라고 불렀고, 라틴어 '시저Caesar'에서 착안해 '차르Tsar'(러시아 발음으로는 '차리'-옮긴이)라는 직함을 사용하기 시작했다. 처음에는 러시아 내에서만 사용했지만 나중에는 외교문서에도 공식적으로 사용했다. 황제의 탈을 뒤집어쓰는 일은 이전에도 있었다. 불가리아제국의 시메온 1세가 슬라브 민족들 중에서는 최초로 자신을 차르라고 부른 바 있다. 공교롭게도 그의 먼 후예가 그 이름을 사용한 마지막 사람이다. 차르 시메온 2세는 미성년자로 제위에 올라 1943년부터 1946년까지 불가리아를 다스렸고, 이후 2001년부터 2005년까지는 후기 공산 불가리아에서 총리를 맡았다.

이반 3세는 1472년에 비잔틴제국 마지막 황제의 조카였던 소피아 팔레올로기나약 1440-1503와 혼인하면서 제국의 정통성을 강화했다. 팔레올로기나는 콘스탄티노플이 함락되자 가족과 함께 로마로 피신했었다. 어린 소녀는 교황의 보호 아래 성장했고, 교황은 둘의 결혼으로 러시아에서 가톨릭의 영향력이 더 커지기를 바랐지만, 결과는 시원찮았다. 이반 3세는 팔레올로기나와 함께 비잔틴의 전례와 국가 상징 같은 것들을 받아들였다. 그중에는 제국을 상징하는 쌍두 독수리도 있다. 그녀가 데려온 수행원 중 의사와 철학자, 예술가, 건축가들도 러시아에 큰 도움이 되었다. 이반 3세는 크렘린 궁전을 개조했다. 요새 시설과 궁궐을 다시 축조했고 명망 높은 이탈리아 건축가 아리스토텔레 피오라반티Aristotele Fioravanti를 초빙해 성모승천 대성당을 모스크바 대공국에서 가장 장엄한 교회 중 하나로 탈바꿈시켰다. 이반 3세의 아들도 이탈리아 출신 건축가와 장인들을 초빙해 아버지가 시작한 개조 사업을 지속했다.

이반 3세가 의도적으로 직함과 직위를 격상시킨 데는 명백히 대내적인 목적이 있었다. 여태껏 대지주 귀족인 보야르는 대공을 동등한 지위를 가진 이들 가운데 우두머리 정도로 여겼다. 편의에 따라 충성을 바칠 공후를 바꾸는 일은 다반사였다. 이반 3세는 자신은 백성이나 법에 응답하는 사람이 아니라 오로지 신에게만 해명할 의무를 진다고 주장하며 보야르에게 분수를 가르쳤다. 그는 러시아 백성은 자신을 가리킬 때 군주의 '노예'라고 부르라고 주장했다. 이제 차르에게 충성하기를 거부하는 사람들은 가혹한 처벌을 받았고, 다른 공후를 버리고 차르의 세력 아래로 들어오는 사람들은 후한 보상을 받았다. 이반 3세의 아들 바실리 3세도 계속해서 차르의 국내 권력을 강화하는 데 공을 들였다. 신성로마제국 황제의 대사였던 헤르베르슈타인(Herberstein) 백작은 이런 말을 남겼다. "백성 장악 능력으로 말하자면 전 세계 군주 모두를 압도한다."[1]

다른 나라들은 모스크바의 오만한 거짓 행태를 받아들이기 어려웠다. 이반 3세의 손자인 이반 뇌제(이반 4세)는 다음과 같이 이유를 설명하는 글을 남겼다. "서방 국가에서 왕들은 왕국을 소유한 것이 아니다. 왕은 신하들이 지시하는 대로 왕국을 다스릴 뿐이다. 러시아 전제군주는 처음부터 자신의 나라를 소유했다." 이반 뇌제가 대관식에서 자신을 '모든 러시아의 차르'라고 선언했을 때 그의 전체 직함은 '신의 은총으로, 모든 러시아와 블라디미르, 모스크바, 노브고로드의 대군주, 차르, 대공 이오안 바실리예비치, 카잔의 차르, 아스트라한한국의 차르, 스몰렌스크와 트베리의 군주'에다 한참 더 뒤가 길었다. 두 번째 로마노프 차르(재위 1645-1676)였던 알렉세이 미하일로비치는 거기다 키예프와 조지아(Georgia)를 추가했다. 이렇게 지루하게 이어지는 지역 언급은 모스크바가 키예프의 적통임을 확실히 주장하기 위해 의도적으로 계산된 것이다.

이반 3세는 더 나아가 한 가지 문제를 해결하는 데 착수한다. 이제 콘스탄티노플은 무너졌다. 그렇다면 정교회의 중심지는 어디인가?

키예프 루시 정교회의 수장인 대주교를 임명하는 일은 원래 콘스탄티노플이 담당했다. 따라서 모스크바와 콘스탄티노플의 갈등은 필연적이었다. 키예프가 몽골에 함락되었을 때 대주교관은 블라디미르로 이전되었다가 곧 모스크바로 옮겨졌다. 콘스탄티노플이 임명한 그리스인인 이시도르 대주교가 동서교회 통합에 동의하는 실수를 저질렀을 때, 모스크바 대공이었던 바실리 2세는 이시도르 대주교를 감금하고 러시아 주교 중에서 새 대주교를 선출하게 했다.

콘스탄티노플은 그로부터 몇 년 후 함락되었다. 그때부터 확실히 러시아 정교회는 키예프와 콘스탄티노플 두 곳 모두로부터 독립성을 유지했다. 러시아 정교회의 수장들은 '모스크바와 모든 러시아의 대주교'라는 이름을 사용했다. 이렇게 권위를 재조정한 데는 정당화 논리가 있었다. 프스코프 수도원의 원로였던 필로페이^{Filofei}는 1510년 모스크바 대공이었던 바실리 3세에게 다음과 같이 서신을 보냈다. 그의 서신은 거대한 결과를 가져올 생각 하나를 대공의 머리에 심었다. "두 로마가 무너졌습니다. 셋째는 굳건합니다. 네 번째는 존재하지 않을 것입니다. 누구도 귀공의 기독교 차르국을 대체하지 못할 것입니다."

필로페이의 공식에서 두 로마가 어느 곳을 지칭하는지 나오지 않고 모스크바가 언급되지도 않는다. 하지만 모스크바가 콘스탄티노플을 대체하는 기독교 세계의 중심지라는, 정치적으로 쓸모 있는 착안을 널리 퍼뜨리기에는 그 정도로도 충분했다. 이반 뇌제의 매제이자 그의 뒤를 이었던 보리스 고두노프는 1589년에 콘스탄티노플의 총대주교를 설득해 모스크바의 대주교를 총대주교로 격상시키는 데 성공한다. 이로써 사실상 독자적인 길을 걷던 러시아 정교회는 공식적으로 독립적 지위를 누리게 되었다. 그 후 50년 동안 차르의 권력이 약해지면 총대주교들은 차르와 함께 러시아를 다스렸다(가끔은 차르를 대체하기도 했다).

콘스탄티노플의 총대주교는 즉시 자기 사람을 '키예프, 갈리치아와 모든 러시아의 대주교'로 임명했다. 하지만 새로운 대주교의 관할구역은 폴란드와 리투아니아 대공국의 지배를 받는 영토에 국한되었고 폴란드의 입김이 셌다. 이런 모습으로 분할된, 한때 하나였던 러시아 교회는 현재까지도 그 형태를 유지하고 있다.

수도원 운동이 확산하자 모스크바의 영향력과 권력이 한결 수월하게 변방까지 미쳤다. 선봉에는 세르기 라도네시스키가 있었는데, 그는 키예프의 동굴 수도원에 필적하는 성삼위일체 수도원을 모스크바에 세운 교부였다. 수도원이 점점 부유해지자 '청빈의 선서'에 걸맞지 않다는 비판도 커졌다. 성직자들은 통치자가 백성에게 져야 하는 의무와 반대로 백성이 통치자에게 지켜야 하는 의무가 무엇인지 토론하기 시작했다. 한 성직자는 논란이 될 만한 의견을 내놓기도 했다. 공후가 신이 부여한 권력을 지나치게 남용해 악마의 하수인으로 변절하면, 그의 신민들은 공후에 의무를 다하지 않아도 된다는 것이었다. 예상대로 차르들은 대대로 교회의 고삐를 틀어쥐는 데 주력했고, 교회가 소유한 재물을 호시탐탐 노렸다.

비잔틴제국에서 유대인은 정교회의 종교적 탄압을 받기는 했어도 가끔 발생한 박해 사건을 제외하면 비교적 안정된 입지를 가졌다. 로마 가톨릭은 그렇게 관용을 베풀지 않았다. 십자군 시기, 영국, 프랑스, 스페인과 여러 독일 지역에서 쫓겨나 이슬람 세계와 동유럽으로 피신한 유대인들을 상대로 한 많은 집단 살상이 일어났다. 일부는 모스크바 공국으로도 피신했다. 1470년대, 노브고로드에서는 방문 수도사였던 '유대인 자하리아스^{Zakharias'}가 활동했다. 그가 키예프에서 왔는지 또는 더 멀리 떨어진 곳에서 왔는지는 확실치 않다. 자하리아스의 소위 '유대화' 사상은 그를 박해한 사람들이 남긴 기록으로만 전해져 유의할 필요가 있다. 하지만 확실히 자하리아스가 주장한 사상은 기독교의 기초 교리를 부정하고, 모든 개인이 자기 스스로 신앙에 대한 결정권을 가진다는 믿음과 결부된 것이었다. 그들은 이반 3세를 포함한 많은 상류층의 지지를 받았다. 하지만 당연하게도 교회의 미움을 샀다. 이반 3세는 지지를 철회했고 자하리아스는 1491년 처형당했다.

1462년에 이반 3세가 제위에 올랐을 때, 러시아는 여전히 도시와 공국을 모아 놓은 조각보 나라였다. 트베리, 랴잔, 야로슬라블, 로스토프가 모스크바와 경쟁했다. 노브고로드, 프스코프, 뱟카(현재 키로프)는 반독립적인 교역 도시들로 이루어진 공화국 체제였다. 리투아니아는 키예프 루시 영토의 적어도 반 이상을 장악하고 있었다. 그나마 모스크바 공국도 이반 3세의 네 동생들과 나눠 가졌는데 장자 계승의 부당함을 경감하기 위해 의도된 장치였다.

이반 3세는 이 모든 것을 바꾸기로 마음먹었다. 그는 공국들을 의도적으로 흡수했는데 가급적 무력은 피하고 설득과 뇌물, 협박 또는 왕조 간 결혼을 통해서 추진했다. 하지만 리투아니아의 병력 지원을 기대하고 트베리 공국의 미하일 공후가 싸움을 걸어왔을 때, 이반은 무력으로 응수했고 미하일 공후는 불명예스럽게 피신했다. 이반 3세의 맏형은 후사 없이 사망했다. 다른 두 형제는 반란을 시도했다. 한 명은 감옥에서 석연찮게 죽었고, 다른 한 명은 풀려나 제명대로 살았다.

노브고로드의 주도^{主都}인 대^大 노브고로드는 또 다른 문제였다. 노브고로드는 부유했지만 지리적으로 취약했다. 스웨덴, 독일, 리투아니아,

덴마크 등 침략을 일삼는 이웃 나라들이 호시탐탐 노렸다. 군사력이 약했으므로 노브고로드는 한번은 이쪽의 적과, 다른 때는 저쪽 적과 동맹을 맺어 방어하는 식의 전략을 썼다. 교역로가 위치한 도시였으므로, 모스크바 대공국의 다른 도시들보다 '유대화 이단' 같은 새로운 사상에 더 개방적이었다. 노브고로드는 은과 다른 귀중품들이 모스크바로 이동하는 주 통로였으므로, 모스크바는 그곳을 반드시 자신의 영향력 아래 두어야 했다. 1478년에 이반 3세는 무력으로 노브고로드를 합병했다. 이반 3세는 도시의 민회인 베체^{veche}를 해산하고 수많은 지배계층 인물을 죽이거나 추방했다. 15년 후 이반 3세는 여러 한자동맹 교역소를 폐쇄하고 거래 물품을 압수했다.

그것은 경제적인 자해행위였고, 상징적 의미가 있는 사건이었다. 유럽의 다른 곳에서는 자율적이고, 역동적이며, 부유한 공국과 독립 도시들이 정치·경제적 성장을 견인했다. 러시아에서 그나마 그런 정치 체제에 가장 가까웠던 도시가 노브고로드와 프스코프였다. 19세기 러시아 진보주의자들은 노브고로드의 정치·경제적 구조가 러시아에 더 민주적인 대안을 제공했을 수도 있었다고 주장했다.

하지만 어디까지나 희망 사항에 불과할 것 같다. 모스크바의 통치자들은 어떤 일이 있더라도 중앙집권적 권위를 확보할 태세였다. 노브고로드의 국제적 재정-무역 네트워크를 파괴함으로써 발생하는 부수적인 피해는 관심사가 아니었다. 대신 가난한 농민과 복종하는 지주 계층이 국내에서 생산하는 자본이면 충분했다. 뒤따르는 수 세기 동안 러시아는 군사적 목적 때문에 중공업을 장려했다. 데미도프^{Demidov}와 스트로가노프^{Stroganov} 등의 상인 가문은 보잘것없는 위치에서 거부로 성장했지만, 모두 전제정치의 억압 아래에 있었다. 19세기 후반에 러시아 정부와 러시아

기업가들은 서유럽 금융망에 합류했고 자본 시장에서 체계적으로 부를 쌓았다. 하지만 그때는 이미 러시아와 서유럽 경제 사이에 극복하기 어려운 간극이 생긴 뒤였다.

부단히 외교와 배신, 무력을 사용한 결과 이반 대제(이반 3세)는 할거하는 지방 세력과 난립하는 공국의 집합체였던 러시아를 중앙집권적 국가라 부를 만한 체제로 탈바꿈시켰다. 치세 말기에 이르면 러시아에서 대공은 사라지고 없었다. 이반 대제뿐이었다.

새로운 정치 체제를 확실히 장악하기 위해 이반 3세는 공후들이 통치에 사용했던 행정, 법, 재정, 군사의 모든 면에서 제도를 개혁할 필요가 있었다. 이반 3세는 엘리트 귀족 보야르를 여러 층위로 자신에게 옭아맸다. 혈연과 지연은 물론이고 영지를 하사하는 대가로 부과하는 여러 의무가 매개 역할을 했다. 보야르 두마^{Boyars' Duma}(상원에 가까운 개념-옮긴이)는 이반 3세의 직속 자문기구였다. 이반 3세는 여러 국무상을 통해 공무를 처리했다. 각 국무상은 새 영토를 편입하고, 왕실 재정을 관리했으며, 휘하의 귀족들이 차르에 대한 의무를 차질 없이 수행하는지 점검하고, 군사적 사안을 처리하고, 외교도 담당했다.

1497년에 이반 대제는 새 법전 『수데브니크^{Sudebnik}』를 공표했다. 러시아 전역에 걸쳐 대공의 법적 권한을 강화하고, 지방 관리가 권력을 남용할 수 있는 여지를 차단했다. 법원과 재판관의 구성을 세세하게 정하고, 각종 처벌과 벌금을 규정했다. 법은 농민의 자율적 이주를 제한해 농민들은 추수가 끝난 후 짧은 기간만 일하는 지역을 옮기는 것이 가능했는데, 이는 농민을 농노화하는 과정의 첫 단추였다. 이 작업은 이반 뇌제를 거쳐 표트르 대제 때 완성된다.

이때까지 각 공후는 개인 사병이자 종사단인 드루지나^{Druzhina}를 거느렸다. 대공은 주요 전투에 드루지나를 소집할 수 있었다. 하지만 그들이 나타날지, 그리고 대공이 시키는 대로 지시를 따를지는 확신할 수 없었다. 이반 3세는 공후들을 장악하면서 공후에 예속된 병사도 함께 장악해갔다. 이반 3세는 병사들에게 토지를 하사했고, 그 대가로 대공은 필요 시 그들을 소집할 수 있었다. 모스크바 대공국이 벌이는 전쟁의 축이 민첩한 기병으로 구성된 몽골 군대에서 더 둔중한 서방 군대로 바뀌자, 모스크바는 서방 적들의 군사 기술과 병법을 점점 더 많이 채택했다. 이반 3세는 대포를 수입했고, 약방의 감초 같았던 인재 아리스토텔레 피오라반티를 시켜 무기 생산 시스템을 향상했다. 군대는 규모와 역량 측면에서 훌쩍 성장했다. 러시아 포병대는 이때부터 한결같이 무시무시한 명성을 자랑하게 되었다.

이반 3세는 국내에서 서열 우위를 확고히 하는 데 주력하는 동시에, 이웃 국가들을 포함한 광범한 지역에서도 러시아의 우위를 주장하려고 일련의 모험을 감행했다.

가장 시급한 일은 러시아에 남은 '몽골의 멍에'를 제거하는 것이었다. 당시 볼가강 유역의 킵차크한국은 힘이 없었다. 조각조각 떨어져 나가 볼가강 상류의 카잔한국, 하류의 아스트라한한국, 그리고 크림한국으로 독립한 상태였다. 이반 대제는 카잔한국을 공격해 속국으로 만들었다. 손자인 이반 뇌제는 아스트라한한국과 카잔한국의 세력을 크게 줄이는 데 성공했고 결국 볼가강 전체를 장악했다.

하지만 이것이 타타르의 끝은 아니었다. 황금 군단의 후계자들은 때로는 적으로, 때로는 동맹으로서 모스크바 공국과 지속적으로 중요한 관계를 맺었다. 특히 크림한국은 원칙적으로 오스만튀르크의 속국이었는데, 모스크바가 리투아니아와 전쟁을 벌일 때는 모스크바의 든든한 동맹이었다. 하지만 크림한국의 약탈자들은 18세기까지 러시아 남부를 괴롭혔다.

이반 대제는 스웨덴, 튜턴 기사단, 폴란드, 리투아니아, 헝가리 등 서방의 이웃들과 쉴 새 없이 전쟁을 벌였다.

리투아니아는 게디미나스^{Grand Duke Gediminas, 약 1275-1341} 대공의 치하에서 강대국으로 성장했다. 그는 확고한 이교도였고 수도 빌뉴스를 건설한 인물이었다. 1362년 그의 아들 알기에르다스^{Algierdas}는 '푸른 강의 전투^{Battle of Blue Waters}'에서 황금 군단을 격파하고, 키예프와 주변 영토 대부분을 정복했다. 폴란드군은 키예프 루시의 다른 지역으로 이동했다. 폴란드와 리투아니아는 지금의 우크라이나 땅의 많은 부분을 차지했다.

게디미나스의 손자 야기엘로^{Jagiello}도 처음에는 이교도였다. 그러나 1385년에 그는 폴란드와 거래를 하는데, 당시 왕조 정치 기준으로 볼 때도 범상치 않았다. 야기엘로는 폴란드 '왕'이라는 이해할 수 없는 직함으로 기록된 11세의 야드비가^{Jadwiga} 여왕과 결혼했다. 야드비가와 야기엘로는 리투아니아와 폴란드를 통합했고, 야기엘로는 가톨릭으로 개종하고 국교도 가톨릭으로 바꾸었다. 1399년 야드비가가 사망하자 야기엘로는 자기 이름을 폴란드식인 브와디스와프^{Wladyslaw}로 바꾸고 1434년까지 통치했다. 폴란드-리투아니아 연방은 1410년 타넨베르크 전투에서 튜턴 기사단을 물리칠 만큼 강력했다.

왕국이 성장하면서 당연하게도 리투아니아는 러시아와 맞붙었다. 리투아니아는 15세기 초에 러시아의 옛 도시 스몰렌스크를 점령했다. 리투아니아는 여러 차례 모스크바를 공격했고 교외를 초토화했지만, 크렘린궁을 점령하지는 못했다. 그 후 1492년 폴란드의 카지미에시^{Kazimierz} 국왕이 사망했다. 아들 얀은 폴란드를, 다른 아들 알렉산드라는 리투아니아를 나누어 가졌다.

이렇게 연합이 붕괴하자 이반 대제가 공격을 개시했다. 그는 자신이 러시아의 수호자이자 정교의 수호자라고 선언하며, 크림한국이 남쪽에서 리투아니아를 공격하도록 설득해 확실한 승리를 거두었다. 러시아와 리투아니아 사이에서 벌어진 다섯 번의 전쟁 중 이때 최초로 영구 평화 조약Treaty of Eternal Peace이 체결된다. 알렉산드라는 이미 모스크바에 뺏긴 영토를 할양하기로 하고, 이반 대제의 '모든 러시아의 군주' 주장을 인정했으며, 이반 대제의 딸을 정교를 유지해도 좋다는 조건부로 아내로 맞이했다.

평화는 영구적이지 않다는 사실이 금세 증명되었다. 이반 대제는 리투아니아인들이 자신의 딸을 가톨릭으로 개종시키려 한다고 주장하면서 적대 행위를 재개했다. 이번에도 크림반도의 타타르족을 동원해 리투아니아 영토를 약탈했다. 리투아니아군은 한참 동안 수세에 밀렸지만 이반 대제가 스몰렌스크를 탈환하려고 시도할 때 성공적으로 재집결해 대응했다. 이번에는 평화 대신 휴전이었다. 리투아니아는 영토의 3분의 1을 잃었고, 이반 대제가 키예프 루시의 옛 영토까지 포함하는 '모든 러시아의 군주'라는 주장을 인정했다. 하지만 이때가 이반 대제의 마지막 전쟁이었다. 그는 1505년에 사망한다.

이반 대제의 아들 바실리 3세1479-1533가 싸움을 이어 나갔다. 러시아, 폴란드, 독일, 몽골, 신성로마제국 황제와 전투를 벌였다. 1522년 전쟁이 끝났을 때 리투아니아는 더 많은 영토를 잃었고, 러시아는 스몰렌스크를 확고히 수복했다. 몇 차례 손 바뀜이 더 있고 나서 스몰렌스크는 서부 방어의 요충지가 되었다. 스몰렌스크는 나폴레옹에 맞서 싸우고 히틀러의 군대에도 대항했다. 그런 전투들은 러시아의 기억에서 잊히지 않는다.

이반 뇌제

이반 뇌제(이반 4세)[1530-1584]는 러시아 역사에서 거대한 폭압 정치를 펼친 3명의 통치자 중 첫 번째다. 표트르 대제와 스탈린과 마찬가지로 이반 뇌제의 유산은 그가 죽고 난 이래로 논쟁거리였고, 오늘날에도 열띤 논란의 중심에 있다. 많은 러시아인은 이반 뇌제가 러시아의 위대함으로 향하는 길에 초석을 놓았다고 생각한다. 반면 그가 선대의 업적을 거의 초토화했다고 생각하는 사람들도 있다. 이반 4세가 죽고 20년 후, 700년 동안 러시아 역사를 지배해 온 류리크 왕조는 불명예스럽게 퇴장했고 국가는 거의 소멸할 지경에 이르렀다.

이반 뇌제에 관한 기록은 양이 상당하다. 하지만 그 기록들은 들쭉날쭉하고, 신뢰성에 문제가 있으며, 소문에 기반을 둔 것이 많고, 학자들 사이에 논란도 많다. 이반 뇌제는 영리하고, 훌륭한 음악가이자, 웅변가라고 알려졌다. 독실한 정교회 신자였는데 그의 신앙은 집착에 가까운 종교성과 괴상한 미신을 신경질적으로 뒤섞어 놓은 버전이었다. 기분 내키는 대로 사람을 고문하고 죽인 가학적 성격장애자이기도 했다. 그는 종종 자신이 죄인이라며 괴로워했는데 그럴 만도 했다.

유서 깊은 가문 출신으로 유능한 군인이었던 안드레이 쿠룹스키[1528-1583] 공후는 한때 이반 뇌제의 가까운 친구였다. 그들은 곧 갈라섰고, 쿠룹스키는 리투아니아로 망명해 러시아와 싸우는 군대를 이끌었다. 역사가들은 두 사람이 주고받은 신랄한 서신을 대거 인용해왔는데, 서신의 신뢰성에 대해서는 그들 사이에서도 논란이 있다.

이반 뇌제는 부인이 8명이었던 것으로 추정된다. 정확한 수는 확실치 않다. 외국 공녀들과의 결혼도 추진했으나 성공하지 못했다. 영국 엘리자베스 1세의 사촌이었던 메리 헤이스팅스에게 청혼했다가 단칼에 거절당한 일이 있다. 엘리자베스 여왕에게도 관심이 있었다는 주장이 제기되었으나 근거는 부족하다. 말년에는 수하 귀족 집안 처녀들을 수백 명씩 무리 지어 걸어 다니게 한 후 제일 마음에 드는 처녀를 고르기도 했다. 적법하게 태어난 왕자 중에 2명만이 성인이 될 때까지 살아남았다. 아버지와 같은 이름을 가진 장남 이반은 신체 건강하고, 유능하며, 박식한 젊은 이였고 아버지의 불쾌한 성격 일부를 물려받았다. 둘째 아들 표도르는 유약했고 아마도 정신박약이었던 것으로 추정된다.

이반 뇌제의 어머니 옐레나 글린스카야는 이반 대제의 아들인 바실리 3세의 두 번째 부인이었다. 아버지 바실리 3세가 죽었을 때 어린 이반은 고작 세 살이었다. 글린스카야는 섭정에 나섰고 공후들과 보야르들은 원통함에 이를 갈았다. 글린스카야는 용의주도하고 유능한 권력자였다. 타타르와 리투아니아로부터 모스크바 대공국을 효과적으로 방어했고, 경제 정책도 훌륭했다. 글린스카야는 1538년에 사망했는데, 반대파의 권력 전복 음모로 독살된 것으로 추정된다. 이반 뇌제의 유모는 외곽의 수도원으로 쫓겨났다. 어린 이반은 홀로 남아 공격에 무방비로 노출되었다. 이반 뇌제는 훗날 회고하기를 자신과 동생은 늘 굶주리고 헐벗었으며, 부랑자나 극빈층 아이들과 다름없는 취급을 받았다고 했다. 혹자는 이렇게 불우한 유년 시절 때문에 이반 뇌제가 훗날 기행을 저질렀다고 주장하고 심지어 그를 옹호하는 변명으로 삼기도 한다.

모스크바 정치는 이제 당파 간 공작이 난무하는 난장판으로 전락했다. 가장 강력한 주축은 슈이스키[Shuisky] 가문이었다. 1542년에 그들은 권좌를 차지할 욕심으로 난동꾼들을 몰고 와 크렘린궁에서 소란을 피웠다. 열두 살 소년이었던 이반은 겁에 질린 채 숨어 있었다. 이듬해 슈이스키 일당은 정적을 제거하려고 보야르 두마 회의 석상에까지 들이닥쳤다. 이반의 간청으로 그는 간신히 목숨을 부지했다. 모두를 깜짝 놀라게 한 일은 석 달 후에 일어났다. 이반이 보복을 감행한 것이다. 이반은 슈이스키 가문의 우두머리인 안드레이를 체포했고 개떼가 그의 몸을 갈기갈기 찢어발기게 했다. 다른 보야르들은 즉결 처형당했다.

이반 뇌제는 1545년 적법한 나이가 되었다. 그는 잔인함과 조잡한 쾌락, 음주와 방탕함에 취미가 있는 못난 사춘기 소년이었고, 처음에는 정무를 두 삼촌, 유리 글린스키와 미하일 글린스키, 할머니 안나 글린스카야, 그리고 대주교 마카리^{Makary}에게 맡긴 채 신경 쓰지 않았다. 마카리 대주교는 광범위한 영향력을 보유했으며 선^{善}을 지향하는 구심점이 되어주었다. 1547년 1월 이반 뇌제는 크렘린에서 성대하게 대관식을 올렸다. 그로부터 2주 후 첫째 부인 아나스타시아 로마노브나$^{Anastasia\ Romanovna}$와 결혼했다. 아나스타시아의 아버지는 로만 자하리$^{Roman\ Zakhariy}$로, 훗날 로마노프 왕조의 이름이 그에게서 유래한다. 5개월 후 모스크바 여러 지역이 끔찍한 화재로 불탔다. 흉흉한 소문으로는 안나 글린스카야가 저주를 걸었기 때문이라고 했다. 폭도가 일어나 크렘린 대성당 중 한 곳에서 유리 글린스키를 살해했고 계속해서 안나를 잡으러 돌아다니다 이반이 부인과 피신해 있던 인근 마을까지 쳐들어왔다. 이반은 폭도를 제압했고 주동자는 처형당했다.

이후 몇 년간 러시아는 선발 위원회$^{Chosen\ Council}$라는 자문 협의체에 의해 운영되었다. 역사가들은 이 협의체의 지위나 구성원, 기능, 그리고 심지어 실존하기는 했는지 여부를 두고 의견이 분분하다. 위원회에서 두 사람이 가장 큰 영향력을 발휘했는데, 한 사람은 노브고로드 출신의 기개 있고 위협적인 실베스트르^{Silvester} 수도사였고, 다른 한 사람은 명망은 높았지만 중간 계급 귀족이었던 알렉세이 아다셰프^{Aleksei Adashev} 종사관이었다. 이반 뇌제가 개혁 군주로 명성을 쌓은 시기는 두 사람이 적극적으로 활동했던 시기였다.

모스크바 대공국의 경제는 농업과 약간의 제조업, 그리고 발트해 연안에서 동쪽으로는 강을 따라, 서쪽으로는 육로를 이용하는 국제 무역에 기반을 두고 있었다. 이반은 영국과 무역을 확대했다. 가끔은 삐걱거렸지만 대체로 호혜적이었다. 러시아 북단의 인적이 드문 땅에 아르간젤 항을 건설해 영국이나 네덜란드에서 오는 물품이 정치적으로나 경제적으로 복잡하게 얽힌 발트해 교역로를 우회할 수 있게 조치했다. 이렇게 함으로써 광대한 궁전과 교회 시설, 새로 정비한 군대를 유지하고, 붉은 광장의 성 바실 대성당(카잔한국을 상대로 이반 4세가 거둔 승리를 기념하기 위해 지었다)을 포함하는 신규 건설 계획을 추진하는 비용을 모두 충당할 만큼 충분한 세수가 확보되었다. 이런 초기의 상대적 번영은 이반 뇌제 말년에 여러 군사 작전에 돈을 쏟아붓고 패배를 거듭하면서 빛이 바랜다.

1549년 2월, 이반 뇌제는 놀라운 조치를 취했다. 최초의 젬스키 소보르를 소집한 일이었다. 젬스키 소보르는 신분별 의회라고도 하는데, 모스크바 대공국 전역에서 보야르, 성직자, 그리고 아마도 상인과 농민 대표들을 포함해 대표들을 붉은 광장으로 불러 모은 공공 집회였다. 이반 뇌제는 초기 통치에서 잘못된 부분이 있었다며 자신과 보야르들을 탓하는 극적인 대중 연설을 했다. 이런 상황을 끝내겠다고 약속했다. 이반 뇌제는 아다셰프 정무관에게 어떤 불만이라도 받아들이고 처리하도록 지시했다. 젬스키 소보르는 이반 3세가 제정한 법을 개정했다. 개정된 법은 국가 사법 기관의 역할을 강화했고, 일부 귀족 특권은 폐지했으며, 일종의 지방 자치 제도를 도입했다.

노브고로드의 민회였던 베체veche처럼, 젬스키 소보르는 민주주의 제도의 초기 단계로 보이기도 한다. 1549년과 1684년 사이에 젬스키 소보르는 위기 상황이 발생했을 때 긴급히 소집되거나, 중요한 법적, 정치적, 또는 외교적 사안을 결정할 때 등 총 60회에 달하는 회의를 열었다. 하지만 젬스키 소보르는 영국이나 다른 나라의 경우처럼 신분제 의회 형태의 국회 체제로 나아가지는 못했다.

이반 4세와 그의 자문단은 정부 부처인 프리카스prikazy를 만들어 정부 조직을 강화했다. 프리카스에는 외교부, 내무부, 국방부와 우정국 등이 포함되었다. 또한 이반 4세는 귀족들이 자신들의 기준으로 귀족 서열을 정하는 메스트니체스트보mestnichestvo 제도를 개혁하려고 했다. 귀족의 계급과 서열을 명확히 정해 귀족들 사이의 분쟁을 줄이려는 시도였다. 결과는 실패였다. 계급에 민감한 공직자들은 자기보다 서열이 낮다고 생각하는 상사 밑에서 일하기를 거부했다. 자격 없는 인물들이 계속 최고 군사 지휘관 자리를 차지하게 되었다. 이런 갈등 때문에 이반 뇌제는 카잔한국을 공격한 첫 전투에서 패배했다.

원래 모스크바 대공국에는 훈련된 보병대가 부족했다. 이반 4세는 보병부대인 스트렐치 부대 6개 중대를 창설했다. 스트렐치들은 정기적으로 훈련을 받고 급여를 받았으며, 출정하지 않는 기간에 머무를 수 있는 군사 기지가 있었다. 기지는 모스크바와 여타 지역에 마련되었다. 스트렐치는 모스크바 대공국에서 최초로 시도한 상비군 제도다. 이반 4세와 그의 후계자들도 러시아가 가진 근본적인 군사적 약점만은 어쩔 도리가 없었다. 모스크바의 지리적 위치 때문에 군대는 먼 거리를 이동해야 했다. 몇 차례 전투는 보급망이 끊겨 포기하기도 했다. 18세기 말에 이르러 병참술이 향상되고 나서야 러시아 군대는 우크라이나와 크림한국을 정복할 수 있었고, 나폴레옹을 쫓아 모스크바부터 파리까지 진군할 수 있었다.

1560년 아내 아나스타시아가 사망하면서 이반의 생애에서 훨씬 암울한 시기가 시작되었다. 이반 뇌제는 아나스타시아가 보야르의 손에 독살당했으리라 짐작했고 근거가 전혀 없지도 않았다. 이반 뇌제는 의심 가는 몇몇을 즉결 처형했고 '선발 위원회'를 해체했다. 실베스트르 수도사는 실각했고 아다셰프는 불명예 퇴진했다. 아다셰프는 자연사했지만 그의 형제 다니일 아다셰프^{Daniil Adashev}는 나중에 그의 부인들, 그리고 여러 자식과 함께 처형당했다.

1564년 12월, 차르는 정무를 거부하고 자신의 국가를 상대로 일종의 쿠데타를 일으켰다. 이반 뇌제는 가족과 수백 명의 귀족, 주요 교회의 재정 관리인들을 거느리고 모스크바를 떠났다. 대행렬은 겨울 풍경을 헤치고 계속 나아가 마침내 북동쪽으로 120킬로미터 떨어진 옛 도시 알렉산드롭스카야 슬로보다^{Alexandrovskaya Sloboda}에 닿았다.

한 달 내내 이반 뇌제는 침묵했다. 보야르는 갈피를 못 잡았다. 그들은 초라한 사절단을 보내서 이반 뇌제에게 모스크바로 돌아와 원하는 대로 통치하라고 읍소했다. 차르는 1565년 2월에 돌아왔다. 그를 본 사람들에 따르면 육체적으로나 정신적으로 눈에 띄게 달라져 있었다.

돌아온 차르는 이제 나라를 둘로 갈라놓았다. 그가 오프리치니나^{Oprichnina}('내 편'이라는 뜻)라고 부른 차르 직속령에 대해서는 모든 권력을 휘둘렀다. 오프리치니나는 전담 부처가 있었고 오프리치니크라는 군대도 보유했다. 오프리치니크는 이반 뇌제가 총애한, 성실하리만치 잔혹한 말류타 스쿠라토프^{Malyuta Skuratov}가 지휘하는 수천 명의 차르 직속 정치경찰이었다. 이반 4세는 다른 편, 젬시나^{Zemshchina}를 보야르에게 맡기고 알아서 관리하라고 했다. 젬시나에 대해서도 내킬 때마다 내정에 간섭하고 자원을 뺏어가곤 했다. 따라서 양측 모두 경제적으로 어려움을 겪었다.

이반 뇌제가 불충하다고 판단하거나 원한을 가진 사람들을 대상으로 공포정치를 시작한 것도 이때부터다. 장군 중 몇 사람이 즉결 처형되었다. 그중 일부는 친척, 지지자, 식솔과 함께 죽었다. 이반의 사촌인 블라디미르 스타리츠키^{Vladimir Staritsky}는 대공 계승권을 일부 가지고 있었는데, 스타리츠키와 가족들은 말류타 스쿠라토프의 계획에 휘말려 살해되었다.

일부 고위 성직자는 이런 극단적인 조치에 반대했다. 이반 뇌제는 아파나시^{Afanasi} 대주교를 수도원에 유폐했다. 아파나시의 후임으로 임명된 게르만^{Gherman} 대주교는 해임되었다. 그는 결국 살해되었는데 차르의 지시를 받은 오프리치니크의 소행으로 추정된다. 게르만 대주교의 뒤를 이은 필리프^{Fillip} 대주교는 이반 뇌제에게 오프리치니나를 없애라고 요구하고 이반 뇌제와 관계가 틀어진 사람들을 대변하는 탄원서를 올렸다. 필리프 대주교는 크렘린의 성모승천 대성당에서 예배를 집전하며 차르가 죄 없는 사람들의 피를 흘렸다고 공개적으로 비난했다. 얼마 지나지 않아 필리프 대주교는 사망했는데, 아마도 이반의 명령으로 스쿠라토프가 교살한 것으로 추정된다. 이반 뇌제 치세의 마지막 두 대주교, 키릴^{Kirill} 대주교와 디오니시^{Dionisi} 대주교는 통치자에게 맞설 용기를 내지 못했다. 키릴 대주교는 자연사했고, 디오니시 대주교는 차르가 바뀔 때까지 대주교직을 유지했다.

모스크바 대공국이 인접한 이웃들과 전쟁을 벌이는 과정에서 16세기 전쟁에서 흔히 나타나는 참극이 일어났다. 양측 모두 도시 전체를 약탈하고 민간인을 고문하고 학살했다. 하지만 1570년 이반 뇌제의 화염은 외국 도시나 반란을 꾀한 국내 지역을 향한 것이 아니었다. 그가 공격의 대상으로 삼은 곳은 이반 3세가 이미 잔혹하게 무릎 꿇린 노브고로드였다. 역겨우리만치 과도한 이 군사 작전은 비교적 기록이 풍부하다.

이반 뇌제는 한 정보원으로부터 노브고로드의 피멘[Pimen] 대주교가 폴란드 왕에게 보내는 반역적인 내용의 편지를 노브고로드 성 소피아 성당 안에 숨겨 놓았다는 말을 들었다. 오프리치니크가 움직였다. 그들은 성당을 뒤졌고, 편지가 정말로 '발견'되었다. 피멘 대주교는 체포되었고, 심하게 모욕당했으며, 모스크바로 끌려가 고문당하다 죽었다. 차르의 부하들은 교회를 약탈하고, 부유한 시민과 성직자들을 고문해 숨긴 물건의 위치를 털어놓게 했으며, 남자와 여자는 물론 아이들까지 얼어붙은 강 아래로 밀어 넣어 익사시켰다. 도시 주민 약 9,000명이 사망했고, 2배에 가까운 사람들이 그 후 계속 고초를 겪다 죽었다. 이반 뇌제는 이제 프스코프로 눈을 돌렸다. 프스코프의 지도자들도 죽었고 도시는 약탈당했다.

공포정치의 다음 목표물은 공직자들이었다. 1570년, 100명이 넘는 사람들이 붉은 광장에서 공개적으로 고문당하고 죽었는데 일부는 처자식과 함께 처형당했다. 이반 뇌제도 참여했다. 네 시간 동안 살육에 동참한 이반 뇌제는 지쳐 나가떨어졌다. 러시아가 낳은 가장 위대한 시인 알렉산드르 푸시킨은 달빛 아래 피가 번들거리는 광장을 다시 찾는 차르의 모습을 묘사한 시를 썼다. 오프리치니나의 지도자들은 도망치지 않았다. 알렉세이 바스마노프[Aleksei Basmanov]는 아들 표도르와 함께 처형당했는데, 표도르는 죽기 전에 제 손으로 아버지를 죽여야 했다. 아포나시 뱌젬스키[Afonasi Vyazemsky]는 차르의 최측근 심복 중 한 명이었는데, 잔인하게 구타당하고 감옥에 갇힌 채 죽었다. 이반 뇌제는 공식적으로 오프리치니나 제도를 폐지했다.

차르의 기괴한 혁신 능력은 수그러들 줄 몰랐다. 1575년 그는 스스로 하야해 아마도 칭기즈칸의 후예일 시메온 베크불라토비치^{Semyon} Beckbulatovich에게 차르 자리를 양도했다. 이반 뇌제는 시메온에게 온갖 장엄한 휘장을 둘러주고 그에게 경의를 표했다. 이런 기행 뒤에 숨은 동기는 차르가 곧 죽을 것이라는 예언을 들은 두려움 때문이었을 수도 있고, 교회 자금을 빼앗아 바닥난 황실 재정을 채우는 자신의 계획에 허수아비 책임자가 필요했기 때문일 수도 있다. 어느 쪽이든 이반 뇌제는 계속 권력을 유지했고, 1년도 채 되지 않아 다시 권좌에 올랐다. 다시 한번 칼부림이 휘몰아쳤고 시메온은 간신히 망명했다.

오프리치니나 손에 죽은 사람의 수는 계산에 따라 400명에서 1만 명 사이를 오간다. 오프리치니나가 맡은 일을 끝냈을 때, 오랜 공후 가문들은 대거 절멸하고 세력은 쪼그라들었다. 이반 뇌제는 권력을 완전히 장악하려는 목표를 달성한 것으로 보인다. 그러나 동시대를 살았던 영국 성직자이자 시인인 자일스 플레처^{Giles Fletcher}는 다가올 상황을 정확하게 예견했다. "이 사악한 정책과 횡포한 관행은 […] 나라를 고난에 빠트리고 앞으로도 원한과 치명적인 증오를 가득 차오르게 해 (내가 보기에는) 시민의 화염이 되어 활활 탈 때까지는 진정되지 않을 것이다."[2]

전임자들과 마찬가지로 이반 뇌제는 모스크바 대공국의 동쪽과 서쪽의 불안정한 국경을 굳건히 만들고, 키예프 루시의 영토를 수복하고, 발트해에 안정적인 출구를 만들기로 결심했다. 이반 뇌제는 여섯 번의 전쟁을 치렀는데, 타타르와의 전투는 비교적 성공적이었으나 안정적인 체제를 갖춘 강력한 서방 국가들과의 전투는 그렇게 성공적이지 못했다.

카잔한국의 타타르는 이반 뇌제의 조부 이반 3세가 강요한 규제 때문에 불만이 팽배했다. 이반 뇌제는 카잔한국을 상대로 전쟁을 벌였으나 계속 실패하다 1553년 군사 개혁이 제대로 효과를 내고서야 마침내 승기를 잡았다. 차르의 스트렐치(보병)들은 한 치의 흐트러짐 없이 공격했고 포병과 공병이 카잔의 성벽을 무너뜨려 도시 안으로 쳐들어가는 데 성공했다. 모스크들은 무너졌고 사람들은 죽거나 뿔뿔이 흩어지거나 강제로 기독교로 개종해야 했다. 1554년 이반 뇌제는 볼가강 하구의 아스트라한한국까지 진출해, 단 한 번의 전투도 없이 아스트라한한국을 점령했다. 이로써 이미 인상적인 이반 4세의 호칭에 '카잔의 차르'가 추가되었다.

이반 뇌제는 볼가강이 흘러들어가는 카스피해 유역까지 확보해 볼가강 전역을 장악했다. 수하 귀족들에게 이 지역 영지를 대거 하사했고, 교회를 시켜 자신이 볼가강을 따라 이미 지어놓은 수도원들을 지원할 수 있는 요새화된 새 수도원을 짓도록 독려했다. 그러나 볼가강을 정복하자 지금까지 우호적인 교역국이었던 오스만제국과 국경을 대고 맞서는 상황이 펼쳐졌다. 오스만제국은 반복되는 러시아의 승전보에 점점 더 위기감을 느끼게 되었다. 이반이 아스트라한한국을 점령한 지 10년이 지나지 않아 오스만제국은 아스트라한한국을 탈환할 목적으로 무력 도발을 감행했고 성공하지는 못했다. 치안 유지는 여러모로 쉽지 않았다. 해적들이 1850년대까지 볼가강에 들끓었다.

이반 뇌제는 최초로 비러시아 민족의 땅을 차지함으로써 러시아가 다민족 제국으로 거듭나는 토대를 만들었다. 모스크바 대공국은 비기독교 민족들에게 상당한 수준의 문화적, 종교적 자유를 허용했다. 타타르인들이 이반 4세의 궁정에 등장하고 군대의 자리를 차지하기 시작했다. 하지만 타타르인들은 까다로웠고 주기적으로 반란을 일으켰다. 카잔의 위축도 충분치 않았다. 카잔을 점령하고 20년 후, 크림한국의 칸 데블레트 기레이는 모스크바 교외를 약탈하고 주민 수천 명을 노예로 끌고 갔다. 이듬해 여름 기레이 칸은 다시 쳐들어왔다가 철퇴를 맞았다. 위협이 줄기는 했지만 예카테리나 대제가 1783년 크림한국을 합병할 때까지 완전히 사라진 것은 아니었다.

서양에서는 정교회 러시아와 가톨릭 서방국 사이의 오랜 대립이 느릿느릿 이어졌다. 이반 3세의 군대는 발트해로 나가는 길을 확보하는 데 성공했지만, 이반 4세는 폴란드와 리투아니아가 연방으로 성장하자 그들에게 대항하기가 어려웠다.

1569년에 폴란드와 리투아니아는 루블린 조약을 맺고 양국 연합을 공식 선언했다. 키예프를 포함해 오늘날 우크라이나 대부분을 차지하는 영토가 리투아니아에서 폴란드로 이양되었다. 한동안 이 새로운 '연방'은 발트해에서 흑해까지 이르는, 기독교 세계에서 가장 큰 국가였다. 핀란드와 리투아니아의 왕 스테판 바토리는 스웨덴의 지원을 등에 업고 모스크바 대공국을 침공했다. 자그마치 전 영토의 5분의 4에 가까운 지역이 황폐화되었다. 1583년이 되자 이반 4세는 이반 대제가 확보했던 발트해 항구조차도 잃는다. 차르의 군대는 지치고, 백성은 피폐했으며, 나라의 재정도 고갈되어 억지로 강화하는 수밖에 없었다.

한편 러시아의 미래를 결정짓는 사건이 먼 동쪽에서 일어나고 있었다. 시베리아 진출이 그것인데, 시베리아는 러시아의 범위를 획기적으로 확장했고, 러시아인들이 내 나라를 생각할 때 떼놓을 수 없는 한 부분이 되었으며, 시베리아가 보유한 천연자원은 러시아 경제에 버팀목 같은 기반이 될 터였다.

처음 시베리아 확장에 나선 것은 비범한 스트로가노프 가문이었다. 노브고로드 출신으로 알려진 스트로가노프 가문은 노브고로드에서 소금 생산과 광산 채굴업으로 오래도록 이름을 날렸다. 16세기 중반 경에 스트로가노프 사람들은 우랄산맥에 정착했다. '저 너머 광활한 땅'으로 그들이 향한 이유는 큰 수익을 남길 수 있는 풍부한 모피 때문이었다.

시베리아를 개방한 것은 코사크^{Cossack}(모험가, 자유인이라는 뜻)인들이었다. 코사크는 러시아와 우크라이나 역사에 중요한 역할을 담당했는데, 이들이 누구이며 어디서 왔는지는 놀라울 정도로 의견 일치가 이루어지지 않는다. 러시아인들은 코사크인들이 러시아에서 드니프르강의 동쪽 초원으로 자유를 찾아 탈출한 농노들이 그곳에서 만난 타타르와 다른 지역 부족과 섞인 사람들이라고 주장한다. 우크라이나인들은 코사크는 우크라이나인의 조상이고, 리투아니아 국경 지대의 농민들이었다는 주장을 선호한다. 17세기까지 코사크인들은 규모가 꽤 커서 헤트마나테^{hetmanate}(수장국)라는 코사크 독립국을 키예프 루시의 옛 영토에 세울 정도였다. 코사크 수장국은 100여 년간 묘령의 존재를 유지하다가 예카테리나 대제에 의해 편입되었다. 이후 코사크인들은 차르의 충성스러운 신하로 변모해, 변방 치안을 유지하고 반란을 제압하는 비정규 병력이 되었다.

1582년 스트로가노프 가문은 예르마크^{Yermak}라는 코사크를 고용해 동쪽을 탐험하는 임무를 맡겼다. 예르마크의 소규모 병력은 광활한 시베리아에서 유일하게 존재감을 지닌 통치 체제였던 시비르한국을 무너뜨렸다. 이 작은 전투는 오늘날 러시아 시베리아 정복의 분수령으로 기록된다. 이반 4세는 스트로가노프의 군사 행동을 재가해주었는데, 어차피 차르의 허가가 시베리아 진출의 주요 동력은 아니었다. 예르마크는 자기 이름을 걸고 시베리아 땅을 차지했다. 이반 4세는 예르마크가 바치는 호화로운 모피 공물을 상납받았고, 긴 호칭에 시베리아를 추가했다. 수십 년 후 당시 차르인 보리스 고두노프는 코사크인들이 동쪽으로 진출할 때 병력을 지원하기도 했다.

코사크인들은 거친 지형과 궂은 날씨를 헤치며 전진했다. 마주치는 소규모 지역민들을 복속시켰고 여의찮으면 없애버렸다. 100년 후 북아메리카도 그렇게 개척되었다. 사냥꾼과 무역상이 현지 사람들을 희생시키며 대륙을 탐험했고 초기에는 영국군이, 후에는 합중국 군대가 합류해 그들을 지원했다.

코사크는 1639년 태평양에 도달했다. 사냥꾼들이 많아져 사냥감이 고갈되자 모피 무역이 힘을 잃었다. 하지만 상선단은 명주, 면화, 차와 특히 식용 대황을 중국에서 서부 러시아로 실어 날랐고 시베리아는 유럽 시장에 가축, 식자재 그리고 무엇보다도 곡물 공급원이 되었다. 러시아는 알래스카해를 넘어 위험한 탐험을 지속했다. 하지만 큰 소득이 없었으므로 그들은 알래스카 땅을 19세기에 미국에 팔았다.

이제 러시아는 중국과 함께 광활한 대륙을 가로질러 단 둘뿐인 정식 국가였고 대결은 불가피했다. 전초전 성격의 몇 차례 전투를 치르고 나서 양측은 1689년에 네르친스크 조약을 체결했다. 러시아는 당시 점령 중이던 아무르강 북부를 포기하는 대신 다른 지역을 차지했다. 청나라에 비해 군사력이 열등했던 러시아 입장에서는 만족스러운 합의였다. 이렇게 합의된 러시아와 중국 국경은 러시아가 1860년 제2차 아편전쟁 후에 프랑스-영국 연합의 영토 확장에 동맹으로 참여하면서 변화를 맞았다. 분쟁은 계속되었고(소련과 중국은 1960년대에 아무르강을 끼고 전쟁을 벌였다) 2005년에 와서야 공식 합의가 이루어졌다.

러시아인들이 시베리아에 처음 진출했을 때 그곳은 사람들이 별로 살지 않았다. 다양한 지역 부족들이 저마다 독특한 관습과 종교의식을 가지고 살았고, 어떤 곳도 정치 체제를 갖추지는 못했다. 유럽에서 농민과 코사크가 더 나은 삶을 찾아 이주해오면서 인구가 늘었다. 많은 사람이 가난했고 특히 토착민족 중 빈곤층이 많았지만, 외국 방문자들의 눈에 시베리아 농부들은 서방 러시아의 농부들보다 훨씬 부유해 보였다고 한다. 이런 목격담은 놀라울 정도로 많다. 한 영국인 무역상은 시베리아 농부의 옷차림이 '해진 옷을 걸친 이탈리아 사람'과 비견된다고 할 정도로 우호적으로 묘사했다.[3] 중앙정부는 처음부터 시베리아를 죄수나 정치범, 전쟁포로 수용소로 사용했지만 이런 사람들은 시베리아 전체 인구의 10퍼센트에 불과했다.

오늘날 시베리아 인구의 5분의 4가 러시아인이다. 시베리아 도시들은 유럽에 가까운 러시아 도시들과 실질적으로 거의 차이가 없어 보인다. 하지만 시베리아는 여전히 인구가 매우 적다. 러시아 영토의 4분의 3을 차지하지만, 인구는 전체 러시아 인구의 4분의 1이 채 되지 않는다.

시베리아의 광활하고 텅 빈 땅은 통치하기가 언제나 쉽지 않았다. 전화와 비행기가 등장해 상황이 좀 나아졌지만 아주 해결되지는 않았다. 시베리아에는 자원이 풍부했기 때문에 러시아 정부는 시베리아에 다양한 근대 경제 체제를 정착시키느라 애쓸 필요가 없었다. 농노제도는 한 번도 등장한 적이 없고, 감옥과 강제수용소가 있기는 했어도 시베리아인들은 언제나 자신들이 유럽 쪽 러시아인들보다 더 자유롭고 독립적이라고 느꼈다.

예르마크가 시베리아에 진출할 때 이반 뇌제의 정권은 이미 전쟁 실패와 내부 혼란으로 끝을 향해 달려가고 있었다.

1581년에 이반 뇌제가 맏아들을 죽였다고 전해진다. 임신한 며느리가 속살이 비치는 옷을 입었다고 구타해 이반 뇌제가 배 속의 아이를 유산시켰고, 이 때문에 아들 이반과 말다툼을 하다 이반 뇌제가 아들에게 치명상을 입혔다는 것이다. 이반 4세는 금세 자신의 행동에 경악하며 크게 후회했다고 한다.

이반 뇌제는 1584년에 서거했다. 그가 떠난 뒤 나라는 거의 100년 동안 이어진 전쟁으로 지치고, 힘을 잃었으며, 공격에 취약해졌다. 군대는 무질서해졌다. 이반 뇌제의 뒤를 이어 둘째 아들 표도르가 차르가 되었지만 표도르는 무능했다. 이반 뇌제의 유능한 심복인 보리스 고두노프가 실질적으로 통치했다. 그리고 내란과 외국의 공격으로 러시아가 멸망할 뻔했던 '동란의 시대'가 찾아왔다.

이반 뇌제를 재조명하다

이반 4세는 18세기 한 러시아 학자에 의해 뇌제라는 이름으로 불리게 되었다(영어로는 Terrible, 러시아어로는 Grozny이다). 혹자는 정확한 영어 번역은 끔찍하다는 뜻의 'Terrible'이 아니라 무시무시하다는 의미의 'Dread'나 위협적이라는 'Threatening'이 되어야 한다고 주장한다. 하지만 무슨 차이가 있으랴. 이반은 치세 초기에 여러 값진 개혁을 단행했고, 러시아제국을 크게 확장했다. 하지만 10대 소년으로서 그는 궁정에서 사람을 공개적으로 죽이라고 지시했다. 어른이 되자 남자와 여자, 어린이는 물론, 개인이든 전 가족이든 가리지 않고, 참수하고, 내장을 뽑고, 꼬챙이로 찔러 죽이고, 산채로 불태웠으며, 펄펄 끓는 물에 집어 던지거나, 익사시켰다. 법적 절차는 없었다. 이반 4세의 영국인 전기 작가인 이사벨 마다리아가 Isabel de Madariage는 한 마디로 일축했다. "무시무시하다는 것은 사람이 가진 특성을 가리키고, 끔찍하다는 것은 그가 한 행동을 가리킨다."

하지만 러시아 대내외에 존재하는 현대의 이반 4세 옹호자들은 이반의 행적이 너무 심하게 과장되었다고 말한다. 이반 4세가 유서 깊은 보야르 가문들을 아무 근거 없이 의심하지 않았다는 이유다. 실제로도 보야르는 차르에게 권력이 집중되는 것에 저항했고, 가끔은 그 과정에서 적국과 손을 잡기도 했다. 러시아 사람들은 이반 4세가 전제정치를 확립하려고 채택한 가혹한 조치들이 스페인의 카를 5세, 영국의 헨리 8세, 프랑스의 샤를 9세와 같은 유럽 군주들이 왕권을 강화했던 잔혹한 시대에 그랬던 바와 다를 바 없다고 강변한다.

스탈린이 자신을 이반 4세의 후계자로, 러시아의 강력한 통치자 계보의 마지막으로 일컬은 것은 놀랍지 않다. 스탈린은 이반 뇌제의 공포정치가 필수적이었고 더 강하게 밀어붙여야 했다고 생각했다. 그는 이반 4세가 더 많은 보야르와 그들의 일족을 죽였더라면, 러시아가 이반 4세 사후에 비극적인 '동란의 시대'를 겪지 않았을 거라고 말하기도 했다.

블라디미르 푸틴을 포함해 일부 사람들은 이반 4세가 아들을 죽였다는 이야기는 교황 대사의 입에서 나온 왜곡된 정보라고 주장한다. 그 교황 대사는 교황의 지시를 받고 러시아를 가톨릭으로 개종시키려고 시도했으나 이반 4세가 거절했다는 것이다. 러시아의 화가 일리야 레핀[Ilya Repin]이 죽은 아들을 애도하며 후회하는 이반 4세를 그렸을 때, 당시 차르 알렉산드르 3세는 그 그림이 선대 차르를 살인자로 그렸다며 불만을 표시했다. 그림은 1913년에 훼손되었다. 2018년에 그림은 재차 공격받았고, 기독교 행동주의자들은 공공장소에 그림을 전시하지 말라고 요구했지만 관철되지 않았다.

러시아 정교회의 한 분파는 이반 4세를 시성하라는 운동을 펼쳤다. 총대주교는 그렇게 많은 성직자를 죽이라고 지시한 인물을 성인으로 추대하는 것이 이치에 맞지 않는다는 이유로 거절했다.

한 러시아 블로거의 짧은 글은 이반 4세를 긍정적으로 바라보는 사람들의 입장을 간략히 보여준다.

이오시프 스탈린과 같이, 이반 뇌제는 가장 극심하게 중상모략을 당하는 러시아 통치자이다. 이유는 자명하다. 스탈린과 이반 뇌제는 강한 러시아를 건국했고 러시아 위에 정치, 경제, 사상적인 군림을 시도했던 서구의 시도를 철두철미하게 물리쳤다. 이반 뇌제 치하에서 러시아는 제국이 되었다. 오프리치니나를 통해 그는 전제군주국을 세웠다. 그 나라는 400년 동안 지속되었고 러시아의 힘을 유지시켰다. 서방 국가들이 앙심을 품는 이유다.[4]

하지만 이반 뇌제의 명예를 복구하려고 그 어떤 시도를 해본들, 이사벨 마다리아가가 "광기와 망상, 살기로 얼룩진 실패한 인간"이라 표현한 것 외에 그를 어떻게 달리 봐야 할지 답이 나오지 않는다.[5]

4

마침내, 유럽의 강자로

우리는 어둠을 헤치고 빛으로 나왔다.
우리를 모르던 사람들이 이제 우리에게 존경을 바친다.

- 표트르 대제[1]

17세기 초 국내 혼란과 외적의 약탈은 러시아를 굴욕의 심연으로 밀어넣었다. 인구의 3분의 1이 '동란의 시대' 동안 죽었다. 러시아는 거의 멸망할 뻔했다. 하지만 100년 후 러시아는 제국주의 열강에 합류했고, 유럽 정치의 결정권자가 되었다.

멸망의 문턱에 선 러시아

이반 뇌제의 통치는 비참한 결말로 끝났고, 이것은 러시아를 700년 동안 지배해 온 류리크 왕조의 불명예스러운 종말을 의미했다.

　살아남은 두 아들 중 더 어린 드미트리는 이반 뇌제의 마지막 부인이 낳은 아들이었다. 드미트리의 계승권은 언제나 논란거리였는데, 교회가 이반 뇌제와 마지막 부인의 혼인을 정식으로 인정하지 않았기 때문이다. 드미트리는 성년이 되기 전에 죽었다. 사고사인지 청부살인인지는 확실치 않다. 결국 표도르가 이반 뇌제의 뒤를 이어 권좌에 올랐다. 이반 뇌제는 임종할 때 표도르를 보좌할 섭정 위원회를 지정했다. 위원회 구성원은 표도르 로마노프, 바실리 슈이스키, 그리고 보리스 고두노프였다. 고두노프는 단숨에 권력을 휘어잡았다. 고두노프는 표도르의 뒤에서 국정을 성공적으로 운영했고, 스웨덴과 짧은 교전 끝에 스몰렌스크를 탈환했다. 몇 차례 더 뺏기고 되찾기를 반복한 후 스몰렌스크는 결국 러시아의 대서방 방어의 요충지로 자리 잡았다.

고두노프 가문은 원래 볼가강 동북부 도시 코스트로마 출신이었다. 조상 중 한 사람이 황금 군단 출신의 타타르였을 가능성이 있다. 고두노프 가문은 16세기 초 모스크바 정치 무대에서 성장했다. 보리스 고두노프는 이반 뇌제 근위대의 궁수로 경력을 시작했다. 곧 그는 오프리치나에 들어가 오프리치나 총사령관이자 차르의 최측근이었던 말류타 스쿠라토프의 딸 마리야와 결혼했다. 이반 4세는 아들 표도르와 고두노프의 여동생 이리나를 혼인시켰다. 고두노프는 그 일을 계기로 보야르로 승급했다.

표도르가 후사를 남기지 않고 1598년 사망하자 고두노프는 젬스키 소보르가 자신을 차르로 임명하도록 작업에 착수했다. 그러자 자연스레 드미트리를 죽인 것이 고두노프라는 소문이 돌았다. 그렇게 판단할 역사적 증거가 있는 것은 아니다.

오래된 보야르 가문들은 이반 뇌제 사후에 다시 세력을 형성했고, 그들의 눈에 고두노프는 벼락출세한 근본 없는 인물이었다. 그중 한 무리는 슈이스키 가문이 주도했는데, 그들은 이반 뇌제 재위 기간에도 줄기차게 용의주도한 음모를 꾸몄다. 다른 무리는 로마노프 가문을 중심으로 뭉쳤다. 로마노프는 이반 뇌제의 첫 부인이었던 아나스타시아 로마노브나의 아버지 로만 자카린에게서 따온 이름이었다. 그러므로 아나스타시아의 조카인 표도르 로마노프^{Fyodor Romanov}는 왕위 계승권을 주장할 그럴싸한 근거가 있는 셈이었다. 고두노프는 표도르 로마노프의 관직을 박탈하고 수도사가 되도록 강요했고(결국 수도사 필라레트가 되었다) 로마노프 일가는 추방해버렸다.

보리스 고두노프는 유능하고 경험 많은 통치자였고, 필요하다면 가차 없이 행동했지만, 전임자보다는 성향이 훨씬 온건했다. 하지만 고두노프의 통치력은 불운한 상황 때문에 제대로 발휘될 수 없었다. 한파가 전 유럽을 덮쳤다. 러시아에서는 기근과 대규모의 아사가 이어졌고, 전 인구의 3분 1이 사라졌다. 농촌은 전염병으로 초토화되었고, 도적 떼가 들끓었다. 모스크바에도 피난민이 몰려들었다. 고두노프는 식량과 자금을 풀어 백성의 고통을 줄여주려고 했지만 역부족이었다.

그리고 그때, 역사의 물길이 기괴한 방향으로 굽이쳤다. 1603년 폴란드에서 자신이 이반 4세의 아들 드미트리라고 주장하는 젊은 남자가 등장한 것이다. 그는 자신을 죽이려던 자들로부터 도망치는 데 성공했다며, 자신이 모스크바 대공좌를 물려받을 합법적인 후계자라고 주장했다. 이 남자가 그리고리 오트레피예프^{Grigori Otrepiev}라는 이름을 가진 크렘린 추도프 수도원 수도사라는 설이 있지만 진실은 밝혀지지 않았다. 하지만 고두노프와 러시아를 무너뜨리고 싶었던 사람들은 잽싸게 호재를 낚아챘다.

사람들은 새 '드미트리'를 폴란드 왕 지그문트(지그문트 3세)와 예수회 소속 교황대사였던 클라우디오 란고니^{Claudio Rangoni} 주교에게 데려갔다. 두 사람 모두 이것이 동방 정교회 세계에서 야망을 실현할 기회라고 생각했다. 지그문트는 드미트리를 이반 4세의 아들이라고 인정하기로 하고 그에게 군대를 모집할 자금을 주었다. 그 대가로 드미트리는 스몰렌스크와 다른 러시아 영토를 폴란드에 이양할 것을 약속하고 러시아에서 가톨릭 포교를 확산하는 데 동의했다.

란고니 대사에게는 이미 유용한 도구가 한 가지 있었다. 바로 우니아트교회 또는 그리스 동방 가톨릭교회라 불리는 신생 교회였다. 1595년에 폴란드-리투아니아 연방의 여러 정교회 교구는 러시아 정교회와 결별하고 로마 가톨릭과 연대하여 신설된 루테니아 우니아트교회[Ruthenian Uniate Church](루테니아는 키예프 루시 지배를 받은 영토를 의미한다-옮긴이)로 소속되었다. 우니아트교회는 전례, 고대 슬라브어, 달력, 하급 사제에 대한 결혼 허용 등 많은 전통적 정교회 관행을 유지했다. 그 대가로 우니아트교회는 교황의 권한을 인정하고, 로마 가톨릭 교리를 받아들여야 했는데, 정교회와 가톨릭의 오랜 논쟁의 핵심이었던 '필리오케'는 인정하지 않아도 된다는 양해를 받았다. 폴란드 국왕은 이참에 폴란드 땅에서 정교회를 뿌리 뽑을 생각이었다. 그는 정교회 재산을 몰수하고 추종자들을 박해했는데, 이 정책은 나중에 그에게 큰 대가를 치르게 했다.

새 교회는 갈리치아에서 추종자를 대거 확보했다. 정치적 목적으로 만들어진 산물이 신도들이 흘린 피 위에서 진짜 교회로 거듭났다. 우니아트교회는 차르에게 대대로 핍박받았고 볼셰비키로부터도 가혹하게 박해당했다. 많은 성직자가 강제수용소로 쫓겨났고 죽은 사람도 부지기수였다. 스탈린은 폴란드령 갈리치아를 점령했을 때 우니아트교회를 러시아 정교회로 편입시켜 버렸다. 우크라이나가 1991년에 독립하고서야 다시 우니아트교회로 복귀할 수 있었다.

드미트리는 자연스레 가톨릭으로 개종했고 폴란드 유력자 예지 므니제치[Jerzy Mniszech]의 딸 마리나와 약혼했다. 므니제치는 드미트리가 성공하면 그의 후광을 입을 심산이었다. 므니제치의 후원으로 드미트리는 폴란드인, 리투아니아인, 러시아 망명자, 독일 용병, 코사크인들로 병사를 모았다. 1604년 말 드미트리는 러시아로 쳐들어갔다. 드미트리의 부대가 러시아군과 엎치락뒤치락하던 와중에 그가 적법한 차르라는 소문이 퍼졌을 것으로 추정되고, 그러자 러시아 수비군에게 균열이 생겼다.

1605년 5월, 보리스 고두노프가 돌연사했다. 고두노프의 아들 표도르가 잠시 제위를 이어받았지만 폭도가 일어나 표도르와 그의 어머니를 살해했다. 드미트리를 위한 길이 활짝 열렸고 그는 모스크바로 당당하게 입성했다. 드미트리는 고두노프의 딸 크세니야를 강간했다고 알려졌다. 이 사건들은 알렉산드르 푸시킨이 셰익스피어를 의도적으로 모방하며 저술한 희곡 「보리스 고두노프」와 모데스트 무소륵스키가 작곡한 동명의 오페라 대작에서 가장 극적으로 표현된다.

이것이 이후 10년 가까이 이어진 '동란의 시대'의 서막이었다. 이반 뇌제의 미망인은 기다리기라도 한 듯 아들이자 후계자를 알아보았다. 드미트리는 차르로 등극했고 마리나 므니제치와 결혼했다. 하지만 가톨릭 포교 정책은 역풍을 맞았다. 폴란드인들은 게르모겐Hermogenes 총대주교를 크렘린궁에 감금했는데, 그곳에서 게르모겐 총대주교는 줄기차게 글을 쓰고 서신을 외부로 밀반출해 정교회를 가톨릭으로 개종시키려고 하는 '사탄의 군단'에 저항할 것을 촉구했다. 폴란드인들은 그를 굶겨 죽이고 새 총대주교 자리에 고두노프가 수도원으로 보내 버렸던 필라레트 로마노프Filaret Romanov를 앉혔다. 필라레트 총대주교는 이후 일어날 여러 사건에서 모호하지만 궁극적으로는 결정적인 역할을 할 것이다.

일 년 후, 드미트리가 마리나와 결혼한 지 고작 열흘이 지난 때였다. 드미트리와 여러 폴란드인 고문들은 크렘린궁으로 들이닥친 무장봉기에 목숨을 잃었다. 정국은 혼란으로 치달았다. 바실리 슈이스키는 이 기회를 틈타 차르가 되려고 시도했다. 음모를 꾸미는 데는 탁월했지만 슈이스키는 통치에는 무능했고 여기저기서 불만이 들끓었다. 그는 반란군을 진압하려고 스웨덴 병력을 모스크바로 불러들였는데, 이참에 스웨덴과 불평등 군사 협정을 맺고 자신의 입지를 강화하려고 했다. 하지만 곧 폴란드에 덜미를 붙잡혀 패배하고 권좌에서 하야했다.

폴란드는 재빨리 다른 가짜 드미트리를 내세워 차르로 만들기에 착수했다. 마리나 므니제치는 새로 등장한 남자가 남편이 맞는다고 인정할 것을 종용받았다. 하지만 폴란드의 후원을 받은 새로운 인물도 살해당했다. 그러자 다른 드미트리가 또 나타났다. 다시 한번 마리나 므니제치가 등장해 남편을 확인해주었다. 하지만 작전은 실패로 돌아갔다. 세 번째 가짜 드미트리는 처형당했다. 마리나는 도망쳤는데 나중에 볼가강에서 새로운 사랑을 만나 함께 해적으로 살다 붙잡혀 모스크바로 끌려왔다. 마리나의 세 살 된 아들은 교수형을 당했고 그녀는 감옥에 갇혀 죽었는데, 사인은 교살로 추정된다.

이제 러시아는 통치 능력을 상실한 파탄국가였다. 폴란드가 다시 크렘린궁을 점령했고 필라레트 총대주교를 인질로 잡았다. 스몰렌스크는 포위되었고 성삼위일체 수도원이 모스크바 북부에서 의연히 폴란드에 맞서 싸우는 중이었다. 한편 스웨덴은 노브고로드를 점령했고 타타르는 러시아 남단을 털어 물건을 훔치고 사람들을 노예로 끌고 가느라 여념이 없었다.

비범한 점은 러시아 사람들이 단결해 믿을 수 없는 속도로 침략자들을 내쫓고 국가를 재건했다는 사실이다. 모스크바의 보야르들은 서로 싸우느라 바빴으므로 나라를 방어하는 일은 다른 사람들이 맡아야 했다. 1612년 가을, 니즈니노브고로드 출신의 지방 상인 쿠지마 미닌수호루크와 하급 귀족이었던 드미트리 포자르스키 공후가 의용군을 모아 모스크바에서 폴란드를 몰아냈다. 폴란드군은 퇴각하면서 불을 질러 도시를 잿더미로 만들었다.

가장 유력한 차르 후보는 수도사 필라레트 로마노프의 열여섯 살 아들, 미하일 로마노프였다. 멀기는 해도 이전 왕조의 인척이었기 때문이었다. 미하일은 볼가강 옆 코스트로마에 위치한 수도원에서 어머니와 함께 피신해 있었다. 전설 속 이야기는 다음과 같다. 폴란드인들이 그를 추격할 때 이반 수사닌이라는 충직한 농부가 그들을 막아서 미하일로부터 멀리 떨어진 인근 숲으로 유인했다. 폴란드인들은 속았다는 사실을 깨닫고 그를 죽였다고 한다.

1613년, 젬스키 소보르는 미하일 로마노프를 차르로 임명했다. 따라서 로마노프 왕조는 민중의 요구라는 형태로 뒷받침되는 적법성을 가지고 류리크 왕조를 계승했다. 로마노프 왕조는 이후 300년간 러시아를 통치한다.

미닌수호루크와 포자르스키 동상이 붉은 광장에 세워진 것은 당연지사였다. 그들이 모스크바로 진군한 날짜는 11월 4일이었고 이날은 국가 공휴일로 지정되었다. 공산주의자들이 폐기한 이 기념일은 푸틴의 손에서 부활했다. 푸틴은 이날을 국가 통일의 날이라고 부르고, 아무렇지 않게 볼셰비키 혁명을 찬양하는 날이었던 11월 7일을 대체하도록 했다. 러시아의 강성 공산주의자들은 개정에 반발했다. 폴란드도 발끈했다. 폴란드인들은 푸틴의 조치가 의도적인 반폴란드 정책이라며 러시아의 뿌리 깊은 반폴란드 정서를 방증한다고 주장했다.

어쨌든 동란의 시대는 끝났다. 동란의 시대는 러시아인들의 정신세계에 국가적 수치와 재난의 기억으로 남았고, 내부 분열은 러시아에 파멸적인 외국의 침략을 불러온다는 강렬한 교훈을 심었다.

근대화, 그리고 제국의 서막

17세기 나머지 기간의 러시아 서사는 미하일 로마노프와 그의 아들 알렉세이, 손자 표트르가 굳은 결의로 나라를 근대화해서 화평과 전쟁을 양손에 저울질하며 서구 열강과 어깨를 겨루게 이끈 과정이다. 내부의 반발도 거셌는데, 새 차르들이 러시아 건국의 토대가 된 원칙을 어겼다고 생각한 사람들이었다. 하지만 한 세기가 채 지나지 않아 로마노프 왕조는 러시아를 유럽 그 어느 나라도 무시하거나 함부로 휘두르지 못할 위치에 올려놓는 데 성공했다.

동란을 겪으며 보야르는 고삐 풀린 음모 정치는 처참한 파국으로 이어진다는 교훈을 얻었다. 얼마간 정치판은 잠잠했다. 여러 정부 부처(이반 4세가 만든 프리카스)도 관련 법에 따라 운영하며 제 기능을 찾았다. 하지만 중앙정부에는 여전히 광활한 나라를 행정적으로 통제할 공무원이 턱없이 부족했다. 외무부 성격의 프리카스는 최초로 뉴스를 수록한 지면을 발행했는데, 여기에서 공공언론의 싹이 보였다. 읽을 수 있는 것은 차르와 행정 수반들로 엄격히 제한되었다. 이와 비슷하게 소련 시절에 공산당 간부들만 보는 내부에서만 열람하는 신문이 출간되기도 했다.

로마노프 왕조의 첫 차르인 미하일 로마노프(미하일 1세)는 온순하고 우유부단했다. 미하일의 아버지인 필라레트는 폴란드로부터 풀려난 후 총대주교가 되었고, 죽을 때까지 미하일의 정부를 실질적으로 이끌었다. 미하일 로마노프의 치세 동안 러시아는 신속히 러시아에서 폴란드와 스웨덴 세력을 몰아냈다. 외교 관계도 다시 정상으로 회복했다. 첫 무기 공장이 모스크바 남부 툴라Tula에 세워졌으며, 농민의 자유를 제한하는 조치는 더 확대되었다. 시베리아를 가로질러 태평양까지 영토가 확대되어 러시아는 (지금도 여전히) 세계에서 지리적으로 가장 큰 나라가 되었다.

필라레트는 군대를 근대화해서 유럽 경쟁국들과 수준을 맞추었다. 모스크바 군대의 무기는 서방 나라들에 비해 낙후되었는데, 러시아가 서방국과는 무기도, 부대 편제도 매우 다른 동쪽과 남쪽의 유목 부족과 맞서야 했던 점도 한 이유였다. 거의 끊임없이 전쟁이 이어졌지만 다른 유럽 정부와 달리 상비군을 유지할 자금력도 부족했다. 심지어 이반 4세의 엘리트 병사 집단인 스트렐치도 부업을 가졌고 작은 영지에서 나오는 소출로 생계를 유지했다.

새 차르와 필라레트는 남쪽 스텝 지대에서 새로 획득한 영토를 방어하기 위해 남부 국경을 따라 요새를 지어 방어선을 구축했다. 군대도 보강했는데 '신식 편대'를 적용한 보병, 기병, 포병 연대를 만들었다. 새 부대는 서유럽식이었고, 서유럽에서 직업군인을 초청해 장교 자리에 앉히고 훈련을 맡겼으며, 근대 무기를 새로 갖추었고, 징집제를 도입해 인원을 확보했다. 신식 편대는 폴란드가 점령하고 있던 스몰렌스크 탈환 작전에 최초로 적용되었다. 결과는 실패였다. 러시아 지휘관은 신중한 판단에 따라 폴란드에 항복했고 그 결과 러시아인들 손에 처형되는 대가를 치렀다.

코사크 대봉기

17세기 초, 드니프르강 양안에 펼쳐진 남쪽 초원은 대부분 폴란드-리투아니아 연방의 폴란드가 장악하고 있었다. 명목상 그곳에 거주하는 폴란드의 신민은 코사크인들이었다. 하지만 코사크는 외부 간섭이라면 질색이었고 자신들의 정교회 믿음에 누가 해를 끼치기라도 할까 경계가 심했다. 폴란드는 코사크족을 관리하기 위해 적절한 방법을 찾았고 정교회를 믿는 다른 신민들에게 강요하는 제한 조치를 모두 적용하지는 않았다.

하지만 그 정도로는 부족했다. 1648년 코사크는 헤트만^{hetman}(폴란드어로 원수, 총사령관)인 보흐단 흐미엘니츠키의 주도로 폴란드에 저항하는 반란을 일으켰다. 정교 믿음을 수호한다는 취지였다. 그 결과 위태하나마 독립국인 코사크 수장국이 생겼다. 일부 역사가는 코사크 수장국을 러시아와 우크라이나가 서로 다른 나라로 갈라지기 시작한 시점으로 본다.

코사크 봉기 과정에서 수많은 살육극이 벌어졌다. 유대인이 특히 고초를 겪었다. 수만 명 가까이 목숨을 잃었다. 유대인 역사에서는 유대인 박해 사건 중 수위를 다투는 끔찍한 고난이었다. 초기에 흐미엘니츠키는 크림한국과 손을 잡았다. 하지만 양측의 이해관계가 너무나 달라 곧 러시아로 파트너를 바꾸었다. 양측은 1654년 페레야슬라블 조약을 체결했다. 코사크 수장국은 차르와 연맹을 맺는 대신 광범위한 자치권을 확보했다. 수백만 명의 정교회 신자와 6개 교구, 다수의 유력 성직자를 거느린 키예프 대주교구는 모스크바의 영향력 아래 놓이게 되었다.

보기보다 실속은 없었다. 물론 폴란드 치하에 있을 때보다 코사크의 자치권이 확대되고 정교회 신앙의 자유도 더 보장받은 것은 사실이다. 하지만 러시아는 처음부터 차르가 그런 권리를 언제든 거두어들일 수 있다는 점을 분명히 했다. 코사크는 흐미엘니츠키에 등을 돌리고 다시 반란을 일으켰다. 드니프르강 서쪽 지역은 폴란드와 다시 손을 잡았고, 강의 동쪽은 모스크바의 통치권을 받아들였다. 우크라이나는 둘로 확연히 쪼개졌고, 이 분리의 후폭풍은 21세기까지 이어지고 있다.

코사크 대봉기로 러시아와 폴란드는 기다렸다는 듯 전쟁에 돌입했다. 전쟁은 13년 동안이나 이어졌다. 폴란드는 몇 차례 전투에서 승리했지만 현상 유지에 들어가는 경비를 감당할 수 없었다. 전쟁 말기에 알렉세이 차르가 근대적으로 혁신한 군대는 스몰렌스크와 노브고로드를 탈환했고, 빌뉴스를 약탈하고 불태웠으며, 리가를 점령했다. 북유럽의 신흥 강국이었던 스웨덴제국은 30년전쟁을 승리로 마무리하고 돌아와 기운을 회복한 후, 폴란드인들이 '대홍수'라 부르는 이 전쟁에 군사력을 쏟아부었다. 폴란드와 모스크바 대공국은 1667년 안드루소보 조약을 체결해 키예프와 우크라이나 동부를 러시아로 편입하는 데 합의했다. 이로써 가톨릭 폴란드의 통치 아래 신음했던 정교회 신자 인구는 해방되었다.

폴란드-리투아니아 연방의 길고 긴 고통의 시작에 불과했다. 연방은 얀 3세 소비에스키왕이 1683년 오스만제국이 점령하고 있던 빈 공격에 성공하며 한때의 영광을 누렸다. 하지만 18세기 중반에 이르러 약해질 대로 약해진 폴란드는 이웃 약탈자들의 먹잇감이 되어 이리저리 찢기고 만다.

알렉세이 로마노프와 교회의 분열

아버지 미하일 로마노프보다 더 활력 넘치는 군주였던 알렉세이 로마노프[1629-1676]는 군대 개혁을 이어 나갔다. '신식 편대' 연대를 확대하고 30년 전쟁이 끝나자 자국에서 일자리 찾기가 어려워진 외국 장교들을 대거 고용했다. 여기에 더해 구식 군대에서 가장 경쟁력 있는 부분이었던 기병, 사병과 포병 부대도 더 강화했다. 당시 젊은 고문이었던 바실리 골리친[Vasili Golitsyn, 1643-1714]은 뚝심 있게 밀어붙여 마침내 꽉 막힌 메스트니체스트보 시스템을 폐지하는 데 성공했다. 메스트니체스트보는 그간 가장 유능한 장교와 장군을 승진시키고 적재적소에 배치하는 국가의 능력을 심각하게 저해했다.

하지만 국내의 다른 분야에서 시도한 개혁들은 애매했고 성과도 시원찮았다. 구리 동전을 도입하는 화폐 개혁을 추진했다가 '구리 동전 폭동$^{copper\ riots}$'(1662년 모스크바 봉기라고도 한다. 주화 위조에 불만을 가진 시민들이 정부에 청원을 올렸지만 정부군에 의해 1,000명 가까이 사망하며 끝났다-옮긴이)의 여파로 폐지했다. 서구식을 혐오했던 보수 귀족의 반발이 두려웠던 알렉세이는 신하들에게 서양 복식을 금지하고 서구에서 들여온 풍습을 버리라고 주문했다. 외국에서 온 전문가들은 모스크바 내에 '게르만 빌리지'를 지정해 그곳에서만 머물도록 했다. 게르만 빌리지에 사는 사람들은 대부분 독일인이 아니었다. 하지만 '게르만'을 뜻하는 러시아 단어 nemet(네메트)는 "벙어리가 되다" "마비되다"라는 뜻을 가진 неме́ть(네메티)라는 단어를 연상시켰고 러시아어를 말할 줄 모르는 딱한 사람들을 표현하기 좋은 말 같았다.

하지만 알렉세이 로마노프는 거센 논란을 헤치고 러시아 교회를 개혁하는 데 성공했다. 폴란드를 상대로 승리를 거두고 키예프와 동우크라이나를 합병하자, 1632년 설립된 키예프 신학 아카데미에서 배출되는 근대적 신학자들의 영향력이 러시아에 유입되었다. 아카데미는 폴란드 가톨릭 세력에 효과적으로 맞서기 위해 신학 공부에 매진했고, 예수회 교수법을 일부 채택했으며, 라틴어와 폴란드어를 교육 과정에 포함했다. 아카데미 졸업생들은 모스크바 신학자들보다 외부 사상에 훨씬 개방적이었다. 아카데미가 배출한 많은 신학자가 앞으로 일어날 교회 개혁에 적극적인 역할을 담당했고 때로는 극심한 반대에 부딪히기도 했다. 그 모든 역동적이고 논쟁적인 담론들은 400년 동안 잃은 채 살았던 정치, 종교, 학문적 중요성을 다시 키예프에 돌려주었다.

알렉세이의 개혁은 니콘 총대주교가 이끌었다. 그는 볼가강 니즈니노브고로드 인근 마을 출신으로, 총명하고 야심 찼으며 근엄한 인물이었다. 니콘은 러시아 정교회에서 추가된 전례 요소를 모두 없애는 것을 목표로 삼았다. 그가 판단하기에 그러한 것들은 그리스와 우크라이나에서 행해지는 더 순수한 원형에서 멀리 떨어진 것이었다. 니콘은 새 예배서를 만들고 전통 예식 몇 가지를 금지했다. 또 러시아에서 원래 두 손가락을 사용해 성호를 긋던 것을 세 손가락으로 바꾸어야 한다고 주장했다. 이러한 조치는 사소하게 보여도 실상은 의미가 컸다. 초기 기독교 세계를 분열시키고 피로 물들인, 삼위일체의 본질에 관한 해묵은 논쟁을 반영하고 있었기 때문이다.

아바쿰^Avvakum 수석사제가 이끄는 전통주의자들은 이런 변화들이 이단에 가깝다고 반대했다. 처음에는 가톨릭과, 이후에는 튀르크와 타협한 결과물인 그리스식 변형을 수긍하는 조치라는 점이 크게 작용했다. 이 '구교도'(일반적으로 서구에서는 로마 가톨릭 신자를 가리켜 '구교도'라고 하는데, 여기에서 구교도는 러시아 정교회 전통의식파를 뜻한다-옮긴이)들은 파문이라는 대가를 치렀다. 일부는 추방되었고 아바쿰을 포함한 다른 사람들은 처형당했다. 여기에 다른 사람들은 불을 지르고 단체로 자살했는데, 북부 러시아의 한 수도원에서는 2,000명이 한꺼번에 화형식을 올렸다. 구교도의 집단 자살은 무소륵스키의 오페라 「호반시나」에서 절정을 이루는 장면이다. 결국 니콘 총대주교는 선을 넘은 셈이었다. 알렉세이 로마노프는 니콘을 추방했다. 하지만 개혁안은 그대로 유지되었다.

박해받았지만 구교도의 숫자는 계속 늘었다. 19세기에 그들 중 일부는 성장하는 기업가 계층의 주축을 이루기도 했다. 21세기에 이르러 대략 러시아에만 100만 명으로 추정되는 구교도가 있고 미국과 다른 지역에 더 많은 신자가 존재할 것으로 추정된다. 구교도들은 국가에 한 번도 심각한 위협이었던 적이 없다. 하지만 그들은 반국가주의^{anti-statism}라는 오랜 전통적 대중 정서에 불을 지핀다. 교회가 양 갈래로 '분리'한 이 극적인 사건은 러시아 민중의 정신세계 속에서 여전히 생생하게 살아 있다.

표트르 대제

알렉세이 로마노프는 두 번 결혼했다. 첫 부인인 마리야 밀로슬랍스카야 Maria Miloslavskaya 사이에서 아들딸이 여럿 태어났다. 아들로는 표도르와 이반만 살아남았고, 여러 딸 중에 유능하고 집요하며 야심 찬 소피야가 있었다. 마리야가 죽자 알렉세이는 나탈리야 나리시키나와 결혼했고 나탈리야는 1672년에 아들을 낳았다. 훗날의 표트르 대제¹⁶⁷²⁻¹⁷²⁵다. 알렉세이는 표트르의 교육을 전직 교회 서기인 니키타 조토프와 용병으로 스웨덴과 폴란드에서 복무했던 스코틀랜드 출신 가톨릭교도 패트릭 고든과 폴 멘지스에게 맡겼다. 니키타 조토프와 패트릭 고든은 이때 이후로 계속 표트르 대제의 측근이었다.

1676년 알렉세이의 뒤를 이어 그의 장남 표도르 3세가 권좌를 물려받았다. 표도르 3세는 아버지의 개혁 성향을 공유했다. 고압적인 궁정 의례를 완화하고, 지나치게 가혹한 형벌은 수위를 조절했으며, 인구조사를 기획하고, 얼마 지나지 않아 문을 닫았지만 과학아카데미도 신설했다. 하지만 표도르 3세는 날 때부터 몸이 약했다. 그는 1682년에 후사 없이 죽었다. 표도르의 죽음으로 러시아는 다시 한번 정치적 격랑에 휘말린다.

이제는 알렉세이의 나머지 두 아들이 후계자였다. 하지만 둘 다 아직 어린아이였다. 마리야 밀로슬랍스카야의 아들인 이반은 능력이 거의 없었다. 나탈리야 나리시키나의 열 살짜리 아들 표트르는 건강했고 활기가 넘쳤다. 보야르 두마는 표트르를 차르로 임명하고 어머니 나탈리아에게 섭정을 맡기로 합의했다. 이 안은 표도르의 최측근 고문이었던 아르타몬 마트베예프가 적극적으로 주장했다. 밀로슬랍스키 가문은 이 계획에 반대했다. 특히 왕녀 소피야가 앞장서서 스트렐치를 설득해 자기 동생인 이반을 지지하게 만들었다. 폭력 사태가 휘몰아쳤고 이 과정에서 나리시키나 측 사람들이 대거 죽었다. 마트베예프는 표트르의 눈앞에서 사지가 갈기갈기 찢겼다. 하지만 양측은 적당히 타협하는 데 성공했다. 이반 5세와 표트르 1세는 공동 차르가 되고 소피야가 섭정을 맡기로 합의되었다.

그러나 폭력 사태는 거기서 끝나지 않았다. 그해 가을 구교도(정교회 전통의식파)들은 스트렐치에 합류해 니콘 총대주교의 개혁을 전면적으로 뒤엎을 것을 요구했다. 군대를 이끌었던 호반스키 공후는 처음에는 소피야를 지지했으나, 곧 소피야를 모스크바에서 쫓아내 버렸다. 소피야는 군대를 모아 호반스키 공후와 맞서 이겼고 호반스키는 처형당했다. 이 이야기는 무소륵스키 오페라 「호반시나」(호반스키 사건)의 또 다른 이야기로 강렬하게 그려졌다.

공식적으로 권좌에 앉지는 못했지만 소피야 알렉세예브나는 러시아를 7년 동안 다스렸고 18세기에 등장할 4명의 여제들에게 훌륭한 모범이 되었다. 소피야의 통치는 여러모로 긍정적인 측면이 있었다. 소피야의 곁에는 선대 차르의 고문이자, 유능하고 진보적인 재상 바실리 골리친이 있었다. 아마도 둘은 연인관계였을 것으로 추정된다. 골리친의 지휘 아래 러시아는 중국과 네르친스크 조약을 맺어 국경을 확정했고, 폴란드와 평화 조약을 체결해 결국 키예프를 러시아 품으로 다시 가져왔다. 하지만 골리친의 인기와 영향력은 그가 이끈 크림한국과의 두 차례 전쟁이 엄청난 보급망 혼란을 겪으며 성과 없이 끝나자 큰 타격을 입었다. 더 야심 찬 계획이었던 (종교 관용과 농노제 폐지를 포함하는) 국내 개혁은 무산되었다.

한동안 젊은 표트르는 자신만의 취미에 열중했다. 표트르는 게르만 빌리지의 외국인들에게 외부 세계에 대해 배웠다. 그곳에서 그는 목공, 조선, 항해술 같은 실용 기술을 배웠고 네덜란드 출신의 정부와 놀아나기도 했다. 지역 청년들을 모집해 가짜 군대를 만들고는 짐짓 진지하게 훈련하고 모의 작전 훈련도 실시했다. 이 시기 표트르가 열중했던 것들이 결국, 훗날 러시아제국 정예 근위대인 프레오브라젠스키와 세묘놉스키 연대로 거듭난다.

표트르가 다수가 외국인이었던, 자신과 뜻을 같이하는 수행단을 구성하자 소피야는 표트르가 점점 더 자신을 위협한다고 느꼈다. 마침내 표트르를 체포하려고 시도했을 때 그는 인근 수도원으로 피신했다. 크림반도에서 벌어진 재난 때문에 소피야의 권위가 크게 실추된 상황을 이용해 표트르는 소피야를 역공하는 데 성공했고, 그녀를 모스크바 외곽의 노보데비치 수도원에 유폐시켰다. 골리친도 소피야와 함께 갇혔다. 표트르는 여전히 열일곱 살에 불과했다. 표트르 1세의 어머니 나탈리야 나리시키나가 섭정이 되었고 이반 5세도 계속 공동 차르직을 유지했다. 표트르는 1694년 나탈리야가 사망하고 그로부터 2년 후 이반이 죽자, 마침내 단독 통치자가 되었다.

성숙한 표트르는 모든 면에서 압도적이었다. 2미터의 장신에 악마의 에너지를 가진 남자, 끈질기고 오만하며, 거칠고 자주 술에 취한, 괴상한 장난질에 안달이었고, 잔혹하고 가끔은 끔찍하게 잔인하며, 신경성 안면틱 증상과 뇌전증의 한 종류를 가지고 태어났어도, 모든 환경과 상황을 지배할 수 있는 능력을 갖춘 인간이었다. 역사가들은 이반 4세가 그랬듯이 어린 시절에 겪은 일들이 트라우마로 남아 표트르 대제도 때로 더 잔혹하게 행동한 측면이 있다고 주장해왔다.

1697년 표트르 대제는 자신을 포함해 250명에 달하는 대*사절단을 꾸려 서유럽으로 시찰 여행을 떠났다. 그가 게르만 빌리지에서 만난 동지들로부터 배운 서구 기술과 국정 운영 방법론들을 현실에 적용해 볼 심산이었다. 신분을 숨기고 여행하고 있다고 주장했지만, 지위에 걸맞은 특별 대우를 고집하기도 했다. 표트르 대제는 프로이센 왕과 폴란드-리투아니아 연방의 아우구스트 2세(강건왕 아우구스트)와 군사 협정을 맺었는데, 이 협정은 훗날 썩 쓸모가 있었다. 러시아가 스웨덴과 북방 전쟁을 벌일 때 원조를 받았다. 네덜란드와 영국 정부와 동맹을 맺어 오스만제국에 대항하는 전선을 구축하려고 노력했지만 합의에 이르지는 못했다. 네덜란드에서는 조선소 목수 일도 해보았다. 유년 시절에 가졌던 바다에 대한 매혹을 마음껏 즐긴 셈이다. 영국에서는 윌리엄 3세를 만났고, 조선소와 공장, 무기 공장, 학교와 박물관을 방문했으며, 의회에도 참석했다. 유명한 회고록 작가 존 에벌린의 집을 빌려 쓰고 엉망으로 만들어 놓기도 했다. 두 나라에서 러시아로 데려갈 전문가를 수배하는 일도 잊지 않았다.

전제군주는 말할 것도 없이, 일국의 수반이 어떤 경우든 권력의 중심에서 오래 자리를 비우는 일은 분별 있는 행동이 아니다. 표트르 대제는 1698년 스트렐치가 이번에는 소피야를 권좌에 올릴 목적으로 다시 봉기하자 여행을 중단해야 했다. 반란은 그가 모스크바에 도착하기 전에 진압되었으나 표트르는 끔찍한 복수를 감행했다. 반란군 1,200명이 고문 중 사망했고 시신이 붉은 광장에 공공연히 전시되었다. 일부 시신은 노보데비치 수도원에 있는 소피야의 창에서 보이는 곳에 매달렸다. 소피야에게 운 좋게 목숨을 부지했음을 상기시키는 효과적인 수단이었다.

표트르 대제는 여행 중에 얻은 여러 아이디어를 서둘러 실행에 옮겼다. 최우선 목표는 러시아를 확연히 유럽적인 국가로 바꾸어 놓는 것이었다. 그는 궁정 사람들은 모두 유럽식으로 복장을 갖추라고 명령했고 정교회 규범이었던 턱수염을 깎으라고 강요했다. 또 귀족 부인들을 격리된 처소에서 벗어나 궁정 사교에 참여하도록 했다. 보수적인 성향의 신하들은 이런 변화를 싫어했는데, 그들의 눈에는 이런 개혁이 러시아의 전통과 관습을 어기는 것으로 보였기 때문이었다. 표트르 대제는 교묘하게 그들의 불만을 관리했다. 결국 신하들은 변화에 동참하고, 그 대가로 영향력을 더 확보했다.

표트르 대제는 러시아 수도를 성스러운 도시 모스크바에서 스웨덴에게서 뺏은 발트해 연안의 네바강 하구 습지로 옮기기로 했는데, 여기서도 원성이 빗발쳤다. 표트르 대제는 1703년에 페트로파블롭스크 요새를 지어 올렸다. 자연발생적이었고 대부분 목조 위주였던 러시아 전통 도시들과는 달리 새 수도는 석조 건물을 채운 계획도시였고, 그중 많은 건물은 신고전주의 양식을 사용해 외국 건축가들이 지었다. 징집한 농부와 스웨덴 전쟁 포로가 건설 현장에 인부로 투입되었다. 수만 명이 죽어 나갔다. 러시아의 두 번째 도시는 그들의 목숨 위에 건설되었다.

표트르 대제는 1709년에 정부 기능까지는 완성되지 않은 새 수도로 옮기면서, 러시아 지도층도 당장 함께 이동하라고 요구했다. 러시아의 귀족들이 안락한 모스크바의 집을 버리고 축축하고 지저분한 건설 현장으로 이동하고 싶지 않았던 것은 어쩌면 당연했다. 상트페테르부르크는 나라가 나아갈 방향을 재정립하고 '유럽을 향한 창'을 열겠다는 표트르 대제의 결의를 드러내는 가장 강력한 상징이 되었다. 18세기 이탈리아 여행자가 처음 사용한 이 표현은 시인 푸시킨이 표트르 대제를 소재로 쓴 시

「청동기사」^{The Bronze Horseman}에서 사용하면서 널리 퍼졌다. 1918년 볼셰비키가 다시 모스크바로 수도를 옮길 때까지, 상트페테르부르크는 짧은 한 번의 소요를 겪었을 뿐 줄곧 러시아의 수도였다.

표트르는 이제 정부와 경제를 근대화하는 일로 관심을 돌렸다. 표트르의 개혁은 정부 수입 확대와 끊이지 않는 전쟁에 필요한 산업을 육성하는 것에 초점이 있었다. 일관된 실행 계획이 있는 것은 아니었지만, 그가 생각하기에 유럽 다른 곳에서 적용하는 모델이라면 자신의 바람도 충족할 수 있을 것 같았다.

선대 차르들이 물려준 행정 체계로는 이런 과업들을 수행하는 데 필요한 인적·물적 자원을 동원할 수 없었다. 표트르는 보야르 두마의 역할을 축소하기 시작했다. 대신에 정부 부처장들이 자문협의체 또는 최고회의^{Council}에서 모여 의논했는데, 이 기관은 1711년에 원로원^{Governing Senate}으로 대체된다.

원로원은 차르가 출정하느라 자리를 비워야 했을 때 나라를 통치할 임시 기구로서 처음 지정되었다. 표트르는 그가 사망하기 3년 전인 1722년에 원로원을 상설조직으로 공식화했다. 표트르 대제는 스웨덴 모델에서 따온 13개 참사회^{college}를 신설했는데 이들은 사실상 정부 부처였다. 참사회의 임무는 엄격히 기술되었다. 외무, 군사, 해군 부문, 사법, 조세, 재정 부문, 무역, 관세 부문, 광업, 제조 부문, 교회 부문과 '소러시아', 즉 우크라이나 담당으로 나뉘었다. 참사회는 원로원의 총감독 아래 있었으며 원로원은 단체 의결 방식으로 운영되었다.

정부 지시가 나라 전역으로 잘 퍼지게 하고 지방의 부패를 막기 위해 지방 행정구역을 구베르냐^{governorates}(성[城]) 체제로 개편하고 통제 기구를 두었다. 효과는 그저 그랬다.

새 행정 체제는 법으로 세세히 규정하고 공표했다. 다른 유럽 국가 행정 시스템과 거의 유사해 보였다. 표트르 자신이 전반적인 통제권을 장악한 것은 두말할 필요도 없었다. 그는 귀족을 재서열화했다. 출생이나 재산과 상관없이 14개 등급으로 나뉘는 '관등표'로 서열을 매겼다. 14개 등급은 공을 세우면 상승할 수 있었지만, 누구나 25년 동안 군 복무나 공무를 수행해야 했다. 이것이 러시아에서 오래도록 유지되었던, 귀족들이 스스로 자신의 서열을 판단했던 메스트니체스트보 체제와 다른 점이었다. 귀족의 의무는 이후 여러 차르를 거치면서 경감되었다. 표트르 3세가 의무 복무를 폐지했고, 성과에 따른 승진 제도는 예카테리나 2세에 의해 폐지되었다. 하지만 등급제도 자체는 1917년 혁명으로 없어질 때까지 사회를 계속 쥐락펴락하는 질서였다.

군대 개혁과 끊이지 않았던 전쟁은 러시아 재정에 큰 부담이 되었다. 재정 적자를 면하기 위해 표트르는 여러 직간접세를 추가하고 각종 물품에 대한 독점세와 인두세를 각각 신설했으며 화폐 개혁을 단행했다. 세금은 인구총조사를 토대로 부과되었다. 귀족과 성직자, 코사크와 군인은 면제 대상이었으므로 조세 부담은 부당하게 빈곤층에 가중되었다. 하지만 이 조치들은 성과가 있었는데, 국가 재정수입이 1710년부터 1725년 사이에 3배로 증가했다.

표트르는 툴라에 무기 공장을 세웠고 무기와 철강, 군용 섬유를 생산하는 신규 작업장들을 독려해 군대를 확장하는 데 필수적인 산업 기반을 마련했다. 치세 말기에 이르면 러시아에 대규모 생산시설이 90개, 소규모 공장은 수천 개에 달했다. 새 국책 사업의 운영을 위해 외국 인력을 불러들였고 러시아인들은 외국으로 나가서 필요한 기술을 배웠다. 광범위한 광물 탐사가 추진되고 광물 개발을 위한 특수 공법이 도입되었다.

극심한 산업 노동력 부족에 시달렸으므로 범죄자나 부랑자는 물론, 말 그대로 전 지방에서 인력이 강제로 차출되어 신식 공장에 배치되었다.

무역은 더 활발해졌다. 상트페테르부르크 건설로 무역 흐름이 북부에서 발트해 쪽으로 방향을 틀었다. 표트르는 국내 산업을 보호하기 위해 고율의 관세를 매겼고 국민들에게 생선 소비를 장려했으며 이전에는 수입 품목이었던 해바라기, 포도, 감자, 사탕무 등 다양한 식자재를 국내에서 생산하도록 독려했다.

당시 러시아 교육제도는 유럽 다른 나라보다 훨씬 뒤처져 있었다. 러시아에는 대학이 한 곳도 없었다. 소수의 학교는 교회가 엄격히 관리했고 내용은 교회가 승인하는 과목으로 제한되어 있었다. 가뭄에 콩 나듯 만들어진 책도 교회의 승인을 받은 주제로만 한정되었다. 뉴스를 수록한 간행물은 한 종류만 있었는데, 외무부에서 만들고 제한된 소수만 열람할 수 있는 것도 여전했다.

표트르는 이 모든 구습을 타파했다. 모든 교육 단계를 아울러 교육과 과학이 장려되었다. 최초의 신문은 대중을 상대로 출간되었다. 1,300권이 넘는 신간 도서(다수는 외서를 번역한 도서였다)가 1700년부터 1725년 사이에 발간되었는데, 그때까지 러시아에서 출판된 책을 다 합친 양의 2배에 달하는 수치였다. 종이 소비도 18세기 초의 20년 동안 자그마치 10배가 늘었다. 말년에 표트르는 과학아카데미 설립을 승인했다. 과학아카데미는 표트르 대제가 죽고 그 이듬해 문을 열었다. 러시아 대학은 표트르 대제의 딸 옐리자베타 1세가 모스크바에 설립한 것이 최초인데, 1809년 설립된 상트페테르부르크 대학은 표트르가 승인한 과학아카데미 계획안에 '연구중심대학'이 포함되어 있어 상트페테르부르크 대학의 역사가 그때로 거슬러 올라간다고 (반박도 많지만) 주장한다.

알렉세이 로마노프는 교회를 군주의 발아래 두려는 작업을 진행했다. 표트르는 그 작업에 더해 교회가 세속 권력에 대해 가지는 영향력을 영원히 끊어버리겠다고 결심했다.

총대주교 아드리안이 1700년 10월 사망했을 때, 표트르는 후임 선출을 저지하고 진보적인 키예프 신학 아카데미 출신의 젊은 사제 스테판 야보르스키를 임시 수장으로 지명했다. 하지만 야보르스키는 교회의 재정 독립성을 줄이려는 표트르의 계획에 반대했다. 사태는 표트르에게 불만을 가졌던 아들 알렉세이와 야보르스키가 지나치게 가까워지면서 정점으로 치달았다.

표트르 대제의 아들 알렉세이 페트로비치[1690-1718]는 병약하고, 무기력하고, 원망이 가득했으며, 아버지의 개혁이 마음에 들지 않았다. 그는 개혁 반대주의자들과 어울리다 1716년 러시아를 떠나 오스트리아 황제의 보호 아래로 도망쳤다. 알렉세이는 오스트리아 황제와 스웨덴의 군사 지원 약속을 받아내려고 시도했다. 러시아에서 그에게 안전을 약속하며 귀국하라고 회유했다. 하지만 표트르는 심각한 위협으로 보이는 이 사건의 진상을 규명하기로 마음먹었다. 표트르는 알렉세이의 보수파 측근을 고문하게 했다. 빈약하나마 증거가 나왔고 알렉세이는 원로원으로부터 사형 선고를 받았다. 사형은 집행되지 않았지만 어쨌든 알렉세이는 사망했다(자연사로 추정된다). 하지만 알렉세이도 뒤이어 야만적인 심문을 당하다 죽었고 그 자리에 표트르도 참석했다는 확인되지 않은 루머가 돌았다.

이 중대한 위기 사태를 계기로 표트르는 야보르스키를 해임하고 더 협조적인 페오판 프로코포비치를 교회 수장 자리에 앉혔다. 그 또한 마찬가지로 키예프 신학 아카데미가 낳은 걸출한 인물이었다. 1721년 표트르는 마침내 총대주교좌를 폐지하고 총대주교를 대체할 기구로 신성종무원^{Holy Synod}를 신설했다. 훗날 교회는 비성직자인 수석검찰관^{Ober-Procurator}
이 이끄는 교회 참사회의 관리 감독을 받게 된다. 이 제도는 줄곧 지속되
다가, 1917년과 1918년 사이 혁명의 혼란기에 교회가 티혼 모스크바 대주
교를 1700년 이후 최초로 총대주교로 임명하면서 사라졌다. 볼셰비키는
티혼 총대주교가 뜻대로 말을 듣지 않자 1924년에 후임 없이 해임했다.

표트르 대제는 수도원의 재산을 체계적으로 몰수하는 작업에 착수했
다. 예카테리나 대제는 이 작업을 공식적으로 완성해 1784년경에는 318
곳의 수도원만 남았다. 이전 세기 막바지에는 2,000곳이 넘는 수도원이
있었다. 볼셰비키는 한발 더 나아가 과격한 결말을 맺는다. 수도사와 수
녀들을 추방하고 죽였으며 수도원 건물은 형무소와 고아원, 창고로 바꾸
어 버렸다. 키예프 동굴 수도원은 박물관으로 변신했지만 모스크바 외곽
의 성삼위일체 수도원은 살아남았다.

표트르는 개인적으로 정교회 신념을 유지했다. 교회가 자신의 세속 권
력을 침해하지만 않는다면 상관없었다. 교회의 여러 전례와 축일은 여느
때처럼 러시아 소시민의 삶에 큰 부분을 차지했다. 몽골 침략기를 거치
며 살아남은 여러 믿음과 전례도 마찬가지였다. 하지만 표트르 대제 치
하에서 러시아는 마침내 세속 국가가 되었다.

이전 차르들은 러시아 군대를 개혁하려고 여러모로 애썼다. 하지만 유
럽 최상위 수준에는 여전히 모자랐고 함대도 없었다.

표트르는 제위에 있는 동안 중요한 두 번의 전쟁을 벌였다. 첫 번째는
통치 초기에 벌인 전쟁으로, 남쪽의 흑해로 나가는 상시 출구를 마련하
려는 시도였는데 처음에는 성공한 듯했지만 결국 흐지부지된다. 흑해 작
전의 목표지는 오스만제국이 차지하고 있던 돈강 어귀의 항만도시 아조
프였다. 러시아는 외국 기술자의 힘을 빌려 소규모 하천 함대를 건조했

고, 아조프를 포위하며 인근 도시 타간로크에 러시아 최초의 해군 기지를 건설했다. 하지만 오스만제국은 흑해와 보스포루스 해협에서 제해권을 유지했고 러시아가 외부로 나갈 해상통로는 여전히 막혀 있었다. 상황이 이렇다 보니 표트르는 이전 차르들이 그랬던 것처럼 다시 발트해에 안정된 기지를 마련하는 것으로 관심을 돌린다.

발트해 작전의 주요 장애물은 스웨덴이었다. 스웨덴은 30년전쟁에서 압도적 승리를 기둔 후 북유럽의 패자로 군림했다. 표트르는 신중하게 결전을 준비했다. 무엇보다 해군이 필요했으므로 발트해 함대를 만들 조선소를 건설했다. 농민 병사를 정기적으로 강제 징집해 병력을 충원하는 시스템을 구축했고 보병연대 29개와 용기병연대 2개를 신설했다. 병사들의 권리와 의무는 군사 규정집에 자세히 기술되었고, 표트르는 병사들에게 유럽 스타일 군복을 입혔다. 일부 디자인은 현재 러시아 군복에도 남아 있다. 처음에 이 군대의 장교들은 외국에서 초빙한 경험 많은 전문가들이었다. 해군 지휘관 중 다수는 스코틀랜드 출신이었다. 하지만 표트르가 설립한 각종 사관학교에서 배출된 러시아인 포병, 공병 그리고 해군 전문가들이 차차 그 자리를 대체했다. 이렇게 러시아는 강력한 상비군과 해군을 보유한 나라로 거듭났다. 표트르 대제가 사망할 무렵, 러시아에는 육군이 21만 명에 달했고, 3만 명에 육박하는 해군을 태우는 48척의 주요 전투함과 800척의 갤리선이 있었다.

마침내 대＊북방전쟁¹⁷⁰⁰⁻¹⁷²¹이 시작되었다. 전쟁은 표트르의 애초 예상을 빗나가 훨씬 오래 지속되었다. 하지만 표트르 1세는 이전 어느 차르도 해내지 못한 승리를 거두게 된다.

전쟁은 러시아와 덴마크, 폴란드 연합군이 발트해 남쪽 해안을 따라 자리 잡은 스웨덴 점령지를 공격하며 시작되었다. 맞수인 스웨덴 국왕

칼 12세^{Karl XII}는 새파랗게 젊은 왕이었고 그때까지도 신성을 근거로 통치했던 전제군주였다. 칼 12세는 전장에서 능력을 증명한, 야심만만한 불세출의 장군이기도 했다. 그가 지나가는 도시 중에 포위를 면한 곳은 거의 없었다. 칼 12세는 당시 유럽에서 가장 강력한 군대를 거느렸다. 최상급 훈련에 인원도 충분했고 장비도 우수했고 보급은 최고 수준이었으며, 근 100년 가까이 승리를 거듭하며 북유럽 전역으로 제국을 확장해 자신감이 하늘을 찌르는 상태였다. 칼 12세는 덴마크와 폴란드를 차례차례 이기고 표트르 1세와 덩치만 컸을 뿐 무능한 러시아 군대를 발트해 나바에서 무릎 꿇렸다. 다시 한번 러시아는 바다로 나가는 길을 뺏겼다.

스웨덴의 승리는 이어졌다. 하지만 칼 12세가 알아차리지 못한 것이 있었다. 바로 한 수 제대로 배운 표트르가 재빨리 육군을 개혁하고, 얼마 되지 않던 해군의 수를 늘리며, 양 군을 지원할 기반 시설을 갖추기 시작했다는 점이다. 칼 12세는 표트르의 러시아가 하락세로 접어들었다고 확신하고 러시아 본토를 치기로 한다. 오스만제국이 추가 병력을 지원하리라 믿고 칼 12세는 1707년 러시아로 진격하는 경로로 폴란드를 택해 진군했다. 폴란드에서 스웨덴 군대의 잔혹 행위가 이루 말할 수 없는 지경에 이르자 짧지만 맹렬한 게릴라전이 벌어지기도 했다. 칼 12세는 표트르의 새 군대와 국경 지대에서 맞붙어 여러 차례 승리했다. 칼 12세는 승리감에 취해 선을 넘었다. 스웨덴군은 우크라이나 안으로 진격했고 병참선이 늘어져 보급이 불안정해졌다. 전략 실패였다. 표트르 1세는 스웨덴의 보급 행렬을 끊었고 우크라이나 남서부 폴타바에서 병들고 지친 스웨덴 군대를 괴멸했다. 러시아 역사상 가장 결정적인 전투인 '폴타바 전투'다. 칼 12세는 소수의 호위와 함께 도망쳤고 오스만제국으로 피신했다. 그는 다시 전쟁을 시작했지만 승리할 가망은 없었다. 칼 12세는 1718년 노르웨이에서 교전 중에 사망했다.

전쟁은 이어졌고 표트르는 육지에서처럼 해상에서도 대부분 승리했다. 영토를 뚝 떼인 스웨덴 왕국은 1721년 '니스타드 평화 조약'에 서명했다. 대북방전쟁에서 승리하면서 러시아는 발트해의 강자로 자리매김했고, 유럽 변방의 후진국에서 유럽의 파워 게임에서 무시할 수 없는 강대국으로 탈바꿈했다.

코사크의 헤트만인 이반 마제파[1639-1709]는 대북방전쟁에서 스웨덴의 편에 섰다. 러시아보다 스웨덴이 코사크 민족에게는 더 좋은 협상 대상자라고 판단했기 때문이었다. 하지만 코사크인 중 그를 지지한 사람은 별로 없었고, 마제파의 행동을 반역으로 본 표트르 1세는 우크라이나에 형식적으로만 남은 자치권도 모두 없애버렸다. 우크라이나는 모스크바를 중심으로 하는 큰 러시아 국가의 한 부분, 러시아인들에 따르면 소위 '소러시아'가 되었다(이 표현은 14세기 갈리치아의 폴란드 공후가 처음 사용했다).

두말할 나위 없이 우크라이나 애국주의자들의 생각은 다르다. 1991년 우크라이나 독립 후 그들은 마제파를 국가의 영웅이라고 선언했다. 러시아인들은 분개했다. 러시아 외무부는 공식성명을 내고 2009년 폴타바 전투 300주년 기념일에 마제파 기념비를 세우겠다는 우크라이나의 계획은 '러시아를 향한 작위적이고 광범위한 적대 행위'라고 비난했다. 양국 관계가 틀어지며 등장한 또 하나의 사건이었다.

한 인간으로서 표트르를 좋아하기는 어렵다. 하지만 표트르가 일으킨 돌풍에 경탄하지 않기는 힘든 일이다. 표트르 1세는 러시아 역사상 가장 잔혹한 군주 중 하나였다. 이반 뇌제나 스탈린과 마찬가지로 표트르는 자신의 절대 통치에 완벽한 확신이 있었고, 가장 극단적인 방법도 적대적인 외부 환경 속에서 러시아가 강국으로 생존하기 위해서라면 정당화할 수 있다고 확신했다. 하지만 표트르의 잔혹함에는 광기가 서려 있지 않았고 이반 뇌제와 달리 숙청의 희생양 외에 그들의 가족과 가신 집단을 겨냥하지도 않았다. 나라 전체를 조직적으로 고난으로 밀어 넣지 않았다는 점에서 스탈린의 잔혹함과도 달랐다.

대부분 러시아인이 아닌 외국인은 표트르 1세를 순전히 자신의 의지만으로 러시아를 근대 국가 반열에 올려놓았다고 평가한다. 상트페테르부르크의 프랑스 대사는 표트르 1세 사후에 이런 글을 남겼다. "표트르 1세는 불과 얼마 전까지도 이름 없던 나라인 러시아를 유럽 열강 대부분이 주목하는 나라로 바꾸어 놓았다. 어떤 나라는 자국 이익에 위협이 될까 우려해서 주목하고, 또 다른 나라는 동맹을 맺어 이익을 얻으려는 목적으로 주목한다."[2]

러시아 내부에서는 평이 갈린다. 일각에서는 표트르가 옳았다고, 근대화와 '서구화'만이 러시아가 향할 올바른 방향이었다고 평가한다. 스탈린은 표트르 대제를 칭송했고 그의 인격에 대한 숭배를 장려했다. 하지만 다른 입장에 서 있는 많은 사람들은 표트르 1세가 러시아를 거짓의 길을 걷게 끔 방향을 잡고, 진정한 러시아의 가치로부터 멀어지게 인도했다고 생각한다. 러시아 역사가 니콜라이 카람진은 표트르 대제가 죽고 100년이 지난 뒤 이렇게 썼다. "우리는 세계 시민이 되었지만 어떤 면으로 더 이상 러시아 시민이 아니었다. 잘못은 표트르 1세에게 있었다." 20세기 초 작곡가 밀리 발라키레프는 '러시아의 종교적, 민족적 열망에 표트르 대제의 개혁이 치명타를 날렸다'라고 표현했다.[3]

5

제국이 된 러시아와
희생자들

강자는 할 수 있는 일을 하고, 약자는 해야 하는 일 때문에 고통받는다.

- 투키디데스

제국은 가장 복잡하고 끈질긴 야수다. 그리고 발톱을 가지고 있다.

- 린다 콜리[1]

18세기 대부분, 러시아는 4명의 여제의 통치를 받았다. 표트르 대제의 왕비 예카테리나, 조카 안나, 딸 옐리자베타 그리고 외국 출신이자 표트르 대제와는 피 한 방울 섞이지 않은 예카테리나 대제가 그들이다. 러시아는 제국이 되었고 유럽 정치 무대에서 주인공이 되었다. 영토를 확장해 현재 우크라이나와 폴란드 영토의 많은 부분까지 세력권을 형성했고, 표트르 대제가 시작한 러시아를 경제적, 기술적, 지성적으로 서유럽 국가들과 어깨를 나란히 하게 하려는 결의에 찬 기획은 지속되었다.

러시아, 제국이 되다

러시아는 1721년 공식적으로 제국이 되었다. 대북방전쟁[1700-1721]에서 스웨덴을 물리치고 난 이후였다. 표트르 1세에게 충성을 바치던 원로원은 '모든 러시아의 황제'라는 칭호를 채택하라고 청원을 올렸고 차르는 자비롭게 수락했다. 표트르 1세의 새 칭호는 곧바로 네덜란드와 프로이센이 채택했고, 곧이어 스웨덴, 오스만제국, 영국, 오스트리아, 스페인에서도 사용되었다.

바야흐로 제국의 시대였다. 프랑스와 오스트리아 제국은 여전히 확장 일로에 있었다. 프로이센은 강국의 입지를 굳히기 위한 첫발을 성공적으로 내디딘 상태였다. 18세기 말에는 러시아제국이 다스리는 인구가 1억 4,000만 명에 달했다. 당시 대영제국은 4억이 넘는 인구를 거느렸고 자랑스레 영국은 '해가 지지 않는 나라'라고 말했다.

제국 열강은 제 나라들처럼 운이 좋지 못했던 인종을 문명화하는 의무를 지고 있다고 주장했다. 한때 푸시킨의 동급생이었던 다재다능한 외무상 알렉산드르 고르차코프 공작은 문명화된 국가는 '야만적인 통치 아래 신음하는 사람들을 문명화하는 길과 그들이 직면한 무정부주의와 유혈사태로 걸어 들어가도록 방치하는 길 중 한 가지를 골라야' 한다고 고상하게 표현했다. 모든 제국 열강은 '어쩔 도리 없이, 야망 때문이 아니라 어깨를 짓누르는 필요에 따라 이 전진을 지속할 수밖에 없다'라고 덧붙였다.[2] 고르차코프는 가장 큰 난제는 언제 멈추어야 하는지를 알아내는 일이라고 결론 내렸다. 그가 옳았다.

제국 간 경쟁은 제1차 세계대전을 불러왔다. 그때 이후로 제국의 파도는 힘을 잃었지만 러시아, 독일, 프랑스, 영국, 포르투갈, 네덜란드, 벨기에가 저마다 역사의 방향을 틀어보려고 애쓰는 과정에서 수백만 명이 목숨을 잃었다.

제국의 후계자들은 선조들이 죄를 지었을지언정 자신들은 선정을 베풀고 있다고 믿고 싶어 했다. 균형 잡힌 시각을 위해서는 피해자 측의 의견도 들을 필요가 있다. 폴란드인, 우크라이나인, 발트족, 아랍인, 아프리카인, 중국인, 인도인, 그리고 아메리카와 오스트레일리아 대륙 원주민들이 어떻게 생각하는지 물어볼 일이다.

표트르의 후계자, 동트는 계몽

4명의 여제 중 첫 번째 주자는 예카테리나였다. 예카테리나 1세의 본명은 마르타 스코브론스카로 1684년경 폴란드 농부의 딸로 태어났다. 글을 읽을 줄 몰랐던 예카테리나는 17세 되던 해에 지역의 스웨덴 수비대 장교와 결혼했다. 러시아군이 휘몰아쳐 스웨덴이 퇴각로에 오르며 결혼은 8일 만에 느닷없이 끝났다. 러시아 군인 몇몇과 차례로 관계를 맺고, 마지막에는 표트르 1세의 친구였던 알렉산드르 멘시코프의 정부가 되었다. 멘시코프는 표트르 1세에게 마르타를 넘겨주었고, 이후 마르타는 아들을 임신하고 정교로 개종했으며 이름을 예카테리나로 바꾸었다. 예카테리나는 1712년 표트르 1세의 황후가 되었다. 둘의 관계는 꽤 성공적이었다. 예카테리나만이 표트르가 부리던 난동을 잠재울 수 있었던 이유가 컸다(편두통 발작으로 추정된다고 한다-옮긴이). 표트르 1세가 후계자를 지명하지 않은 채 사망하자 멘시코프를 비롯한 주변인들은 예카테리나가 제위를 계승하도록 작업했다. 멘시코프 무리는 스스로 최고 추밀원^{Supreme} ^{Privy Council}이라 불리는 조직을 만들고 예카테리나가 2년 후 요절할 때까지 고문역을 자처했다. 예카테리나는 많은 이야깃거리를 남기고 죽었다.

표트르 대제의 손자인 표트르 2세¹⁷¹⁵⁻¹⁷³⁰가 예카테리나의 뒤를 이었다. 로마노프 왕조의 마지막 직계 남성이었다. 1730년 표트르 2세가 사망하자 최고 추밀원은 안나 이바노브나를 황제로 추대했다. 안나는 표트르 대제의 이복형제이자 공동 차르였던 이반 5세의 딸이었다. 황위에 앉자마자 안나는 최고 추밀원을 해산하고 멘시코프 일당을 추방해 강한 군주의 면모를 내보였다.

안나는 리투아니아의 속령이었던 쿠를란트 공작의 미망인이었다. 오늘날 라트비아에 속하는 지역이다. 제위에 오를 때 사망한 남편을 대신해 이미 20년 동안 공국을 통치한 경험이 있었다.

러시아는 여전히 스웨덴, 폴란드, 오스트리아, 오스만제국, 페르시아나 타타르와 엎치락뒤치락했다. 연맹이 수시로 바뀌는 합종연횡의 난상이었다. 안나 치세에 러시아는 아조프를 탈환했고 크림반도를 침공했으며 드니프르강 우안에 위치한 오스만제국의 오차코프 요새를 기습했다. 2년 후 러시아는 드니프르강을 건너 서쪽으로 진격해 지금의 몰도바 지역으로 이동했다. 스웨덴의 위협이 다시 커지자 오스만제국과 적대관계를 끝낸 것이다.

안나는 표트르가 추진하던 상트페테르부르크 건설 계획과 러시아 과학아카데미 설립 같은 프로젝트를 계속 추진했다. 궁정은 유럽에서 들여온 양식으로 화려하고 사치스럽게 장식되었는데, 강렬하지만 점잖았던 표트르 시절 궁정 모습과는 사뭇 달랐다. 안나는 연극과 오페라를 장려했고, 육군 사관후보생 군단을 창설해 민간인과 예비 군인인 학생들을 서유럽식으로 교육했다.

하지만 안나의 치세 동안 국내 정치는 암투가 횡행했다. 국정은 점점 발트 지역 출신 독일인 무리가 좌지우지했는데, 이 사람들은 평이 좋지 않았다. 그들의 우두머리는 안나의 재상이자 아마도 내연관계였을 에른스트 비론이었다. 소위 비로놉시치나^{Bironovshchina}(비론주의라는 뜻)로 불리는, 외국인에 의한 잔혹하고 부패한 그 시기(비밀경찰과 잔혹한 방식의 고문이 횡행했다-옮긴이)는 러시아 사람들 마음속에 어두운 역사로서 한 자리를 차지하게 되었다.

표트르 1세는 황제가 후계자를 지명할 수 있게 하는 칙령을 내린 바 있었다. 따라서 장자 승계가 의무사항은 아니었다. 하지만 안나가 1740년

죽음이 임박한 병상에서 지정한 후계자는 이례적이었다. 안나는 언니 예카테리나의 손자 이반을 지목했는데, 이반은 당시 태어난 지 갓 두 달 지난 아기였고 러시아인의 피가 거의 흐르지 않았다. 이반이라는 이름을 가진 여섯 번째 차르였다. 자연히 섭정이 뒤따랐고, 궁정에는 즉시 암투가 번졌다.

이듬해 표트르 1세의 딸 옐리자베타 1세가 근위대의 지지를 등에 업고 무혈 쿠데타에 성공했다. 옐리자베타는 이반 6세를 가족과 함께 감옥에 가두었다. 표트르와 예카테리나가 정식으로 혼인하기 전에 얻은 딸이었던 옐리자베타는 빼어난 용모에, 똑똑했고, 4개 국어를 말하지만 정규 교육은 받지 못했으며, 허영기가 다분했고, 다소 게을렀다. 하지만 옐리자베타는 여러모로 아버지 표트르의 후계자다운 면모가 있었다. 교육 프로그램을 만들고 과학과 문학을 장려해 러시아를 지적·문화적 강대국으로 이끌었다. 공식적으로 결혼하지는 않았지만 알렉세이 라주몹스키와 오랜 기간 실질적인 부부 관계를 유지했다.

옐리자베타는 사형 선고는 내리지 않겠다고 공언했지만 어린 이반 6세의 가족이 음모라도 꾸미면 가차 없이 제거했고, 이반 6세를 탈출시키는 시도가 있을 때는 이반 6세를 그 자리에서 죽여도 된다는 '스탠딩 오더(철회하기 전까지는 계속 유효한 명령-옮긴이)'를 내렸다. 표트르 대제나 다음 황제인 예카테리나 대제와는 달리 종교 문제에 관련해서는 별로 관용을 베풀지 않았다. 옐리자베타는 구교도(정교회 전통의식파)를 몹시 탄압했고 이슬람교도인 제국 신민에게 정교로 개종하라고 압박했다.

하지만 전반적으로 옐리자베타의 정책은 평이 좋았다. 대중이 가장 싫어했던, 안나의 독일 참모들은 모두 파면되었다. 사치스러운 소비 때문에 결국 국가 재정에 큰 타격이 있기는 했지만, 독일인 무리의 자리를 대체한 유능한 관료들은 경제 체제와 관련해 작지만 의미 있는 발전을 이루었다. 새로 확장한 비옥한 스텝 지대 영토는 타타르와 다른 침략자들을 더 효과적으로 방어하는 기능도 했다. 제정 러시아가 꾸준히 번영하는 데 톡톡히 기여한 셈이다. 대부분 농업에 의존했던 경제는 스트로가노프 가문과 데미도프 산업 제국이 번성하며 보완되었다. 데미도프 산업은 툴라 출신 대장장이였던 니키타 데미도비치 안투피예프Nikita Demidovich Antufiev, 1624-1664가 설립한 기업이었다. 200년 동안 데미도프 공장은 러시아 강철의 대부분을 생산했다. 데미도프산 강철은 영국 런던 웨스트민스터 궁전 건설에도 사용되었다.

러시아에 유럽식 계몽주의가 뿌리내린 것은 엘리자베타 1세 시기였다. 상트페테르부르크는 현재의 모습을 갖추었다. 휘황찬란한 겨울궁전, 스몰니 성당, 페테르고프 궁전은 모두 엘리자베타가 총애한 건축가인 이탈리아인 바르톨로메오 라스트렐리의 손에서 탄생했다. 엘리자베타는 연극과 오페라를 후원했다. 외국 희곡 위주의 레퍼토리에 러시아산 희곡이 추가되기 시작한 것도 이때부터다. 예술아카데미Academy of Arts가 1752년 상트페테르부르크에 설립되었고, 3년 후에 모스크바에 국립대학교도 들어섰다.

대학 건립 프로젝트에서는 거장 미하일 로모노소프1711-1765의 활약이 특히 두드러졌다. 로모노소프는 유럽과 비교해도 손색없는 최초의 러시아 지식인이었다. 러시아 북부의 부농 선주의 아들로 태어난 그는 가업을 이어받기를 거부했다. 열아홉 살이 되던 해 모스크바까지 두 발로 걸어가 거짓말을 둘러대며 끈질기게 매달려 표트르가 설립한 아카데미에 입학하는 데 성공했다. 교육을 모두 마친 후 로모노소프는 물리학자, 천문학자, 화학자, 지질학자, 지리학자로서 과학계에 족적을 남기기 시작했다.

로모노소프는 질량보존의 법칙을 발견함으로써 과학계에 길이 남는 공헌을 했다. 또한 그는 주류 시인이기도 했고, 러시아 역사를 쓰고 체계화했으며, 러시아어를 개혁하고 현대화했다. 19세기에 찬란한 러시아 문학이 꽃핀 것은 토대를 제공한 로모노소프의 공이 크다.

옐리자베타의 군대는 2개의 중대한 유럽 전쟁에서 승리했다. 하나는 오스트리아 왕위계승전쟁[1710-1748]이고 다른 하나는 7년전쟁[1756-1763]이었다. 7년전쟁에 관해 옐리자베타의 목표는 프랑스와 오스트리아와 동맹을 맺고 점차 덩치를 키워가던 프리드리히 대왕의 위협을 잠재우는 것이었다. 심지어 러시아 부대는 7년전쟁에서 베를린까지 쳐들어갔다. 하지만 프리드리히 대왕은 궁지를 벗어났다. 옐리자베타 1세가 1762년 급작스레 사망하고 자매인 안나의 시원찮은 아들 표트르 3세가 제위를 차지했기 때문이었다.

표트르 3세는 어머니가 시집간 독일 슐레스비히-홀슈타인-고토르프 공국에서 성장했고 러시아어를 거의 할 줄 몰랐다. 호감 가는 인물은 아니었다. 혹자는 표트르 3세를 다음과 같이 묘사했다. "자연은 그에게 비열한 성품을 주었고, 천연두는 그의 외양을 흉측하게 만들었으며, 천박한 습관은 그를 혐오스럽게 만들었다."[3] 병정놀이에 광적으로 집착했던 표트르 3세가 러시아 군대에 프로이센 군대의 훈련법을 접목하려고 시도하면서 황제는 러시아 군대의 민심을 잃었다. 수정주의 역사가들은 표트르 3세에 한층 우호적이다. 하지만 이러니저러니 해도 표트르 3세가 러시아 역사에 남긴 가장 큰 공로는 한 독일 중견 귀족 공녀와 결혼한 일이었다.

예카테리나 대제, 어느 계몽군주의 개혁

조피 프리데리케 아우구스테 폰 안할트-제르프스트-도른부르크[1729-1796] 공녀는 프로이센 왕국의 슈테틴(현재 폴란드 슈체친)에서 태어났는데 그녀의 아버지가 슈테틴의 사령관이었다. 가문의 배경이 그다지 화려하지는 않았다. 하지만 피 튀기는 경쟁 구도인 유럽 왕조 정치판에서 그만하면 괜찮은 신붓감이었다. 러시아에서 오스트리아의 영향력을 약화시키고 싶었던 프로이센 측은 배후에서 부단히 음모를 꾸몄고, 그 결과 조피를 장차 러시아의 차르가 될 표트르와 약혼시키는 데 성공했다.

두 사람이 1745년 결혼했을 때 조피의 나이는 열여섯 살에 불과했다. 조피는 정교회로 개종했고 이름을 예카테리나로 바꾸어 새 조국의 언어와 풍습을 기꺼이 받아들이는 모습을 보여주었다. 아마도 순수한 열정 때문이었을 수도 있다. 끝 모를 지적 허기를 가졌던 예카테리나는 과학자들과 교류하는 한편, 문학과 정치 사상에 관한 책이라면 최신 서적이든 고전이든 가리지 않고 읽으며 이제까지 받지 못한 교육을 보상받았다.

시이모인 옐리자베타 1세는 예카테리나를 제 편으로 거두었다. 하지만 결혼은 순탄치 않았다. 18년 동안 결혼 관계를 유지했지만, 예카테리나는 둘은 동침을 한 적이 없고 아들 파벨의 아버지는 그녀의 첫 연인이었던 세르게이 살티코프라고 말한 바 있다.

표트르 3세가 제위에 오른 지 고작 6개월이 지난 시점이었다. 예카테리나의 당시 연인이었던 그리고리 오를로프[Grigori Orlov]와 그의 형제들은 근위대를 이끌고 쿠데타를 일으켜 표트르 3세를 끌어내렸다. 근위대가 군주를 하야시킨 사건은 앞서 세 차례 발생했고, 이때가 마지막도 아니었다. 예카테리나와 측근인 예카테리나 다시코바(뛰어난 인물로 훗날 학계에 많은 업적을 남겼다)는 프레오브라젠스키 연대의 유니폼을 입고 말을 탄 채 상트페테르부르크로 입성했고, 그곳에서 근위대의 환호를 받았다. 며칠 지나지 않아 표트르 3세는 오를로프 형제들 손에 죽는다. 계획적이었는지 우발적 사건이었는지는 확인되지 않는다.

예카테리나 2세는 확고한 용기와 휘몰아치는 에너지, 강철 같은 결의를 가지고 제위에 올랐다. 그때 나이 서른셋이었다. 예카테리나는 외국인이자 여성인 자신이 뼛속 깊이 민족주의적인 나라에서 위태로운 처지라는 사실을 잘 알았다. 최우선 과제는 권력 유지였다. 예카테리나는 재위 기간 내내 궁정과 군대 내부의 여러 파벌 사이를 넘나드는 정치 기술을 발휘했다. 고문과 지지자를 고르는 안목이 빈틈없었고 그들 중 일부는 옛 연인이었다. 오를로프가 형제들, 폴란드 대사 스타니스와프 포니아토프스키, 그리고 언급하지 않을 수 없는 그리고리 포툠킨이 그들이다. 포툠킨은 국방뿐 아니라 내무에도 탁월한 능력을 발휘해 죽는 날까지 예카테리나의 재상 자리를 유지했다. 예카테리나와 포툠킨은 환상의 정치 파트너였다. 하지만 둘의 관계에서 예카테리나가 주도권을 쥐고 있음은 누구도 의심하지 않았다.

예카테리나 2세는 러시아 역사상 가장 지적인 통치자 중 한 명이었고, 능수능란한 정치가였으며, 정력적이고 유능한 행정가였다. 황제는 체계적으로 최신 정치 사조를 익혔다. 몽테스키외를 읽고, 드니 디드로를 러시아로 초청해 자문을 구하기도 했고, 볼테르와 서신을 주고받았다. 스스로 메모광이라고 인정할 정도로 공식 논문, 희곡, 오페라 대본, 개인사와 업무와 관련한 수많은 편지, 생생하고 자세한 회고록 등 끊임없이 기록을 남겼다.

여제는 품성이 잔인하지는 않지만 황위에 권리를 주장할 가능성이 조금이라도 보이면 누구든 가차 없이 제거했다. 기구한 이반 6세는 여전히 감금 중이었는데, 누구든 이반 6세를 탈출시키려 한다면 즉시 이반 6세를 사살하라는 선황 엘리자베타의 명령을 예카테리나도 재차 승인했다. 예카테리나가 권좌에 오르고 얼마 지나지 않았던 1764년, 탈출하려는 시도 와중에 이반 6세는 결국 목숨을 잃었다. 공녀 타라카노바도 자신이 옐리자베타 1세의 딸이라고 주장하면서 권좌에 도전장을 내밀었다. 타라카노바는 오를로프 형제 중 한 사람인 알렉세이 오를로프의 꼬임에 넘어가 이탈리아에서 납치되었고, 결국 페트로파블롭스크 요새의 습한 감옥에서 결핵을 앓다 죽었다.

예카테리나 2세의 야망은 영토의 방어와 확장, 러시아의 국제적 영향력 강화, 정부 체제 합리화 및 경직성 완화, 경제 운영 체제 개선, 농민 부담 경감을 목표로 하고 있었다.

예카테리나는 얼마 지나지 않아 나라 전역에 통치의 힘이 고루 미치지 못하고 있다고 판단했다. 러시아의 광대한 영토에 비해 관료의 수는 너무 적었다. 러시아의 관료가 1만 6,500명이었는데 영토와 인구 규모가 훨씬 작은 프로이센은 1만 4,000명이었다. 다수가 부패하고 무식하고 게으르고 정치 공작에 휘말려 일을 제대로 할 수도 없었다. 재판관들도 상황은 다르지 않았다. 정부는 국민에게 석설한 급여를 지급할 여유도 없었다. 지방 우두머리는 지역 주민을 착취해 부수입을 올렸다. 중앙정부가 부패 방지에 애를 쓰기는 했지만 착취의 기회는 버젓이 그리고 여기저기 널려 있었다.

하지만 예카테리나 2세의 야망은 기존 체제를 개혁하는 것 이상이었다. 예카테리나는 러시아의 정치와 경제를 자신의 스승격인 몽테스키외와 볼테르가 주장하는 계몽주의적이고 합리적인 원칙에 의거해 운영하고 싶었다. 1767년 황제는 러시아를 개혁하고 근대법을 만들기 위한 입법 위원회를 발족했다. 위원회 구성원은 나라 전역에서 선출되었다. 귀족과 상인계급, 도시 가구 대표는 물론 속주 농민, 코사크, 타타르까지 각계각층의 대표가 모였다. 명목상 모든 구성원이 평등했다. 호칭은 '위원'으로 통일했고 급여가 지급되었다. 예카테리나는 모인 위원들을 두고 다음과 같이 자랑스레 말했다. "정교회 신자가 이단, 무슬림과 나란히 앉아 이교도의 말을 경청하고 때로는 네 사람이 머리를 맞대고 논의하며 서로 받아들일 수 있는 방안을 찾기 위해 고심했다."[4] 예카테리나는 위원들에게 불만 사항과 제안서를 정리해 제출할 것을 주문했다. 그중 다수가 황제 자신의 분석을 반영하고 있었다. 선대 황제들은 물론 당시 유럽 군주들과 비교해 보아도 위원회는 비범하리만치 계몽적인 절차였다.

위원회는 자문용이었고 여전히 모든 결정은 전제군주의 손에 달려 있었다. 예카테리나 2세는 토론의 기초자료로 자신이 자그마치 18개월 동안 매일 새벽 4시부터 5시 사이에 집필한 지침서 『나카즈Nakaz』를 배포했다. 유럽 계몽주의 사상이 광범히 반영된 문건임이 명백했다. 『나카즈』 최종본은 22장으로 구성되었고 러시아에 관한 사실 정보가 다수 수록되었다. 일부 입안은 미국 헌법을 포함해 이후 등장하는 헌법 조항을 미리 보는 듯했다. 예카테리나는 『나카즈』를 영어, 그리스어, 이탈리아어, 라트비아어, 루마니아어, 스위스어, 네덜란드어로 번역해 널리 회람시켰다. 루이 15세가 통치하던 프랑스에서는 유포와 동시에 체제 전복적이라는 이유로 금서 조처되었다.

예카테리나 2세는 표트르 대제 덕분에 러시아는 이제 유럽 강국이 되었다고 단호히 말했다. 하지만 국가는 정치 체제를 문화, 역사, 지리적 현실에 맞추어야 한다. 예카테리나는 러시아는 광활한 영토 때문에 전제

정치를 할 수밖에 없다는 입장을 고수했다. 그녀가 남긴 글을 보자. "군주는 절대적이다. 이렇게 통치 범위가 거대한 나라를 그에 걸맞게 움직일 수 있는 힘은 군주 한 사람에게 집중된 힘뿐이기 때문이다. 다른 어떤 정부형태도 러시아에 해로울 뿐 아니라 결국 나라 전체를 폐허로 만들었을 것이다." 훗날 푸틴은 이것을 '권력 수직화'라고 불렀다.[5]

하지만 예카테리나 2세의 주장에 따르면 만인은 법 앞에 평등해야 하고, 법은 개인이나 공동체에 명백히 해로운 행위만을 다스려야 했다. 고문과 사형을 금지하고, 검열은 창의적인 사상과 저술을 저해하지 않도록 제한되어야 했다. 러시아는 다민족 국가였으므로 종교적 관용은 필수적이었다. 국가는 스스로 부양할 능력이 없는 사람들을 먹여 살릴 의무가 있었다.

예카테리나는 자신이 결국 타협해야 한다는 사실을 뼈아프게 인식하고 있었다. 도를 지나쳐 귀족과 지주 계층의 반감을 사면 개혁은 오갈 데 없이 좌초될 터였다. 예카테리나는 『나카즈』 초안에서 농노제에 관해 언급한 부분을 삭제했다. 그녀는 프리드리히 대왕에게 사본을 보내면서 미래로 가는 길을 닫지 않기 위해 현실과 타협할 수밖에 없었다고 애석하게 덧붙였다.

위원회의 일은 결론이 나지 않았고 18개월이 지나자 흐지부지되었다. 당연하지만, 그때까지 유럽 어느 곳에서도 자유민주주의를 당면 과제로 삼은 곳이 없었다. 하지만 합리적인 국가를 건설하겠다고 예카테리나만큼 개인적으로 헌신한 군주가 또 있었을까? 아마 나폴레옹 정도가 유일할 것 같다. 위원회는 군주 예카테리나에게 백성의 생각을 더 명확히 이해하는 계기를 제공했다. 실로 대단하고 전례 없는 작업이었다.

그리고 일부 결실을 맺기도 했다. 경제와 농업 분과의 위원회 내용은 훗날 개혁에 크게 반영되었다. 예카테리나 2세는 전쟁 비용을 지불하기 위해 지폐를 성공적으로 도입했고, 금융을 상당한 수준으로 발전시키고 외국과의 무역을 확대하는 일을 총괄 지휘했다. 표트르 대제와 선대 통치자들이 귀족에게 가혹하게 부과한 여러 군역 의무와 그 외 의무들을 경감했다. 표트르 대제가 시작한 러시아 세속국가화 작업에도 박차를 가했다. 교회 영지와 농노는 격리되었고 교구도 재조정되었다. 지방정부와 시 정부에 개혁의 손길이 미쳤고, 공직자 수가 늘었으며, 지역 경찰 부대도 신설되었다. 이때 자리 잡은 제도는 19세기 중반 알렉산드르 2세의 지방정부 개혁 시기까지 그대로 유지되었다. 하지만 러시아를 건전한 제도와 유럽 계몽사상의 원칙에 기초한 근대사회로 탈바꿈시키려는 예카테리나의 과감한 시도는 농노제, 귀족 특권, 부패, 그리고 매우 가난한 동시에 몹시 거대한 나라를 다스리는 일의 내생적 난점에 부딪혀 좌초했다.

예카테리나 2세는 러시아 고급문화의 수준을 끌어올려 유럽 다른 나라를 따라잡겠다는 결의를 가지고 여러 과제를 추진했고, 이 부문에서 성공은 더 가시적이었다. 옐리자베타 1세가 쌓은 토대 위에서 문화가 꽃폈고 대대손손 사라지지 않는 예카테리나의 진짜 성취는 어쩌면 이 분야라고 말할 수 있을 듯하다.

예카테리나 2세는 러시아의 문화생활 발전에 주도적인 역할을 했다. 유럽 여타 국가의 교육 체계에 관한 연구 결과를 토대로 러시아 초·중등 교육 체제를 확립했고, 여성을 위한 최초의 교육기관을 설립했으며, 모스크바 국립대학교를 강화했다. 예카테리나의 개인 미술 소장품은 세계에서 가장 크고 오래된 박물관 중 하나인 상트페테르부르크의 예르미타시 미술관의 근간을 이루었다. 이어지는 다음 세기 러시아 문화가 화려하게 꽃피는 토대가 되었다.

푸가초프의 반란

통치 후반기에 이르러, 예카테리나의 자유주의적 본능은 두 가지 사건을 겪으며 크게 힘을 잃었다. 하나는 코사크인 예멜리얀 푸가초프가 이끈 섬뜩한 반란이었고 다른 하나는 프랑스 혁명이었다.

러시아 군주는 명백히 억압적인 권력을 가졌지만, 무력 반란의 점화를 어느 군주도 완전히 예방하지 못했다. 볼로트니코프의 반란은 러시아 '동란의 시대'의 한가운데 숨겨진 서사다. 17세기 후반 볼가강을 따라 코사크족 스텐카 라진이 이끈 반란은 러시아의 문화와 설화 속에 자리 잡았다. 정당한 민중의 분노라는 주제는 19세기와 20세기 혁명 선전에서 큰 부분을 차지했다. 권력을 잡기 전 볼셰비키는 자신들의 결정론적 이념에 대중 봉기가 얼마나 잘 들어맞는지 확신하지 못했다. 권력을 차지하고 나자 의심은 사라졌고 그들은 코앞으로 닥쳐오는 반란과 농민 봉기를 잔인하게 진압했다.

푸가초프의 반란은 여러 반란 중에서도 가장 위협적인 사건으로 꼽힌다. 워낙 널리 퍼졌기 때문이기도 하고, 푸가초프가 농민, 전통의식파인 구교도, 코사크, 볼가강 인근의 소수 부족과 표트르 대제의 개혁을 혐오하는 사람들에게 호소하기 위해 강력한 정치적 목표를 내세운 점도 컸다. 반란은 예카테리나 대제가 즉위한 지 11년째 되던 해인 1773년에 일어났다. 푸가초프는 볼가강에 면한 볼고그라드(훗날의 스탈린그라드) 인근 지역 출신이었다. 그는 7년전쟁에서 눈에 띄는 활약을 펼쳤고, 이후 자잘한 경범죄를 저질러 체포되었다가 탈출하고, 이미 반란을 시작한 코사크 집단에 가담했다. 푸가초프는 자신이 적법한 황제 표트르 3세라고 주장하며 그들의 지도자가 되었다. 예카테리나와 공모한 자의 손에 죽었다고 알려졌지만, 자신이 사실 살아남았다는 것이다. 푸가초프가 이끌었던 반란 군은 규모는 컸지만 규율이 없었고, 볼가강과 우랄산맥 사이의 광활한 지역을 장악하고, 관리를 위해 행정조직을 만들었지만 조잡했다. 지역 지주들을 난도질해 죽이곤 했는데 가끔은 처형 전에 광대놀음 같은 재판을 했다. 도시들은 형벌을 피할 요량으로 푸가초프에게 성문을 열어 주었지만 성과는 없었다. 그의 이룬 최대 쾌거는 킵차크한국의 옛 수도인 카잔을 점령한 것이다.

오스만제국과 전쟁을 하느라 정신이 팔려 있었던 중앙정부는 대응이 느렸고, 푸가초프는 자신을 진압하러 오는 부실한 병력 정도는 물리칠 수 있었다. 결국 병력이 보강된 제국 군대에 의해 패배했고, 부하들에게 배신당한 후 모스크바로 끌려가서 재판을 받고(고문당하지는 않았다), 공개 절단형을 선고받았다. 예카테리나 2세는 비밀리에 푸가초프가 참수형을 당하도록 조치했는데 자비로운 처사였다. 군중은 밋밋한 처형 장면에 실망했고, 사형집행자가 부실하게 일 처리를 했다고 생각했다. 예카테리나는 이후 여전히 구금되어 있었던 대부분의 죄수를 석방하고, 대사면을 내렸다.

비록 푸가초프의 반란이 나라에 심각한 위협이 되지는 않았지만 푸가초프의 유령은 그 후 러시아 통치자들의 머릿속을 떠나지 않았다. 푸시킨은 푸가초프에 관한 생동감 있는 이야기를 담은 소설 『대위의 딸』을 집필했고, 푸가초프 봉기의 역사를 연구하던 중에 죽었다. 푸시킨의 글귀는 언제나 다시 인용된다. "신이시여, 분별없고 무자비한 러시아 폭도로부터 우리를 지켜주소서."[6)]

제정 러시아의 통치자들은 대부분 폭도를 성공적으로 무력 진압했다. 결국 1905년과 1917년의 혁명을 진압하는 데는 실패했지만 말이다.

그 뒤를 이은 소련의 지도자들도 계속 국민을 두려워했다. 1952년 남부 볼가강 인근 노보체르카스크에서 식료품점의 부실한 빵에 폭발한 노동자들이 공산당 사무실로 쳐들어왔을 때, 군인들은 마지못해 그들을 사살했다. 러시아 정부는 그 후 부족분을 충당하기 위해 적대국인 미국으로부터 엄청난 양의 곡물을 수입하는 굴욕을 견뎠다. 당시 모스크바에서 언론인이자 정보 거래상이었던 (실제 정체는 모호하다) 빅토르 루이스Viktor Louis는 이렇게 설명했다. "정부는 다음번에도 군인들이 총을 발사할지 확신할 수가 없다."[7]

통치자들의 초조함은 일리가 있었던 것으로 드러났다. 1980년대 후반 모스크바 시위 당시 소련 내무군이 침묵 속에 진압을 거부한 것이 소련의 붕괴를 가속했다. 그 격변에 대한 푸틴의 기억과 이후 우크라이나, 조지아, 혹은 다른 나라에서 부패하고 독재적인 통치에 반발하는 민중 시위가 성공했던 광경은, 그의 러시아에서 절대로 그런 일이 일어나게 내버려 두지 않겠다는 푸틴의 결의에 불을 붙였다.

대외적인 성공

외교에 관해서라면 예카테리나 2세는 거의 모든 곳에서 승승장구했다. 오스트리아와 프로이센이 줄기차게 서로 반목했고 프랑스와 영국이 미국 독립전쟁에 정신이 팔려 있었던 이유도 있었다. 오스만제국과의 전투에서 연이어 승리하며 러시아는 결국 키예프 루시의 옛 땅을 모두 되찾았고, 크림반도의 타타르족을 완파했다. 서방에서 예카테리나는 자국 제일주의 외교술과 군사력을 무자비하게 결합했고, 프로이센과 오스트리아-헝가리 연합과 손을 잡았다. 그 결과 폴란드가 완전히 멸망하고 리투아니아는 남아 있던 영토마저 모두 잃었다. 예카테리나의 군대가 스웨덴을 격파함으로써 발트해 남쪽 연안의 옛 독일과 스웨덴령 공국 영토는 러시아 차지가 되었다. 이곳들은 20세기에 라트비아와 에스토니아로 독립한다.

오스만제국과의 전쟁(제7차 러시아-튀크르 전쟁)은 1768년에 시작되었다. 예카테리나의 지휘관들은 육상전에서도 해전에서도 승리했다. 그들은 오스만 군대를 몰아내고 오늘날 우크라이나 남부를 차지하고 크림반도에서 몽골의 후예, 타타르의 위협을 뿌리 뽑는 데 성공했다. 1787년 포툠킨은 예카테리나가 새로 정복한 영토를 순방할 때 수행했는데, 새 영토가 큰 발전을 이룬 것처럼 여제에게 인상을 남기기 위해 '포툠킨 마을'을 지어야만 했다고 알려졌다. 이 이야기는 허구임이 거의 확실하다.

영국과 프랑스의 부추김에 힘입어 오스만제국은 러시아에 새 점령지에서 철수하라고 요구했다. 전쟁이 재개되었다. 포툠킨과 러시아의 가장 위대한 장군 알렉산드르 수보로프가 이끄는 러시아군은 오스만제국으로 진격해 제국의 심장부인 콘스탄티노플까지 사정권에 넣었다. 1792년, 오스만제국은 마침내 러시아의 크림반도와 흑해 연안 병합을 받아들였다. 그에 더해 오스만제국은 자국 내의 정교회 교인들을 러시아가 보호할 수 있는 권리도 인정했다. 다음 세기에 러시아는 이 권리를 무자비하게 사용한다. 오스만제국은 이때부터 하락세로 접어들어 오랜 쇠퇴의 길을 걸었다.

예카테리나 2세는 이때 얻은 새 영토를 '새 러시아Novorossia'라고 불렀다. 황제는 새로운 땅을 농노가 아니라 제국 전역에서 이주해 온 정착민들이 일구도록 지시했다. 러시아인들은 남쪽의 새 국경선을 따라 일련의 새로운 도시를 건설했다. 그중 가장 중요한 도시가 오데사와 크림반도 남단의 세바스토폴이었다. 세바스토폴은 러시아가 새로 진수한 흑해함대의 완벽한 기지가 되어 주었다.

러시아가 남부 국경에 온통 정신이 팔려 있을 때, 스웨덴의 구스타브 3세는 상트페테르부르크를 점령을 목표로, 또 여차하면 예카테리나 2세까지 끌어내리겠다는 노림수를 가지고 전쟁을 일으켰다. 덴마크와 노르웨이는 러시아와 손을 잡았다. 스웨덴 함대는 황제의 귀에 대포 소리가 닿을 정도로 상트페테르부르크에 가까이 다가갔다. 그러나 어느 쪽도 결정적으로 승기를 잡지는 못했고, 1779년에 이르러서는 둘 다 지쳤다. 구스타브는 스웨덴에서 대중적 입지가 약했으므로 대중의 관심을 돌리기 위해 소소하나마 대외 전쟁에서의 승리를 원했다. 그러나 황제는 2년 후 스톡홀름에서 오페라를 관람하다 결국 암살당한다. 베르디는 이 사건을 소재로 오페라 「가면무도회」를 만들었다.

제국의 희생자들

폴타바 전쟁에서 표트르 대제가 승리를 거두면서 우크라이나는 독립은 물론 일말의 자치권에 대한 희망도 뺏겼다. 예카테리나 2세도 똑같은 정책을 쓰기로 결심했다. 푸가초프 반란이 코사크 폭동에서 비롯되었다는 이유로 예카테리나는 코사크 수장국을 없애버렸다. 그렇게 함으로써 예카테리나는 키예프 루시의 영토 안에 남아 있던 마지막 자치국의 불씨마저도 없애버렸다.

하지만 우크라이나 민족 정신의 불은 꺼지지 않았다. 예카테리나가 사망하던 1796년 무렵 이반 코틀랴레우스키$^{Ivan Kotliarevsky, 1769-1838}$는 이미 자신의 경력을 쌓아 올리는 중이었다. 1798년 그는 베르길리우스의 서사시

「아이네이스」를 소재로, 트로이인들을 코사크인으로 바꾸어 풍자하는 글을 썼다. 이 작품은 오늘날 근대 우크라이나 언어를 사용한 첫 문학작품으로 평가된다. 뒤이어 많은 문필가와 역사가가 등장했고 러시아 정부의 박해에도 자신감은 커져만 갔다.

예카테리나 2세는 쇠퇴하는 폴란드-리투아니아 연방과 러시아의 관계를 매듭짓는 일에 착수했다. 폴란드가 늘 희생자였던 것은 아니다. 17세기 말까지만 해도 유럽 다른 나라들과 똑같이 약탈을 일삼는 강대국이었다. 17세기 전 거의 400년 동안 폴란드는 번성했고 영토도 커졌다. 폴란드는 키예프 루시가 정교회를 채택했던 것과 거의 같은 시기에 가톨릭을 채택했다. 최초의 왕조인 피아스트 왕조가 폴란드를 다스리던 시기였다. 키예프 루시와 자잘한 전투를 벌였고 몽골과 싸워서는 패배했으며, 가끔은 내전과 대외 전쟁에 튜턴 기사단을 용병으로 끌어들이기도 했다. 기사단은 도움을 받을 때는 좋았지만 전쟁이 끝나고도 떨어져 나가지 않았으므로 좋은 결정이 아니었다. 1569년 폴란드가 리투아니아 대공국과 합쳐 폴란드-리투아니아 연방을 형성했을 때는 잠시나마 동유럽의 패자로 군림하기도 했다.

하지만 코사크, 독일, 스웨덴, 튀르키예, 러시아를 상대로 전쟁했던 17세기에 폴란드는 승리할 때조차 국력이 쇠약해졌다. 그 기간 국내 정치 조직은 점점 제 기능을 잃었고, 정치 혼란과 경제 침체는 불 보듯 뻔했다. 지위 고하를 막론하고 거대한 귀족 계급의 모든 귀족은 똑같이 리베룸 베토liberum veto라고 불리는 거부권을 가지고 있었는데, 연방의회 세임Sejm의 결정을 무력화할 수 있는 권리였다.

예카테리나 2세는 폴란드 내정에 큰 영향력을 발휘했다. 1763년에 폴란드 국왕이 사망하자 뇌물을 쓰고 정치 공작을 펼쳐 폴란드 의회가 다음 국왕으로 스타니스와프 포니아토프스키를 선출하도록 만들었다. 그는 상트페테르부르크에 파견되었던 폴란드 대사였고 예카테리나와 내연 관계에 있었다. 예카테리나는 포니아토프스키를 설득해 폴란드가 정교회 신민에 더 우호적인 정책을 펴게 했다. 가톨릭 귀족 집단이 이러한 조치에 동요하자 포니아토프스키는 러시아군의 무력 지원을 받아 그들을 진압했다.

프로이센의 프리드리히 대왕은 폴란드를 포엽으로 겹겹이 둘러싸여 한 잎씩 떼어먹는 아티초크에 빗대어, 폴란드를 말 그대로 한 토막씩 잘라 내자고 제안했다. 1772년에 프로이센과 오스트리아, 러시아는 폴란드 영토를 각각 잘라 냈다. 이때 폴란드는 영토와 인구의 3분의 1을 잃었다. 포니아토프스키는 정치 조직에 활력을 불어넣기 위해 개혁을 단행했다. 1791년 5월 3일 폴란드 의회는 종교 자유를 보장하고, 체제를 불구화하는 거부권도 폐지하고, 폴란드를 입헌 군주제로 전환하는 헌법 제정에 동의했다. 경제를 근대화하고 농노제를 폐지하는 법안도 있었다. 유럽의 자유주의자들은 이 소식에 환호했다.

새 헌법의 효과는 확인할 도리가 없어졌다. 프랑스 혁명의 여파 속에 폴란드의 세 이웃 제국은 폴란드의 헌법이 가지는 혁명적인 함의에 간담이 서늘했고, 폴란드가 개혁에 성공하고 세력을 회복하게 두는 것은 자국 이해에 부합하지도 않았다. 다시 한번 프로이센, 오스트리아, 러시아 제국은 폴란드 영토를 분할했고 포니아토프스키는 추방되었다.

폴란드는 받아들이지 않았다. 미국 독립 전쟁의 영웅이었던 타데우시 코시치우슈코의 지휘하에 반란을 일으켰다. 1794년 부활절 목요일에 폴란드 군대와 도시 폭도들이 바르샤바의 러시아 수비대를 급습했다. 많은 러시아인들이 살해당했고 살아남은 자들은 도망쳤다. 반란군은 튀르키예 전쟁에서 명성을 날린 수보로프 장군이 이끄는 러시아 군대에 의해 참혹하게 진압되었다. 수보로프 장군이 바르샤바를 탈환했을 때 러시아 병사들은 폴란드 민간인을 대거 죽여 동료의 죽음을 앙갚음했다. 이때 죽은 사람의 숫자가 1만 명으로 추정된다. 폴란드인들은 여전히 이 학살을 기억한다. 수보로프 장군은 병사들이 제멋대로 한 행동이었다고 주장했다.

3개의 제국은 그만하면 됐다고 생각했다. 1797년 그들은 남은 폴란드 영토를 나눠 가졌고 '폴란드 왕국이 존재했음을 되새길만한 모든 것을 없애버리기로' 공식적으로 합의했다. 그 나라의 이름은 '지금 이 시각부터 앞으로도 영원히 묻힐 것'이었다.[8]

폴란드 서부의 대부분을 프로이센 왕국이 마침내 차지했을 무렵 동프로이센은 더 이상 나머지 프로이센 영토와 동떨어져 있지 않았다. 오스트리아제국은 폴란드 인구를 가장 많이 복속시켰고 영토는 두 번째로 크게 떼어 갔다. 값나가는 소금 광산과 갈리치아 전체가 오스트리아의 차지였다. 다른 두 공범자보다는 더 유화적이었던 오스트리아는 폴란드인들이 오스트리아 정치에 참여할 수 있게 길을 열어주었고 폴란드어 말살 정책도 쓰지 않았다.

오스트리아제국의 마리아 테레지아는 유럽의 독립국을 이렇게 공격하는 것이 탐탁지 않았다. 프로이센의 프리드리히 대왕은 신랄하게 비꼬았다. "테레지아는 눈물을 흘렸지만 챙길 건 다 챙겼다."

예카테리나 2세는 그렇게 감성적이지 않았다. 두 번째 분할 전에 그녀가 남긴 글을 보자. "우리가 우리 영토를 통합하려는 데 이유를 제시할 필요는 없다. 그 땅은 잠시 폴란드 영토였지만, 고대에는 러시아의 땅이었고, 러시아의 공후들이 도시를 건설했고, 지금 러시아인들과 선조가 같고 종교도 같은 사람들이 사는 곳이다." 훗날 예카테리나는 다음과 같은 글귀가 적힌 메달을 주조했다. "빼앗겼던 것을 되찾았노라."[9]

두 번의 분할 후 러시아의 국경은 서쪽으로 480킬로미터나 더 확장되었다. 리투아니아 빌뉴스, 폴란드 바르샤바, 벨라루스 민스크는 제국의 도시가 되었다. 폴란드 아래서 불이익을 받았던 정교회 공동체는 성직자, 인쇄물, 자금 측면에서 모스크바에 의존하게 되었다. 동서 교회의 단층선과 그에 따르는 여러 문제는 이제는 러시아와 이웃 나라 사이가 아니라 러시아 국가 내에 존재하게 되었다. 많은 유대인이 오랫동안 폴란드 동부에 거주해왔다. 이제 그들은 러시아제국 속에 살게 되었다. 유대인들은 예전에는 폴란드가 부과하는 제한 조치들에 시달렸다면 이제는 러시아가 그 자리를 대신했다. 러시아도 유대인들을 원래 거주가 가능하던 지역에서만 살도록 했다. 유대인은 이 같은 소위 유대인 지정거주지Pale of Settlement 행정구역 인구의 10퍼센트를 차지했고 그 외 러시아에서 거주하려면 특별 허가를 받아야 했다. 유대인에게는 고등교육도 제한되었다.

폴란드가 붕괴했을 때 외교관이 모두 소환되었다. 정보에 밝았던 영국 장교 윌리엄 가드너는 폴란드인들에게 동정심을 느꼈다. 가드너는 사비를 들여 폴란드와 러시아 난민에게 피난처를 제공해 폭력 사태에서 구해주었다. 처음에 가드너는 유럽의 가장 오래된 국가 중 하나를 멸망시키는데 반발해 바르샤바를 떠나 귀환하라는 명령을 거부했다. 네덜란드와 스웨덴, 작센, 바티칸시국의 외교관들도 똑같이 행동했다.

영국 정부는 프랑스와 전쟁 중이었고 동맹국이 필요했으므로 계속 러시아와 관계를 유지했다. 하지만 대중들 사이에서 러시아는 점점 호감을 잃었다. 영국의 여론과 언론, 심지어 조지 3세조차도 소리 높여 폴란드를 지지했다. 하지만 윌리엄 피트 총리가 의회에 분할을 저지하기 위해 참전

할지 여부를 안건으로 상정했을 때, 아무도 일관된 답을 내놓지 않았다.

예카테리나 2세 통치의 마지막 몇 년간은 프랑스 혁명에 의해 빛을 잃었다. 유럽의 다른 군주들처럼 예카테리나도 프랑스 혁명 사상이 자신의 통치에 직접적인 위협이 될 것이라고 우려했다. 황제는 자신이 가졌던 자유주의적 태도를 내려놓기 시작했다. 프랑스 신간 서적은 새 검열 제도를 통해 유포가 금지되었다. 러시아에서 성장하고 있던 지식인들은 점점 더 커지는 압력 아래 놓였다. 반항하지 말라는 압력이었다. 알렉산드르 라디셰프는 자신의 책 『페테르부르크에서 모스크바로의 여행』에서 농노제가 러시아 농촌의 삶을 불결하게 만든다고 비난했고, 전제군주제 원칙을 비난하는 듯했다. 예카테리나는 그를 잡아들였다. 라디셰프는 선동죄로 사형 선고를 받았다. 예카테리나는 사형을 추방으로 감형했고 라디셰프가 연금도 받을 수 있게 조치했다. 하지만 황제 자신이 농노제를 비판하는 글을 후원하고 계몽주의 문건을 회람했던 때와는 천지 차이였다.

평론가들은 예카테리나 2세가 러시아를 개혁하려던 계획은 언제나 피상적이었고 예카테리나의 지적 열망은 자기 과시적 허영에 지나지 않는다고 주장한다. 그들은 편집증 환자처럼 예카테리나의 연인이 몇 명이었는지, 드레스가 몇 벌이었는지 읊는다. 모두 여성 혐오의 냄새가 짙다. 위대한 지도자 중 남자들도 종종 허영심에 차 있었다. 허영심은 야망의 원동력이 되기도 한다. 수많은 연인을 거느린 지도자들은 예카테리나 2세 말고도 수두룩하다. 예카테리나의 눈부신 업적을 균형 잡힌 시각으로 평가하는 데 이런 항목들은 아무 상관이 없다. 마찬가지로 예카테리나의 역사적 위상과, 왕조 정통성이 없는 한 여성으로서 그녀가 자신의 치세에 러시아를, 그리고 실질적으로 유럽을 통치했던 위업을 손상하지도 못한다.

예카테리나 2세는 아마도 러시아의 통치자 중 (가장 의지가 굳건했던 것은 물론이고) 가장 생각이 깊고 많은 책을 읽은 통치자였을 것이다. 여러모로 예카테리나의 발상은 표트르 대제보다 더 급진적이었고, 러시아가 유럽 다른 나라들과 경쟁하는 근대 국가가 되기 위해서는 두 사람의 발상이 서로를 반드시 보완해주어야 했을지 모른다. 예카테리나는 가장 원대하게 꿈꾸었던 프로젝트에서 현실에 부딪혀 좌절했고, 자신에게 주어진 신통지 않은 재료 때문에 좌절했다. 러시아를 수술대 위에 올리려는 어떤 개혁가도 예카테리나가 한 것만큼 해내지는 못했을 것이다.

6

19세기 러시아와
저주받은 질문

무엇을 할 것인가? 누구의 잘못인가?

러시아에서 19세기는 전례 없는 정치적, 사상적 대격변의 시대였다. 19세기는 한 차르의 암살과 함께 시작되었다. 다른 차르가 마침내 농노를 해방했고 자신도 암살당했다. 1812년 나폴레옹을 격퇴하는 눈부신 쾌거를 거두었고, 뒤이어 크림반도에서는 위신이 깎였다. 제국은 확장일로에 있었지만 폴란드인들은 여전히 반란을 일으켰다. 혁명의 움직임은 경찰의 탄압에 꺾였다. 러시아 지식인들은 세계에서 러시아가 차지하는 위상과 러시아가 어떻게 통치되어야 하는지에 관한 '저주받은 질문'을 가지고 토론했다.

화려하고, 역동적이고, 비탄이 서린 이국적인 러시아 문화가 만개했고, 외부 세계는 여기에 매료되었다. 경제가 성장했다. 그리고 19세기는 희망의 순간에 막을 내렸다.

알렉산드르 1세와 나폴레옹 격퇴

예카테리나는 아들 파벨보다 손자 알렉산드르[1777-1825]를 더 총애했다. 일설에 따르면 예카테리나는 알렉산드르를 자신의 후계자로 지목하려고 했다. 만약 그렇다면 결정을 공표하기 전에 사망한 셈이다. 파벨 1세는 1796년에 어머니 예카테리나의 뒤를 이었다.

파벨 1세는 아버지로 추정되는 표트르 3세처럼 속이 좁고 음울했다. 프로이센 숭배가 지나쳐, 러시아에 프로이센 방식의 군사 훈련을 채택하고 프로이센 제복을 도입하겠다고 고집해 러시아 군대와 사이가 멀어졌다. 파벨은 의도적으로 어머니의 개혁 중 여러 가지를 백지로 돌렸다. 프랑스 혁명 때문에 황제의 보수적 본능이 더 심해졌다. 황제는 영국과 오스트리아의 반프랑스 동맹에 참여했고, 은퇴한 수보로프 장군을 재소환해 북부 이탈리아에서 프랑스를 몰아내라는 임무를 내렸다. 수보로프는 자신이 맡은 임무에는 성공했지만 오스트리아 동맹군이 전투에서 패배하면서, 겨울의 알프스산맥을 넘어 스위스의 안전지대로 퇴각전을 감행할 수밖에 없었다. 수보로프의 지휘 능력도 대단했고 병사들의 끈질긴 용기도 찬사받을 만했다.

나폴레옹이 코앞에 들이닥치자 파벨 1세는 동맹을 프랑스로 바꾸는 방안을 고민했다. 그가 생각하기에 나폴레옹은 혁명의 힘을 틀어쥐고 질서를 회복할 능력이 있는 인물이었다. 하지만 생각을 실천으로 옮기기 전인 1801년, 파벨 1세는 아들 알렉산드르를 지지한 고위 관료들과의 알력 끝에 살해되었다. 알렉산드르는 암살 계획에 관해 미리 정보를 받았을 것이다.

알렉산드르 1세는 잘 생기고 열린 사고에 서글서글한 성격의 젊은이로 아버지와는 딴판이었다. 알렉산드르 역시 급박하게 변하는 국제 환경 속에서 근대화(물론 여전히 전제 통치는 필수였다)하지 않고는 러시아의 생존과 번영은 불가능하다고 생각했고 예카테리나의 개혁을 계속 이어갔다.

알렉산드르 1세는 표트르 대제가 만든 참사회를 서양식 부처 체제로 바꾸었고 개편된 정부 체제는 1917년 혁명 때까지 존속했다. 초기에 황제의 최측근 고문은 평민 출신인 법률가 미하일 스페란스키[1772-1839]였다. 스페란스키는 톨스토이가 『전쟁과 평화』에서 심술궂게 묘사했던, 개혁가에게 할애할 시간이 없는 인물이었다. 러시아는 스웨덴이 수 세기 동안 지배했던 핀란드를 막 차지한 참이었다. 스페란스키는 핀란드에 헌법을 제정하는 자유주의적 정책을 추진하도록 알렉산드르를 설득했다. 하지만 스페란스키는 알렉산드르가 러시아에도 똑같이 하게 하는 데는 성공하지 못했다. 러시아 개혁가들은 왜 러시아에는 헌법을 만들지 않는지 불만이 팽배했다. 스페란스키도 농노제의 병폐를 우려했지만, 다른 개혁이 안정적으로 정착할 때까지 유보하고 해결책이 떠오르도록 기다리는 편이 안전하다고 생각했다.

알렉산드르는 상트페테르부르크, 카잔, 하리코프(현재 우크라이나 하르키우)에 추가로 대학을 신설했다. 러시아에는 이미 8곳의 고등 교육 기관이 있었고, 폴란드 분할로 영토가 합병되면서 러시아 대학들보다 역사가 깊었던 바르샤바, 빌뉴스, 리보프 대학도 새로 추가된 상태였다. 다음 정권에서도 대학 확대 정책은 지속되었다. 20세기 중반에 이르면 러시아는 세계에서 가장 높은 비율의 교육 인구를 가진 국가 대열에 합류한다.

알렉산드르 1세는 프랑스의 확장을 무시할 수 없었고 오스트리아, 프로이센, 영국과 손을 잡고 대對프랑스 동맹을 결성했다. 백전노장의 지휘관 미하일 쿠투조프는 반대했지만 알렉산드르는 오스트리아 아우스터리츠[Austerlitz](현재 슬로바키아 슬라프코프)에서 오스트리아 군대에 합류해 나폴레옹에 맞서 싸울 것을 고집했다. 아우스터리츠 전투[1805]는 나폴레옹이 거둔 여러 승리 중에서도 백미로 꼽히는 전투다. 러시아와 오스트리아 동맹군은 처참하게 패배했다. 나폴레옹은 예나 전투[1806]에서 프로이센 군대도 격파했다. 러시아 군대는 아일라우 전투[1807]에서 나폴레옹 군대에 격렬히 맞서 선전했으나 이어진 전투에서 결국 패배했다. 상황이 이렇게 흘러가자 황제는 타협하기로 결심했다. 알렉산드르와 나폴레옹은 동프로이센에서 만나 틸지트 조약을 체결했다. 하지만 이후 알렉산드르가 영국을 고립시키는 대륙봉쇄령에 협조하기를 거부하자 나폴레옹은 러시아에 본때를 보여주기로 마음먹었다.

1812년 6월, 나폴레옹은 거의 70만 명에 가까운 병사와 그에 상응하는 군마를 이끌고 러시아 국경을 넘었다. 유럽에서 결성된 군대 규모로는 최대였다. 프랑스 병사의 수는 40만이었다. 그 외 다수는 폴란드 출신이었다. 나폴레옹이 직접 '2차 폴란드 전쟁'이라고 일컬으며 전쟁에서 이기면 폴란드를 해방하겠다고 한 약속을 믿은 사람들이었다. 나머지는 자발적이거나 비자발적이었던 동맹군, 즉 프로이센, 오스트리아, 이탈리아 출신 병사들이었다.

나폴레옹이 러시아와의 앞선 두 전쟁에서 승리한 것이 그에게 두 가지 치명적인 실수를 저지르게 했다. 나폴레옹은 끝없이 펼쳐진 러시아 평원에서 싸우는 것의 보급 문제와 조국을 지켜야 할 때 러시아 정부와 병사들이 얼마나 끈질긴 결의를 보이는지를 완전히 과소평가했다. 알렉산드르는 고대 스키타이족이 페르시아 군대를 보급선 유지가 불가능한 초원 지대로 유인해 이겼다는 점을 나폴레옹에게 에둘러 상기한 바 있었지만, 나폴레옹은 콧방귀도 뀌지 않았다.

전쟁이 시작되었다. 초기에 프랑스 군대는 몇몇 자잘한 전투에서 승리했다. 스몰렌스크 전투에서 피 튀기는 접전을 치르고 러시아군은 스몰렌스크에서 축출되었다. 러시아군은 이후 모스크바로 퇴각하면서 프랑스 군대에 보급물자가 될 만한 모든 것을 파괴했다.

모스크바까지 110킬로미터를 남겨둔 보로디노에서 새로 총사령관이 된 쿠투조프가 이끄는 러시아 군대가 나폴레옹을 저지했다. 보로디노 전투[1812]는 유럽 역사상 가장 많은 피를 흘린 전투라 불릴 만했다. 양측 모두 사망자가 5만 명에 가까웠다. 1916년 제1차 세계대전 솜강의 전투의 첫날보다 처참했다. 그때까지 나폴레옹은 적군을 괴멸시키는 전투에 익숙했다. 이때 러시아 군대는 프랑스에 밀리지 않았고 사상자 수가 너무 많아 쿠투조프는 다음 날 전투를 재개할 생각까지 했을 정도였다. 신중론이 우세해졌고 러시아 군대는 질서 정연하게 퇴각했다. 군대는 타격을 입었을지언정 온전했다. 군대를 지키기 위해 쿠투조프는 모스크바를 넘기는 쓰린 결정을 내렸다. 나폴레옹은 러시아 군대가 모스크바 반대편에서 여전히 철수 중일 때 도시에 입성했다. 톨스토이는 이 전투를 『전쟁과 평화』에서 인상적으로, 또 대체로 사실에 가깝게 묘사했다.

나폴레옹은 보로디노 전투에서 자신이 이겼다고 말했고 파리 개선문에도 그렇게 기록되어 있다. 사실은 전략상 패배였다. 프랑스 군대는 보급선의 가능 범위를 훌쩍 넘어섰다. 알렉산드르 1세는 협상하기를 거부했다. 겨울이 닥치자 나폴레옹은 모스크바를 버리고 이제 자신이 퇴각로에 올라야 했다. 러시아군은 프랑스 군대를 러시아에서 이리저리 몰아내면서 무자비하게 괴롭혔다. 12월에 마지막 프랑스 군대가 러시아 땅을 벗어나던 시점까지 나폴레옹이 잃은 병사 수는 50만에 달했다. 나폴레옹은 제 코가 석 자였다. 정치적 입지가 위태해지자 군대를 버리고 파리로 돌아갔다. 나폴레옹은 1799년 이집트 원정에서도 군대를 버려두고 파리로 돌아와 내치에 신경 쓴 전력이 있었다.

프로이센과 오스트리아 '동맹군'은 재빨리 태세를 전환해 러시아와 한편이 되었다. 나폴레옹 군대는 화려했지만 의미 없는 퇴각전을 시작했고, 나폴레옹이 배신한 병사들은 여전히 그의 카리스마에 취해 있었다. 러시아군은 나폴레옹을 서쪽으로 계속 몰아냈고, 심지어 1814년 3월에는 파리에 입성한다. 나폴레옹은 퇴위했다. 나폴레옹은 워털루에서 재기를 시도하다 실패했고, 나폴레옹의 적들은 빈 회의$^{1814-1815}$를 소집해 그를 세인트헬레나섬의 가혹한 유배지에 가두었다. 빈 회의는 프랑스 혁명 이전의 옛 질서를 유럽에 부활시켰다. 알렉산드르 1세는 당대의 영웅이었다. 다른 군주들은 그에게 매료되었다. 그들은 알렉산드르가 어떻게 이겼는지 알고 있었지만 잊는 편을 택했다. 어쨌든 알렉산드르는 자신이 원하는 것을 얻기로 결심했다. 그에게는 승리를 거둔 대군이 있었다. 한 러시아 장군은 러시아에는 10만 대군이 있는데 차르가 왜 빈에서 그렇게 많은 시간을 대화하는 데 쓰는지 의아했다. 알렉산드르는 더 이상 젊은 시절의 자유주의자가 아니었다. 혁명이 두려웠던 나머지 알렉산드르는 오스트리아와 프로이센과 더불어 신성동맹을 맺고 (나중에 프랑스도 참여한다) 이탈리아와 스페인에서 더 이상 혁명의 열기가 번지지 않도록 진압하기로 했다. 황제는 폴란드를 러시아제국 내의 '왕국'으로 만들고 자신이 왕좌에 앉고 동생 콘스탄틴을 상임 통치자로 지명했다. 폴란드의 진정한 독립은 여느 때처럼 멀기만 했다. 알렉산드르는 스페란스키를 보수파 장군 알렉세이 아락체예프로 교체하고 개혁을 중단했다. 점점 더 편집 증세를 보였던 황제는 군사 경찰로 이루어진 헌병대^{Gendarme}를 비밀 정치 경찰로 만들었다. 말년에는 유럽의 기인이었던 크뤼드너 부인과 그녀가 유행시킨 유사 종교 사상에 심취해 음울한 신비주의로 빠져들었다.

니콜라이 1세

알렉산드르 1세는 1825년 러시아 남부 타간로크에서 급사했다. 톨스토이는 알렉산드르가 죽지 않고 표도르 쿠지미치라는 수도사가 되었다는 끈질긴 루머가 퍼지는 데 일조했다. 알렉산드르는 뒤를 이을 아들이 없었다. 알렉산드르 1세의 동생인 차남 콘스탄틴은 제위를 이어받지 않겠다고 선언했으므로 권좌는 막내 동생인 니콜라이[1796-1855]에게 갔다.

점령지 프랑스에서 급진적 사상에 경도된 채 돌아온 반정부 장교 무리가 혼란을 틈타 쿠데타를 일으켰다. 12월 니콜라이 1세의 대관식 전날 밤에 벌어진 데카브리스트[Decembrist, 12월 당원]의 난이었다.

데카브리스트들의 목표는 뒤죽박죽이었고 서로 상충하기도 했다. 일부는 군주제를 완전히 폐지하고 공화제로 대체하기를 바랐고, 다른 사람들은 콘스탄틴을 설득해 황제로 세우고 입헌 군주제를 채택하는 편을 원했다. 그들은 우스꽝스러울 정도로 무능했다. 다음에 무엇을 할지 결정하느라, 앞서 대책 없이 내보낸 병사들을 상트페테르부르크의 겨울 추위 속에 서 있게 했다. 황제파 군대는 포도탄을 퍼부어 문제를 매듭지었다. 공모자 중 6명이 교수형을 당했다. 다른 당원들은 특권 계층의 삶과는 딴판인 시베리아 유배형을 받았는데, 많은 장교 부인들이 자발적으로 남편을 따라갔다.

위협의 심각성을 고려할 때, 니콜라이 1세의 응징은 비교적 관대했다. 하지만 데카브리스트는 무자비한 독재자의 손에 쓰러진 용감한 개혁가 집단의 전설로 오래도록 남았고, 부인들은 러시아 여성상의 영웅적 모델이 되었으며, 미래 세대를 위한 영감이 되었다.

니콜라이 1세는 앞으로 다가올 30년의 분위기를 결정한 인물이었다.

니콜라이는 아둔했고, 근면했으며, 정교회 신앙과 자신이 의무라고 스스로 판단한 일에 온몸을 바치는 인물이었다. 니콜라이는 러시아를 통제하기로 마음먹었다. 전임자들처럼 새 황제도 농노제에 불안감을 느꼈다. 하지만 니콜라이 역시 농노를 거느리는 귀족층의 지지가 필요했기 때문에 농노제를 폐지하려고 적극적으로 노력하지 않았다. 니콜라이는 불명예 퇴진했던 스페란스키를 복권해 지저분한 러시아 법을 성문화하는 일을 맡겼다. 스페란스키가 만든 법전은 1917년까지 러시아 법의 근간이 되었다.

니콜라이 1세의 교육부 장관 세르게이 우바로프는 '정교, 전제정치, 민족'이라는 원칙에 따라 니콜라이의 보수적 본능을 뒷받침할 이념 기반을 만들었다. 정교회는 모든 사안에서 핵심적인 지위를 누리다 지난 한 세기 동안 계몽사상에 밀려 쫓겨나 있었지만, 이제 원래의 위상을 회복했고 정교회를 제외한 모든 나머지 종교는 탄압받았다.

알렉산드르 1세의 비밀경찰을 계승한 황제 직속 공안 제3부^{Third Department}가 정권에 대한 충성심을 감시하고 처벌했다. 제3부의 대장은 발트 독일인 가문 출신으로 나폴레옹 전쟁에서 무공을 세운 알렉산드르 벤켄도르프[1781-1844] 백작이었다. 그의 첫 임무는 데카브리스트 난을 조사하고 진상을 규명하는 일이었다. 황제는 벤켄도르프에게 러시아 문필가와 지식인들을 감시하는 일도 맡겼다. 감시 대상에는 시인이자 소설가 알렉산드르 푸시킨도 포함되었다.

지식인과 혁명가

비밀경찰이 할 일은 차고 넘쳤다. '저주받은 질문'을 하는 사람들은 점점 늘어났다. 무엇을 해야 하나? 누구의 잘못인가? 러시아는 어떻게 운영되어야 하는가? 러시아의 본질을 유지하면서 더 발전한 유럽 이웃 나라들을 따라잡으려면 어떻게 해야 할까? 우리는 유럽 국가인가?

심지어 표트르 대제가 러시아를 근대화하기 전에도 교회와 국가 지도자들은 비슷한 물음에 답을 찾는 데 골몰했다. 예카테리나 대제 치하에서 그 논쟁은 특권층과 고위 관료들에게까지 확산했다. 예카테리나를 격분하게 했던 라디셰프의 책과 더불어, 논쟁은 좀 더 반항적인 색채를 띠기 시작했다. 표트르 차다예프[1794-1865]는 보로디노 전투에 참전했고 파리를 점령했던 일원이기도 했지만, 1821년에 장교직을 관두었다. 1836년, 차다예프는 프랑스어로 쓴 자신의 첫 책 『철학 서한Philosophical Letter』를 출간했다. 차다예프는 그 책에서 러시아 문화와 역사, 정교회를 서방이 이룬 성취와 비교하면서 깎아내렸다. 그는 러시아 역사는 농노 제도 때문에 그나마 경감되는 무미건조하고 음울한 일련의 범죄에 불과하다고 말했다. 당국은 당연히 격노했다. 한때 그에게 공식적으로 정신이상자 딱지를 붙이기도 했다.

19세기 동안 더 많은 사람이 교육의 수혜를 입었고 사회적 이동성이 증가했다. 이제 러시아 사회에는 새로운 무리가 등장해 '저주받은 질문'을 두고 논쟁했다. 인텔리겐치아였다. 하급 관료 또는 농노였다가 부유해져 돈으로 신분을 산 집안의 자식들이 이제 표트르 대제의 관등표 위계 밖에 존재하는 사람들, 즉 새로운 중산계급인 라즈노친치로 부상했다. 선배들과는 달리 새로운 지식인 집단은 프랑스 계몽주의보다 독일의 낭만주의 철학과 문학에 더 심취했다. 그들은 자신들이 러시아의 양심이자 도덕적·정치적 힘이며, 자신들의 의무는 러시아 대중에게 모범을 보이고 밝은 미래로 나아가는 길을 보여주는 것이라 생각했다.

하지만 인텔리겐치아가 연구한 관심사도 러시아와 유럽의 관계 문제

였다. 훌륭한 여러 학자와 저술가들이 (아주 정확하게 나뉘지는 않지만) 슬라브
주의자와 서구주의자로 나뉘어 각자 이 사안에 대한 자신들의 생각을
발전시켰다.

슬라브주의자들은 러시아의 정체성은 슬라브 문화와 관습, 그리고 정
교라고 믿었다. 그들 중 다수는 러시아의 옛 수도 모스크바가 대변하는
가치와 '서구적인' 상트페테르부르크의 차가운 공허함을 대조했고, 러시
아의 무게 중심을 서쪽으로 옮긴 표트르의 시도가 신성모독에 가깝다
고 판단했다. 슬라브주의자는 공동체와 종교라는 진정한 러시아 정신을
전형적으로 드러내는 마을 공동체 미르^{mir}가 풀뿌리 민주주의의 한 형태
를 보여준다고 믿었다. 미르가 몽골 지배기 이래로 세금을 걷고 인력을
징집하고 질서를 유지하는 편리한 국가 대리인 노릇을 해왔음에도 말이
다. 서구주의자들은 생각이 달랐는데 어떤 측면에서는 완전히 반대 입
장이었다. 그들은 러시아가 서구 기술과 정치 체제를 받아들이지 않는다
면 서구의 위협과 감언이설에 맞설 수 있는 독립적인 근대 국가가 될 수
없다고 주장했다. 하지만 러시아의 과거를 부정하고, 정교 신념에 의문을
제기했으며, 가톨릭과 개신교 사상에 심취했던 서구주의자들조차도 마
음 깊은 곳에서는 서구 부르주아 세계가 이단적이고, 세속적이며, 냉혹한
형식주의에 치우쳐 있고, 공격적이며, 부패가 만연하다고 생각했다.

19세기를 지나며 논쟁은 더욱 노골적으로 정치화했다. 정부를 향한
항거는 더 이상 간헐적인 쿠데타로 점철되는 엘리트 반란이나, 농민 혹은
코사크가 구심점 없이 가끔 폭력적으로 일으키던 봉기의 문제가 아니었
다. 반체제 문학이 번지기 시작했다. 카를 마르크스를 포함한 서유럽 사
회주의 사상가의 이념이, 그리고 문학 평론가, 정치 저술가, 회고록 작가
들로 구성된 강력한 지식인 집단이 반체제 문학에 양분을 제공했다. 가

장 영향력 있는 사람 중 한 명이었던 니콜라이 체르니셉스키는 거의 독해가 불가능한 소설 『무엇을 할 것인가?』('저주받은 질문'이다)를 썼는데 이 작품은 레닌을 포함한 여러 세대 혁명가들에게 영향을 미쳤다. 부유한 지주의 사생아로 영국 런던으로 망명해 그곳에서 차르 정부를 향해 재치 넘치는 독설로 가시 돋친 비판을 쏟아부었던 사회주의자 알렉산드르 게르첸은 모든 언어를 통틀어 19세기 가장 훌륭한 회고록 중 하나를 남겼고, 소설 『누구의 잘못인가?』^{Who is to Blame?/Кто виноват?}도 썼다(또 다른 '저주받은 질문'이다).

강압적인 제국 통합

국가를 하나로 만드는 일은 여전히 러시아의 핵심 사안이었다. 러시아 통치자들은 비러시아 신민에게 러시아 문화와 언어를 강요하는 노선과 문화적 자율성을 어느 정도 허용하는 노선 사이를 오락가락했다. 피지배 민족들은 신중한 협력, 못마땅한 묵인, 노골적인 반란 사이에서 태도를 바꾸곤 했다. 진정한 의미로 자치권을 보장받은 것은 핀족이 유일했다.

폴란드인이 가장 다루기 힘들었다. 폴란드 분할로 러시아제국에 수백만 명의 폴란드인이 유입되었다. 다른 종교를 믿었고, 다수가 교육 수준이 높은 사람들이었다. 차르의 신민 중에 러시아어를 읽고 쓰는 인구보다 폴란드어를 읽고 쓰는 인구가 더 많았다. 과거에 리투아니아의 수도였고 이제 폴란드에 속한 빌뉴스는 제국에서 세 번째로 큰 도시였다.

1830년 11월 폴란드인들은 더 큰 권리를 요구하며 봉기했다. 니콜라이 1세는 폭동을 잔인하게 진압했다. 허구의 '왕국'은 끝났다. 많은 폴란드 하급 귀족이 특권을 박탈당했다. 러시아 법이 폴란드인에게도 똑같이 적용되었다. 러시아 정교회는 그리스 동방 가톨릭교회(우니아트)를 흡수했다. 가톨릭 수도원과 학교는 문을 닫았다. 교육 정책은 폴란드 학생들이 혹여 폴란드를 독립시킬 생각은 꿈도 꾸지 못하도록 의도적으로 재설계되었다.

폴란드인들은 1863년에 다시 봉기했다. 이때는 알렉산드르 2세가 아버지의 뒤를 이어 황위를 물려받았다. 자유주의 성향이 있었던 알렉산드르 2세조차도 폴란드에서 그나마 남아 있던 권리를 모두 빼앗고 폴란드를 러시아 직할령으로 편입했다. 이후 차르들은 1905년 러시아혁명으로 기세가 꺾이기 전까지 폴란드를 대상으로 가혹한 '러시아화' 정책을 펼쳤다. 제1차 세계대전 전야에 시베리아에는 일부 자발적으로 이주한 인구를 포함해 자그마치 15만 명의 폴란드인이 살고 있었다. 이는 유럽 다른 곳에서도 나타나는 광범위한 변화의 일환이기도 했다. 이전에 다민족이었던 제국들은 이제 민족주의(러시아 민족주의를 포함해)의 지배를 받기 시작했다.

폴란드인이 러시아에 느끼는 혐오와 공포는 경멸까지 섞여 강력하고 영구적인 양상으로 강화되었다. 소설가 조지프 콘래드(폴란드 태생의 영국 작가—옮긴이)의 아버지인 문필가 아폴로 코제니오프스키는 1863년 사태 후 러시아가 폴란드를 탄압하던 때에 투옥되었다가 추방당했다. 코르제니오프스키는 러시아가 '아시아의 정복 정신'을 가졌다며 다채로운 표현을 써가며 신랄하게 비난했다. "우리 폴란드인은 머스커비의 손에 학살과 화염, 강탈, 강간, 고문을 당해왔다. 머스커비 전체가 … 구더기가 들끓는 부패하고 오염된 감옥이다."[1] 이런 정서는 21세기에 이르기까지 폴란드인들 사이에서 메아리쳤다.

러시아도 참지 않았다. 많은 러시아인은 폴란드인이 러시아와 조국의 전통적인 가치를 훼손하려고 작정한, 로마 가톨릭과 외세의 편에 선 트로이 목마 같다고 생각했다. 푸시킨은 1830년 봉기 동안 폴란드를 지지했던 서양인들을 맹렬히 비난하는 시를 썼다. 도스토옙스키는 1863년 폴란드 봉기를 '러시아 정교와 가톨릭의 전쟁, 즉 신이 부여한 러시아의 재능과 유럽 문명 사이에 앞으로 펼쳐질 전쟁의 시작'[2]이라고 불렀다. 폴란드인은 무소륵스키의 오페라 「보리스 고두노프」와 미하일 글린카의 오페라 「차르에게 바친 목숨」에서 각각 악당으로 등장했다. 러시아의 이런 태도 역시 21세기까지 지속되었다.

러시아의 탄압은 어느 정도 효과가 있었다. 19세기 마지막 수십 년 동안 폴란드인들은 체념하고 러시아 지배자와 불편하나마 적당히 화해하는 편을 선택했다. 그들은 소득 없는 민족주의적 폭력 시위를 피하고 조국의 사회, 문화, 경제를 발전시키고 힘을 키우는 데 집중했다.

하지만 제1차 세계대전이 얼마 남지 않은 시기에 러시아 외무장관 세르게이 사조노프는 폴란드 합병이 결국 잘한 일이었는지 의문을 품었다. 그는 폴란드 합병이 이전에 건강한 유기체였던 러시아 국가 체제를 크게 약화하는 결과를 초래했다고 우울하게 결론을 내렸다. 전쟁의 시작과 함께 폴란드가 선택을 할 수 있는 기회도 곧 열릴 터였다.

러시아와 오스트리아로 갈라진 채, 독립 국가를 세운 경험이 없었던 우크라이나인들은 민족정신을 조직화할 안정적인 기반이 부족했다. 19세기에 차르들은 우크라이나의 언어와 문화에 점점 더 큰 압력을 가했다. 우크라이나의 가장 유명한 시인 타라스 셰우첸코와 저명한 역사가 미콜라(니콜라이) 코스토마로우Mykola(Nikolai) Kostomarov 같은 우크라이나 지식인들이 추방되었다. 1863년 폴란드 봉기가 원인이 되어 학교에서 우크라이나어를 공식 교육 언어로 사용하는 것이 금지되었다. 안내문에는 이렇게 쓰여 있었다. "별도의 소러시아[우크라이나]용 언어는 존재한 적 없고, 존재하지 않으며, 존재해서도 안 된다. [우크라이나] 평민들이 사용하는 언어는 폴란드의 영향을 받아 오염된 러시아어에 불과하다."[3] 1876년에 우크라이나어를 사용하는 인쇄와 출판은 전면 금지되었다.

이렇게 제국 정부는 안간힘을 쓰며 노력했으나, 우크라이나인이 정체성을 확립해가는 것을 막을 수 없었다. 19세기 말에 이르면 우크라이나인들은 상당한 수준으로 정치 조직을 구성하고, 문화적 응집을 이루고, 정치 의식을 갖추었다. 처절한 고통의 한 세기가 그들을 기다리고 있었다. 우크라이나는 그 후에야 마침내 자신들만의 주권 국가를 건설할 수 있었다.

러시아와 우크라이나 사이에는 그들을 합치고 나누었던, 복잡하게 뒤엉킨 격동의 역사가 있었다. 양측은 몹시 감정적이고 근본적으로 다른 방식으로 그 역사를 해석하는 것을 멈추지 않았다. 여러 사례 중 최근 한 사건을 예로 들자면, 2011년에 우크라이나 역사가 야로슬라우 다슈케비치[Yaroslav Dashkevych]는 러시아인들은 키예프 루시와 관계있었던 적이 한 번도 없었다는 폭탄선언을 날렸다. 다슈케비치는 다음과 같이 주장했다. "러시아인들은 무식하고 격노에 사로잡혀 잔인하기 짝이 없었던 끔찍한 황금 군단(몽골족이 사용하던 황금색 천막 때문에 나중에 붙은 이름-옮긴이)의 직계 후손이었다. 이 사람들은 유럽 문화와 문해력이 필요 없었다. 도덕성, 정직, 수치심, 정의, 인간 존엄이나 역사적 인식과 같은 모든 것들이 그들과는 전혀 연관이 없었다."[4]

대부분의 러시아인에게 그런 견해는 터무니없었다. 러시아인이 보기에 우크라이나와 러시아는 떼려야 뗄 수 없는 한 몸이었다. 어찌 됐든 키예프를 세운 류리크 왕조는 키예프가 몽골에 함락되고 오래 지난 후에 북쪽에서 내려와 키예프를 통치했다. 1930년대에 철학자 이반 일리인^{Ivan} ^{Illyin}은 우크라이나 분리주의를 지지하는 외국인들을 '러시아를 향해 끝 없는 전쟁을 선포한다'고 비난했다. 1998년 역사학자 미하일 스몰린^{Mikhail} ^{Smolin}은 우크라이나인들이 '역사에는 알려지지 않은' 사람들이라고 대대 적으로 선언했다.[5] 일반 러시아 국민들은 우크라이나인을 가리켜 경멸조 로 코클리^{khokhly}라 부르는데 우크라이나어로는 '시골뜨기'라는 뜻이다. 러 시아의 주장에 따르면 '우크라이나'라는 단어는 원래 '변방'이라는 뜻이 다. 실존한 나라의 이름이 아니었다. 이에 덧붙여 우크라이나어는 러시아 시골에서 사람들이 부적절하게 사용하던 방언에 불과하고, 정작 우크라 이나 인구의 3분의 1 이상(이 수치는 당연히 논란거리다)이 올바른 러시아어를 사용한다고 주장했다. 러시아인들은 자신들을 '대러시아인'이라 부른다. 소러시아인(우크라이나인)이나 백러시아인(벨라루스인)은 그저 '손아래 동생 들'에 불과하다는 것이다.

외부인들은 그런 시각이 담겨 있었던 '독성'을 21세기가 되도록 이해 하지 못했다. 하지만 그 시각은 푸틴이 2022년 우크라이나를 침공하도록 불을 질렀다.

패배한 제국

1812년부터 1814년까지 승리를 거머쥔 러시아는 유럽의 강자가 된 듯했 다. 크림전쟁은 그 강자가 얼마나 속 빈 강정이었는지 여실히 보여주었다.

러시아, 프로이센, 오스트리아의 신성동맹은 1848년 유럽 전역에서 민 중 봉기를 성공적으로 진압했다. 하지만 동맹은 동력을 상실했고 유럽 강 대국들은 위태로운 균형 체제로 돌입했다. 뜨거운 감자는 누가 쇠락하는 오스만제국의 잔재를 흡수할 것인가에 관한 문제였다. 프랑스는 오스만제국 통치하에 있던 가톨릭교도들을 보호할 권리를 주장했다. 러시아는 정교회를 수호하겠다고 나섰고 여전히 콘스탄티노플을 탈환하려는 야망을 버리지 못한 상태였다. 영국은 러시아가 오스만제국에 대한 야망을 핑계 삼아, 지중해 진출이라는 욕심을 채우고 영국을 희생시켜 제국주의 야망을 고취할 심산이 아닐까 우려했다.

1853년 힘겨루기가 폭발했다. 러시아군은 오스만제국령 루마니아와 아르메니아를 침공하고, 흑해에 정박해 있던 튀르키예 함대를 전멸시켰다. 프랑스와 러시아는 선전포고로 받아쳤다. 전쟁은 발트해와 극동을 무대로 일어났다. 하지만 전쟁의 핵심은 영국-프랑스 연합군의 크림반도 공격이었다. 연합군은 몇 차례 전투에서 승리하며 러시아의 주력 해군 기지인 세바스토폴을 에워쌌다. 연합군은 11개월 동안이나 지지부진하게 포위 공격을 이어가다 결국 세바스토폴을 함락했다. 톨스토이는 그 전투에서 포병 장교로 복무했다. 톨스토이의 소설 「세바스토폴 이야기」는 언어를 막론하고 전쟁에 관한 서사 중 최고 수작으로 꼽힌다. 러시아인들의 상상 속에서 세바스토폴 방어전은 외국 침략자에 맞서는 끈질기고 영웅적인 저항의 상징으로 확고히 자리 잡았다. 90년 후, 세바스토폴이 더 강력한 독일군을 상대로 다시 한번 공성전을 펼쳤을 때, 그 상징성은 더 견고해졌다. 250일을 버티다 마침내 나치군에 함락될 때까지 세바스토폴은 영웅적으로 수호되었다.

크림전쟁의 패배는 러시아에게는 재앙이었다. 승리한 연합군 국가들이 내민 평화 조약에 따라 러시아는 1812년 오스만제국으로부터 빼앗은 오늘날 몰도바에 위치한 다뉴브강 유역 영토를 포기해야 했고, 흑해에 해군 기지를 유지하고 군함을 띄우는 것이 금지되었다. 나폴레옹을 이겼다는 위신은 온데간데없이 사라졌고, 군대는 조롱거리로 전락했으며, 재정은 파탄이 났다.

그러나 크림전쟁의 패배는 러시아 역사상 또 하나의, 가장 광범위한 개혁의 시대를 촉발했다.

개혁의 시대, 알렉산드르 2세

니콜라이 1세는 크림전쟁이 끝나기 직전에 사망했다. 그의 뒤를 이어 1855년 아들 알렉산드르 2세[1818-1881]가 새 차르가 되었다. 알렉산드르는 어린 시절부터 푸시킨의 친구이자 저명한 시인 바실리 주콥스키 공후의 개인지도를 받았다. 황태자 알렉산드르는 유럽의 여러 나라를 여행했고 유럽 언어들을 배웠다. 황실 가문 구성원에게는 이례적으로 자유로운 교육이었다. 알렉산드르 2세는 예카테리나 대제 이래 러시아의 가장 야심 찬 개혁가가 되었고, 자신의 여러 개혁안을 비교적 성공적으로 실행에 옮긴다.

새로운 차르만 개혁을 밀어붙인 것이 아니었다. 학생과 학계, 새롭게 떠오르는 전문가 계급, 그리고 슬라브주의자와 서구주의자를 막론한 불특정 다수의 여론도 개혁을 요구하는 거센 압력이었다. 러시아가 서방과의 격차를 좁히려면 특단의 조치가 필요하다는 데 모든 이들이 공감했다. 그리고 최고의 장애물이 농노제라는 것에도 이견이 없었다.

농노제는 중세 유럽에 만연했다. 농노제는 지주의 이익을 위해 영지에서 노동할 농민을 속박하도록 기획된 체제였다. 러시아에서는 표트르 대제 치하에서 가장 큰 발전을 이루었는데, 그때 서방에서는 농노제가 이미 내리막을 걷기 시작하던 무렵이었다. 예카테리나 대제는 대내적 난관과 프랑스 혁명의 무질서한 방종 때문에 농노제를 폐지하려던 기획을 포기했다. 니콜라이 1세 치하에서 러시아 관료들이 농노제 폐지를 위한 포괄적인 연구를 시작했다. 관료들이 제시한 방안들은 당연히 지주계급의 반대에 부딪혔지만, 그들은 후한 보상을 약속받고 결국 지지로 돌아섰다.

러시아 농노는 미국에서 노예 해방이 실현되기 4년 전인 1861년에 자유의 몸이 되었다. 농노였던 사람들은 토지와 시민권을 부여받았다. 이전 소유주의 허락 없이도 재산을 소유하고, 사업을 영위하고, 혼인할 수 있는 권리도 포함되었다. 이런 자유는 법적으로는 보장되었지만 현실은 달랐다. 여전히 농민에게는 49년 후에나 소멸하는 법적 제약이 있었다. 49년은 획득한 토지에 대한 분할 상환금을 국가에 모두 지불하는 데 걸리는 시간이었다. 농민이 소속된 마을공동체인 미르는 여전히 개개인의 세금 납부와 군역 의무를 총감독했다. 많은 지주는 땅 중에 가장 상태가 좋지 않은 곳만 내놓았고, 새로 토지를 소유하게 된 많은 농민은 수익을 창출할 경험과 자본이 부족했다. 토지 상환금의 연체액이 불어나기 시작했다. 이렇게 커진 불만이 다음 세기의 농촌 폭동과 혁명 발발로 연결된다. 1907년에 농민들의 미상환 채무가 탕감되었다. 하지만 너무 늦었다. 1917년에 농민들은 혁명주의자들을 지지함으로써 구체제 몰락에 일조했다.

알렉산드르의 다른 획기적인 업적은 지방에 자치 의회인 젬스트보를 도입해 지방정부 체제를 전면 개편한 일이나, 고등 교육 추가 확대, 지방 판사 선출과 배심원 재판 시범 도입 등 사법제도를 개편한 일 등이 포함된다. 이런 개혁안들로 지역 주민은 지역 사안을 직접 처리하는 경험을 얻을 수 있었다. 그 결과 사회이동이 가속화하고, 상업적이고 전문적인 유사 중산층 계급이 성장했다. 하지만 개혁안들이 서구 수입품일 뿐이고, 러시아 문제를 다루는 러시아의 고유 방식에는 적합하지 않거나 심지어는 해롭다고 비판하고 반대하는 사람들도 있었다. 톨스토이는 소설 『부활』에서 이때의 개혁을 풍자했다.

알렉산드르의 개혁은 충분하지 않았다. 지구 반대편에서 일본은 무역을 위해 나라를 개방하라는 미국의 압력에 대응해 메이지유신이라는 지속적인 근대화 정책을 폈다. 그로부터 50년 후 일본은 제국주의 싸움의 주체로 서구와 대결할 수 있었다. 러시아는 그런 일관된 결의로 개혁을 추진하지 못했다.

부활한 제국

알렉산드르 2세는 초기에는 국내에서 머물렀고 독일, 오스트리아와 함께 삼제동맹을 맺어 유럽의 평화를 도모했다. 하지만 크림전쟁의 패배가 러시아가 국제 무대에서 완전히 물러섰다는 것을 의미하지는 않았다.

알렉산드르 2세는 오스만제국으로부터 독립하려는 세르비아, 루마니아, 몬테네그로인들을 도와 1877년에서 1878년까지 오스만제국과 전쟁을 벌여 승리했다. 다른 유럽 열강들은 이 승리에 다시 등골이 서늘해졌다. 유럽 열강은 (특히 영국이) 1878년 베를린 회의를 열어 러시아가 얻은 것을 다시 포기하게 만들었다. 오스만제국이 뺏긴 영토는 발칸반도의 신생 독립국에 배분되었다. 분개한 러시아인들은 남동유럽에서 입지를 굳히고 오스만제국의 폐허 위에서 콘스탄티노플과 보스포루스 해협을 장악하려는 오랜 야망을 키워갔다. 차르 정권은 제1차 세계대전에서, 스탈린은 제2차 세계대전을 통해 재차 같은 목표를 추구했다.

한편 러시아는 힘과 무역, 안보의 추구라는 제국 논리에 따라 남쪽 산악지역과 인구가 희박한 스텝과 사막 지대로 뻗어나갔다. 1881년 알렉산드르 2세가 사망할 무렵 러시아는 중앙아시아의 모든 독립 국가들을 체계적으로 점령한 상태였다. 그렇게 되기까지 러시아는 제국주의적 야망과 방법이 제 것과 일치하는 맞수인 영국과 날카롭게 대립했다. 영국은 대륙을 가로지르며 인도를 점령하던 와중에 아프가니스탄 접경지역에 도달했다. 영국은 러시아가 영국 제국의 영토를 뺏으려고 한다는 환상에 사로잡혀 있었다. 영국은 러시아를 저지한다는 명분으로 아프가니스탄을 두 차례 침략했다. 아프가니스탄은 공식적으로 전쟁에서 패배한 것으로 기록되었지만, 영국은 아프가니스탄을 설득해 러시아와 거리를 두게 했다. 소설가들과 영화 제작자들은 '그레이트 게임Great Game'이라 이름 붙인 이때의 역사를 영웅이 등장하는 낭만적 이야기로 윤색해 돈을 벌었다.

그 세기가 지나면서 러시아 인텔리겐치아들은 계획을 실천으로 옮기기 시작했다. 정부는 종종 야만적으로 대응했다. 젊은 도스토옙스키는 비생산적인 토론 그룹에 참여했다는 이유로 사형을 선고받았다. 총살형이 예정된 와중에 집행유예 처분을 받고 시베리아로 쫓겨나 4년간 노역한 후, 추가로 6개월 동안 군 복무를 해야 했다. 이상주의적 성향을 가진 학생들은 자신이 할 수 있는 것을 하기 위해 모여들었다. 한 대규모 집단은 자신들을 나로드니키Narodnik라 불렀는데, 러시아어로 민중을 뜻하는 나로드narod에서 유래한 명칭이었다. 그들은 농촌의 현실에 대체로 무지했으므로 가난한 농민들이 공동체적이고 혁명적인 덕목을 가지고 있다고 믿었다. 1874년에 수백 명의 나로드니키가 도시를 떠나 시골로 향했다. 이른바 '민중 속으로khozdenie v narod'이라는 뜻을 가진 '브나로드' 운동이었다. 농민들은 나로드니키가 도시 출신인데다 중산층이라는 점에서 불신이 컸다. 그들은 일부를 죽였고 나머지는 당국에 넘겼다. 결과는 완전한 실패였다.

한층 더 극단적인 계획과 방법론으로 무장한 새로운 물결의 정치 운동가들이 부상했다. 무정부주의 혁명가 세르게이 네차예프는 혁명을 실현하기 위해 테러 행위가 필요하다고 생각했다. 그가 다른 사람들이 배신할까 우려해 한 동지를 살해한 사건은, 도스토옙스키가 혁명 정신에 관해 쓴 소설 『악령』에서 등장한다. 여성은 혁명가 집단에서 대단한 역할을 차지했다. 예를 들어 아버지가 상트페테르부르크의 총독이었던 소피야 페롭스카야^{Sofia Perovskaya}는 인민의 의지당^{People's Will} 지도부 중 한 명이었다. 그들은 알렉산드르 2세를 암살하려고 여러 차례 시도했지만 모두 실패했다. 그러던 1881년, 경비는 점차 더 삼엄해졌지만 마침내 성공했다. 페롭스카야의 공범 중 한 명이 황제가 탄 마차에 폭탄을 던졌다. 근위대가 다쳤고, 황제는 부상자를 살피러 마차에서 내렸다. 두 번째 폭탄이 황제의 다리를 날려버렸다. 그로부터 몇 시간 전에 알렉산드르 2세는 결국 입헌 군주제로 이어질 정치 체제 개편안을 승인했었다. 페롭스카야와 공범자 5명은 모두 교수형을 당했다.

반동의 시대, 알렉산드르 3세

새로운 차르 알렉산드르 3세¹⁸⁴⁵⁻¹⁸⁹⁴는 황제의 전제권력이 어떤 식으로도 제한되어서는 안 된다고 확신했다. 아버지의 죽음을 본 황제는 예상대로 혁명 단체와 테러 단체를 탄압했다. 1887년, 벤켄도르프의 '제3부'를 계승한 비밀경찰 오흐라나는 인민의 의지당이 새 차르를 시해하려던 음모를 적발했다. 주동자 5명은 교수형을 당했다. 그중 한 사람은 블라디미르 레닌의 형이었다.

편견이나 정책, 또는 이념을 이유로 당국이 묵인하거나 장려한 반유대주의는 다른 곳에서와 마찬가지로 러시아에서도 생명을 짓밟았다. 알렉산드르 2세 암살 이후 우크라이나에서는 잔혹한 포그롬^{pogrom}(집단 학살이라는 뜻의 러시아어로, 이 시기 러시아의 유대인 대학살을 뜻하는 용어로 사용하기 시작해 이후 집단 학살을 가리키는 용어가 되었다-옮긴이)이 들불처럼 번졌다. 1903년에서 1906년 사이에 포그롬의 수가 더 증가했는데, 극우 폭력단체인 검은 100인단^{Black Hundreds}이 주동 세력이었다. 하지만 당국이 사주했을 가능성도 있다. 1,000명에 가까운 사람들이 사망한 것으로 추정된다. 유대인 노동자 메나헴 베일리스는 1913년 키예프에서 기독교도 어린이를 유대 제례용으로 살해했다는 혐의로 기소되었다. 중세 유럽에서 유대인에게 뒤집어씌우곤 했던 죄목(기독교 영아 인신공양-옮긴이)의 지독한 재현이었다. 베일리스는 다행히 배심원단에 의해 무죄 판결을 받았다.

대부분의 재위 기간 동안, 알렉산드르 3세의 가장 영향력 있는 고문은 이전에 그의 개인교사였던 콘스탄틴 포베도노스체프였다. 포베도노스체프는 극우 보수주의자였고 독실한 정교회 신자였다. 1889년 그는 신성종무원의 수석검찰관이 되었다. 이 직위는 표트르 대제가 교회 업무를 감독하기 위해 만든 비성직자 직책이었다. 알렉산드르 3세는 포베도노스체프의 영향을 받아 '정교, 전제정치, 민족'이라는 조부(니콜라이 1세)의 기치를 되살렸다. 두말할 필요 없이 황제는 입헌 군주정을 검토했던 선대 황제의 뜻을 폐기하고, 그가 도입했던 지방정부 개혁을 축소하고 정부의 농촌 감독을 더 강화했다. 알렉산드르 3세는 지금의 블라디미르 푸틴의 극우 지지자들에게 귀감이 되었고, 푸틴은 황제가 서거한 크림반도 궁전터에서 열린 알렉산드르 3세 기념비 제막식에 몸소 참여했다.

알렉산드르 3세의 재위 기간 동안 러시아는 큰 전쟁에 휘말리지 않았다. 러시아 정부는 요동치기 시작한 독일을 견제하기 위해 프랑스와 합의에 도달했다. 그레이트 게임은 1895년 러시아와 영국이 아프가니스탄의 국경을 두고 합의에 이르며 막을 내렸다. 이렇게 합의된 연합노선은 1914년에 독일-오스트리아 동맹군과 대치하게 된다.

문화 초강대국, 러시아

러시아의 세속 문학은 발전이 늦었다. 중세 시대 유럽 다른 지역을 사로잡았던 지적 열정은 러시아에서 거의 찾아볼 수 없었다. 러시아에서 수도원은 종교 생활과 정치, 영토 통합에 중심적인 역할을 했다. 하지만 서방의 가톨릭 수도원과 달리 러시아 수도원들은 학문의 산실로 군림하거나 평신도를 교육하는 일을 맡지 않았다. 대학의 경우 폴란드와 리투아니아는 14세기에, 러시아는 18세기가 되어서야 최초로 설립되었다. 대중적 서정가요인 빌리나^{bylina}는 17세기에 최초로 기록된 흔적이 있고, 오늘날에도 여전히 러시아인들이 아이들에게 가르친다. 주로 전설 속 영웅인 기사들이 마법사, 마녀, 외국인들로부터 러시아를 수호하는 이야기를 담고 있다. 서사시도 있다. 「자돈시나^{Zadonshchina}」(돈강 너머의 전투)는 드미트리 돈스코이가 타타르족을 물리친 승리의 기록으로 15세기 말 이전에 만들어 진 것으로 추정된다. 「이고리 원정기$^{Slovo\ o\ Polku\ Igoreve}$」는 보로딘이 동명의 오페라로도 제작했다. 이고리 공후가 폴롭치를 상대로 원정을 나갔다 실패했던 이야기를 담았는데, 그 진위는 논란의 여지가 있다. 체제에 저항했던 아바쿰 수석사제는 매혹적이고 선구적인 내용의 자서전을 썼다. 트베리 출신의 15세기 상인 아파나시 니키틴$^{Afanasy\ Nikitin}$의 인도 여행기도 여러 다채로운 버전이 전해진다. 사제 연대기들과 찬양 일변도인 성인 전기들도 있었다. 18세기까지 그 외 다른 문학 작품은 거의 찾아볼 수 없다.

표트르 대제는 예술에는 관심이 없었다. 표트르 대제는 상당한 양의 책을 인쇄하도록 지시했지만 주로 실용 서적들이었다. 문학과 회화, 음악의 발전을 장려한 옐리자베타와 예카테리나 시대에는 상황이 크게 달라졌다.

초기에는 주로 계몽주의 이상과 프랑스, 이탈리아 모델을 따라갔다. 하지만 19세기에 이르러 러시아는 완전히 독립적으로 발전하기 시작했다. 러시아는 문화 초강대국이 되었고 스탈린과 그 후예들의 압제에 시달리는 와중에도 문화 강국의 입지를 유지했다. 러시아에서 문화는 삶의 가장 깊숙한 문제들을 심오하게 다루고, 무엇보다 러시아 자체의 본질과 운명을 다루는 것이었다. 문화가 불러일으키는 열정적이고 때로는 사나운 논쟁은 당대의 정치적 사안에 스며들었고 통치자들은 촉각을 기울였다.

문화는 러시아의 깊이 박힌 뿌리에 닿아 있었다. 러시아인의 머릿속, 상상의 풍경은 끝없는 숲과 넓은 강, 위대한 영웅과 나무와 개울의 영혼들, 불사의 사악한 마법사 카셰이^Kashchei와 닭 다리가 달린 오두막에 사는 마녀 바바야가^Baba Yaga가 있는 곳이다.

욕심 없는 '바보 이반'은 세 형제 중 막내로 태어났다. 형제들은 그를 괴롭혔고 아버지는 가망 없는 임무를 수행하는 여정으로 이반을 내몰았다. 하지만 이반은 결국 공주, 공주의 아버지인 왕이 선물한 왕국 절반, 그리고 전설 속 불새의 꽁지깃에서 뽑은 황금 깃털을 가지고 돌아온다. 이반은 정교 러시아를 가로질러 구걸하며 뜻을 펼친 '유로지브이'(성스러운 바보' 혹은 '바보 성자'를 뜻한다. 겉으로는 바보나 미치광이처럼 행동함으로써 공동체에 종교적인 감화를 주는 정교회 고행자로 러시아에서 크게 존경받았다-옮긴이)에 부합한다. 그는 『리어왕』에 등장하는 바보 광대처럼 권력자들에게 쓴소리하고, 그들의 죄를 사하여 주십사 기도한다.

오늘날에도 러시아인은 아이들에게 이 이야기들을 들려준다. 이들은 고급문화와 저급문화 사이의 간극을 메우는 역할을 한다. 알렉산드르 푸시킨은 대중문화와 농경문화 속 이야기와 리듬을 러시아 고급예술 속으로 옮겨놓았다. 곧 문필가와 작곡가, 예술가들도 푸시킨의 뒤를 따랐다. 이 점에서 러시아의 문화는 유럽 다른 곳의 고급문화와는 비교할 수 없는 특유의 신랄함이 있다.

푸시킨의 서사시 동화 『루슬란과 류드밀라』는 그의 첫 출판 성공작이었다. 안톤 체호프의 『세 자매』에 등장하는 인물인 '마샤'는 집착에 가까울 정도로 그 책의 내용을 달달 읊는다. 도스토옙스키의 『카라마조프의 형제들』에 등장하는 '막내'와 『백치』의 '미시킨 공후'는 '성스러운 바보'의 구현에 가까운 인물들이다. 체호프의 '바냐 아저씨'(동명 희곡의 주인공 – 옮긴이)와 톨스토이 『전쟁과 평화』의 주인공 '피에르 베주호프'와 '플라톤 카라타예프'는 서로 닮아 있다. 영국에 '영국군 토미'^British Tommy'(영국 육군의 일반 병사를 뜻하는 속어-옮긴이)가 있듯 러시아에서 병사의 모범은 우직한 농촌 청년이다. 아주 똑똑하지는 않지만 용감하고, 관대하고, 충성스럽다. 마찬가지로 이반과 성스러운 바보를 본뜬 것이다. 이 같은 러시아 병사의 전형은 전시에 전방 군인들이 탐독했던 알렉산드르 트바르돕스키의 서사시 「바실리 테르킨^Vasili Tyorkin」과 스탈린의 러시아를 통렬하게 풍자한 블라디미르 보이노비치의 코미디 소설 『병사 이반 촌킨의 삶과 이상한 모험』에도 등장한다.

푸시킨은 신의 존재에 회의를 품었고, 날카로운 재치의 소유자였으며, 바람둥이였다. 그는 뛰어난 서정시인이었고, 거의 모든 문학 형태를 섭렵하는 글을 썼으며, 러시아어가 현대적 모습을 갖추도록 다듬었다. 러시아인이라면 푸시킨의 꽤 많은 시구를 보지 않고 줄줄 욀 수 있다. 푸시킨의 「청동기사」는 표트르 대제를 향한 열린 해석의 찬가이며, 운문소설 『예브게니 오네긴』은 19세기 초 대지주 인텔리겐치아의 삶을 손에 잡힐 듯 생생하게 묘사했다. 푸시킨은 범접 불가의 세속 성인이자 러시아 민족주의의 구심점이 되었다. 툭하면 결투를 신청했던 푸시킨은 아내와 너무 가까이 지낸 프랑스 이민자와 결투 끝에 죽었다. 일부 러시아인은 러시아의 적들이 가장 위대한 러시아 시인을 없애기 위해 의도적으로 결투라는 함정을 팠다고 믿는다.

푸시킨보다 약간 어렸던 동시대 작가 미하일 레르몬토프는 탁월한 서정시인이라는 면에서, 그리고 예민한 결투자라는 점에서 거의 푸시킨과 비등한 수준이었다. 푸시킨과 톨스토이처럼, 그리고 러시아의 많은 위대한 음악가처럼, 레르몬토프도 상상 속의 '동방'에 매료되었다. 그에게 동방은 캅카스였다. 레르몬토프도 결투 중에 죽었는데, 이번에 상대는 확실히 러시아인이었다. 니콜라이 고골은 우크라이나인이었고 러시아어로 글을 썼다. 고골의 이야기와 문체는 넘쳐나는 독창성과 환상적인 멋이 있다. 서구에서는 희곡 『검찰관』으로 가장 잘 알려졌는데, 지방의 무지와 부패, 권력 남용이라는 끈질기게 해결되지 않는 러시아의 고질적 문제를 다루는 작품이었다. 고골은 말년에 음울한 방식으로 슬라브주의에 빠져들었고 로마에서 사망했다.

문학의 귀재들은 기하급수적으로 증가했다. 각자의 방식으로 그들은 모두 러시아의 '저주받은 질문'에 답하는 데 집중했다. 이반 투르게네프와 레프 톨스토이는 옛 대지주 귀족 가문 출신이었다. 표도르 도스토옙스키와 안톤 체호프는 신흥 중산층 계급인 라즈노친치 출신이었다. 도스토옙스키의 직계 조상은 사제와 상인이었다. 그는 러시아가 세계의 도덕적 구원자가 될 운명이라는 슬라브주의 사상에 깊이 심취해 있었고, 열정적으로 그 사상을 전파했다. 톨스토이는 비슷한 생각을 가지기는 했지만 자신만의 독특한 사상을 발전시켜 널리 퍼트렸고, 결국 정교회에서 파문되었다. 지주 출신이었던 투르게네프는 러시아 농촌에 연민을 가졌지만 오랜 기간 동안 프랑스와 독일에서 살았고, 이 때문에 동시대 러시아인들은 그가 가진 서구주의 사상을 색안경을 끼고 보았다. 안톤 체호프는 개업의였고 농노의 손자였다. 통찰력과 냉철함을 갖추었던 체호프는 그 모든 잡음 속에서도 지적 균형을 유지할 수 있었다.

대부분의 러시아 대작들은 20세기 초 콘스탄스 가넷^{Constance Garnett}의 손에서 재탄생해 영어권 세계에 발을 들였다. 독학으로 경지에 이른 가넷은 비범했다. 가넷의 번역은 이후 더 완벽하고 더 정확하며 종종 더 난해한 버전의 다른 작품들이 등장했지만, 여전히 제일 훌륭한 영어 번역 작품으로 손꼽힌다.

20세기 초, 새로운 작가들의 물결은 앞선 '황금시대'에 필적할 '은세기^{Siver Age}'를 만들어 냈다. 이 시기 작가들은 '저주받은 질문'에서 벗어나 예술 자체를 위한 예술을 설파했다. 물론 그들도 점차 고조되는 극적인 정치 상황을 완전히 외면할 수는 없었다. 서정시인 알렉산드르 블로크는 「스키타이족^{The Scythians}」에서 유럽의 오만함에 맞서 결연히 러시아를 수호하는 모습을 그렸고, 「열둘^{The Twelve}」에서는 1917년 혁명을 기이하게 기독교적으로 해석하기도 했다.

러시아 음악은 처음에 교회와 특권층에게만 국한되었다. 궁정 오락으로서 음악은 옐리자베타와 예카테리나 황제에 의해 발전되었다. 예카테리나는 희곡의 음악을 작곡하기도 했다. 많은 음악가가 외국인이었다. 러시아에서는 전문적인 훈련을 받을 수 없었으므로 귀족들은 재능이 탁월한 농노를 외국으로 유학 보냈다. 그중 일부는 러시아 최초의 클래식 음악 작곡가가 되었다.

19세기 중반에 이르러 유럽 전역의 작곡가들은 일종의 음악적 민족주의를 발전시키고 있었다. 결과는 때때로 인상적이기보다는 앙증맞았다. 그때까지 러시아 음악은 재능 있는 아마추어들이 지배했다. 처음에는 글린카가 있었고 이후 보로딘, 무소륵스키, 림스키코르사코프 등 민족주의 의식을 표방했던 음악가 그룹이 뒤를 이었다. 역사 주제를 오페라로 만드는 것이 그들이 가장 즐겨 쓴 형식이었다. 무소륵스키의 「보리스 고두노프」와 「호반시나」는 러시아 역사의 중요한 순간들과 그들을 둘러싼 신화를 진실의 눈으로 조명하는 가극이었다.

러시아 음악은 1862년 안톤 루빈시테인이 상트페테르부르크 음악원을 설립하며 전문화하기 시작했다. 유대인이었던 루빈시테인은 반유대주의 색채가 짙은 배후 공작에 시달렸고 개인적으로도 공격을 받았다. 차이콥스키는 음악원에서 루빈시테인의 교육을 받은 초기 학생 중 한 명이었다. 차이콥스키는 곧 세계적 명성을 얻었다. 차이콥스키의 교향곡과 협주곡, 그리고 푸시킨 시를 소재로 만든 오페라 「예브게니 오네긴」은 공연 목록에서 빠지지 않는 인기작들이다.

19세기 후반까지 러시아는 미하일 브루벨, 일리야 레핀, 이사크 레비탄, 이반 아이바좁스키, 발렌틴 세로프와 같은 위대한 초상화가와 풍경화가를 배출했다. 이들은 서양에는 거의 알려지지 않았다. 다음 세기 초에 카지미르 말레비치, 나탈리야 곤차로바, 바실리 칸딘스키, 류보비 포포바, 마르크 샤갈과 같은 화가를 통해 러시아 아방가르드가 서양에서 폭발적인 반응을 얻었다. 스트라빈스키가 러시아의 삶을 그려낸 발레 음악 3부작, 「불새」, 「페트루시카」, 「봄의 제전」은 세르게이 댜길레프가 파리에 설립한 러시아 발레단, '발레뤼스'에 의해 독창적인 색채와 음률의 폭발적인 향연으로 거듭났다.

역사가들은 국가 기록보관소의 사실 자료에 근거해 후대에 길이 남을 저작을 남겼다. 이런 전통은 스탈린을 거치면서도 살아남았고 푸틴의 러시아에서도 이어졌다. 드미트리 멘델레예프는 1869년에 원소 주기율표를 고안했다. 이반 파블로프와 일리야 메치니코프는 각각 초기 노벨상을 받았다. 소피야 코발렙스카야는 여성으로서는 세계 최초로 수학 교수직을 얻었다. 니콜라이 로바쳅스키는 비유클리드 기하학을 개척했다. 나이가 좀 있는 독자라면 톰 레러(1950~60년대에 활동한 미국 가수로 「로바쳅스키」라는 풍자곡을 작사 작곡했다-옮긴이)의 노래를 기억할 것이다.

러시아에서 쏟아져 나온 문학과 학술 저작, 음악, 예술, 철학, 과학 분야의 성과는 광범위한 유럽의 전통 속에서 서로 융합하며 진보를 거듭했다. 그리스로마 문화와 프랑스, 독일, 영국의 문학, 그리고 2000년간 기독교 세계관 위에서 꽃핀 것들이었다. 러시아가 르네상스를 놓쳤을지는 모르지만 그들은 계몽주의를 급속히 제 것으로 흡수했다. 근대 러시아 문화는 소설, 교향곡, 오페라, 서사시, 풍경화, 초상화 등 유럽 문화의 형식을 완전히 동일하게 보유했다. 하지만 러시아는 이국적인 색채와 더불어 가공할 독창성을 보여주었다. 러시아는 유럽 문화의 풍요에 결정적으로 기여했다.

발전하는 경제

전쟁에서 패배한 후 러시아 정부는 군사력 강화 목적으로 경제를 발전시키고 장려했다. 이것은 러시아 역사에서 낯선 광경이 아니다. 데미도프 가문은 철강 생산을 늘렸다. 영국의 증기 기관을 도입하고 농노를 근로자로 부렸던 직물 산업은 셰레메테프^{Sheremetev} 귀족 가문이 모스크바 북동쪽에서 주도했다.

19세기 말에, 앞서 서유럽을 휩쓸었던 상업 혁명이 마침내 러시아에서도 뿌리를 내리는 것처럼 보였다. 러시아 경제는 경제에 해박한 정치인들의 지도 아래 상당한 속도로 성장하고 있었다. 러시아 주식은 런던, 파리, 암스테르담에서 거래되었다.

세르게이 비테는 알렉산드르 3세의 재무장관이었고 니콜라이 2세대에 이르러서는 총리직까지 역임했다. 비테는 러시아 경제를 근대화하기 위해 무엇이 필요한지 정확히 꿰뚫어 보았다. 그는 러시아의 재정과 은행 체계를 틀어쥐었다. 러시아의 기반 시설에 대한 서구 자본의 투자 확대도 장려했다. 법과 규제를 확립해 재계를 뒷받침했다. 비테는 러시아같이 넓은 나라를 관리하려면 철도와 전신이라는 근대적 통신 수단이 핵심적이라는 사실을 알고 있었다. 그는 프랑스에서 임차한 자본으로 철도 네트워크를 획기적으로 확대했다. 세계에서 가장 긴 철로인 시베리아 횡단철도는 시베리아를 확 바꾸어놓았다. 한 공직자의 표현을 빌리자면, 시베리아 횡단철도는 유럽 문명을 동쪽으로 전달하는 수단이 될 것이었다. 유럽과 맞닿은 서부 러시아에서 실제로 많은 사람이 시베리아로 이주했다. 1893년 600만 명가량으로 추정되던 시베리아 인구가 1913년에는 1,000만 명이 넘었다. 철도는 러시아가 극동 방면으로 활발하게 외교 정책을 펼칠 수 있는 환경을 제공했는데, 나중에 알게 되겠지만 결과는 재앙이었다.

러시아에서는 진정한 의미의 자본가 계급이 부상하고 있었다. 그들은 19세기 초 대도시에서 사업 기회를 거머쥐었던 농노의 자식이나 손자,

그리고 기존 상인 계급 중 한층 창의력을 발휘할 수 있었던 사람들이었는데, 상인들 다수는 원래 극우 보수 성향에 독실한 구교도 신자들이었다. 아직 완전히 서구적 의미의 자본가라고 불릴 정도는 아니었을지 모른다. 하지만 그들은 자신의 사업 영역에서 점차 전문성을 갖추어 갔다. 공공의 책임감을 가진 상인들도 많았다. 공적 기부자가 되기도 하고 거물 예술 후원자가 되기도 했다. 세르게이 슈킨[1854-1936]과 사바 모로조프[Savva Morozov, 1862-1905]는 서양에서 피카소와 마티스의 재능이 완전히 인정받기 전에 작품을 사주었다. 파벨 랴부신스키[Pavel Ryabushinsky, 1871-1924]는 모스크바 증권거래소의 수장이 되었고 슬그머니 정치에 발을 들여 자유주의 진영에 합류했다.

그러나 러시아 인구는 여전히 대부분 토지에 기반을 두고 있었다. 새로운 상인 계층은 수가 많지 않았고 편협한 정부 규제가 경제 성장을 이끄는 유일한 방법이라고 믿는 관료들에 부딪혀 좌절했다. 정치 분야에서 사업가들은 여전히 법관과 귀족들의 속물 근성과 싸워야 했고, 그들의 자유주의적 본능은 좌파 혁명가들의 우회 공격도 견뎌야 했다. 모스크바, 상트페테르부르크, 그리고 북동부 섬유 산업단지에 기반을 둔 노동자 계급은 비교적 규모가 작았고 생산성도 좋지 않았다.

비록 환경은 열악했지만 제1차 세계대전이 발발하기 전 50년 동안 산업 생산은 11배나 증가했다. 1913년에는 러시아는 세계에서 네 번째로 큰 철강 생산국이 되었다. 심지어 농업도 상황이 좋아졌다. 간간이 혹독한 기근이 있기는 했지만 곡물 잉여 생산량이 넉넉해져 수출 흑자가 점차 증가했다. 곡물은 러시아 내륙으로부터 강을 따라 이동한 후, 오데사에서 흑해로 빠져나갔다. 20세기 초에 이르러 볼가강에서 동쪽으로 160 킬로미터 이상 떨어진 외딴 마을 옐라부가에는 백만장자가 13명이나 있었다. 모두 곡물로 벌어들인 재산이었다.

자유주의의 약속

자유주의적 움직임은 예카테리나 2세 이후로 여러 개혁을 통해 감지되었다. 알렉산드르 2세는 입헌 사상(자유주의, 민주주의의 토대 위에서 헌법으로 통치 권력을 구속하는 사상이다-옮긴이)에 관심이 있었고 이런저런 시도를 해보았다. 지방 자치 의회 젬스트보는 지방의 현실적 사안과 기근이나 전염병 같은 지역 위기 사안까지 처리하도록 권한이 확대되었다. 세르게이 비테와 같은 현실 정치인들은 점점 고도화되는 경제를 자유주의 원칙에 부합하게 관리 감독했다. 하지만 자유주의는 적이 많았다. 이상화한 머스커비를 그리워하는 사람들과 앞으로 일어날 극적인 폭력 혁명을 고대하는 사람들 모두에게, 입헌개혁이나 대의정부 같은 발상은 참을 수 없는 것이었다. 그들의 눈에는 그런 일련의 시도가 피도 눈물도 없이 형식에 치우친, 영혼 없는 서구 부르주아의 산물이었고 그 안에 도덕적 알맹이는 전혀 없었다. 심지어 점진적인 개혁 방식을 선호하는 사람들도 스스로 자유주의자라고 이름 붙이지 않았는데, 이는 불필요하게 매도당하지 않기 위해서였다.

따라서 19세기를 지나 20세기로 접어들 무렵 러시아는 턱밑까지 차오른 희망으로 떨고 있었다. 몇 가지 중대한 개혁은 이미 정착했고, 경제는 비상할 준비를 마친 듯했으며, 문화는 유럽 어느 곳과 비교해도 뒤지지 않았다.

그러나, 그 희망은 실현되지 않았다. 알렉산드르 3세는 1894년에 사망했고 아들 니콜라이 2세가 뒤를 이었다. 그해 말 모스크바 호딘카 광장에서 니콜라이 2세의 대관식이 열렸고 운집한 환영 인파 속에 사람이 미꾸러지고 쓰러졌다. 공황이 뒤따르며 1,000명 넘는 사람들이 죽었다. 앞으로 일어날 일의 암울한 전조였다.

7

피로 얼룩진 50년

나는 지금 핏속에 걷고 걸어 여기까지,
더 나가기 어렵지만 돌아가기도 이미 늦었네.

- 윌리엄 셰익스피어 『맥베스』중[1]

20세기는 러시아 역사에서 아마도 가장 피로 얼룩진 세기일 것이다. 20세기 전반기 동안 러시아는 두 번의 전쟁에서 처참하게 패배했고, 끔찍한 내전을 겪었으며, 눈부시게 성공적이었지만 국고를 탕진한 한 번의 승리를 거두었고, 몇 차례의 기근, 그리고 두 번의 혁명을 겪었다. 1917년 공산주의자들이 주도한 쿠데타로 유례없이 야만적인 정권이 러시아를 장악했다. 그들은 러시아 사회와 경제에 엄청난 피의 대가를 치르게 하고 근대 세계가 들이미는 도전에 러시아가 제대로 대응할 수 없게 만들었다. 러시아는 동란의 시대와 몽골 침략 때 그랬던 것처럼 지구상에서 사라질 위험을 두 차례나 다시 겪었다.

1905년 혁명, 종말의 서막

시작은 먼 곳에서 벌어진 전쟁이었다. 니콜라이 2세는 아버지보다 조심성이 없었고 러시아 장군과 제독들은 돋보이려고 안달이었다. 기회는 극동에 있는 듯했다. 서구 열강들은 중국으로 모여들었다. 영국은 이미 홍콩을 차지했고 이제 북쪽을 넘보는 중이었다. 프랑스, 독일, 일본은 저마다 항구를 꿰차고 무역 거점으로, 또 군함 정박용으로 이용하고 있었다.

러시아도 뒤처질 수 없었다. 러시아는 랴오둥반도를 접수하고 그곳에 뤼순 군항을 세운 뒤 태평양 함대의 기지로 삼았다. 일본은 러시아의 이 행위를 직접적인 위협으로 간주했다. 긴장이 고조되자 평화적인 외교 수단은 힘을 쓰지 못했다. 1904년, 일본이 선전포고 없이 뤼순항을 공격했다. 러일전쟁의 막이 올랐다. 러시아 전함 두 척과 순양함 한 척이 심하게 파손되었다. 재차 러시아 군대를 물리친 일본군은 마침내 뤼순 군항을 점령했다. 뒤이은 참호전은 1914년 서부전선의 리허설이었다. 전쟁은 1905년 5월, 일본군이 지구의 반을 돌아오는 기념비적인 항해(발트해에서 블라디보스톡까지 - 옮긴이)를 마치고 막 한반도 동해로 진입한 발트함대를 완파하자 더 이상 의미가 없어 보였다. 미국 루스벨트 대통령은 러시아 측의 '뻔뻔하고 혐오스러운'(루스벨트 대통령이 미국 국무장관에게 보낸 편지에서 러시아 외교관들의 행동을 묘사하며 쓴 표현이다. 전권대사는 세르게이 비테 총리였다-옮긴이) 기만(브라니요)을 참아가며 포츠머스에서 러시아와 일본 간 평화 협정을 중재했다. 루스벨트는 이 공로로 초기의 노벨 평화상을 수상한다.

아시아 국가가 유럽 강국을 이긴 것은 이때가 처음이었다. 서방 여러 나라는 강렬한 인상을 받았다. 러일전쟁의 패배로 이미 불안정했던 국내 상황은 최악으로 치달았다.

러시아의 새 자본가들은 계속 번성했고 국가 산업으로 세력을 확장했다. 시골에서 이주해 온 농민 중 그다지 큰 성공을 거두지 못한 사람들은 성장하는 경제가 만들어내는 새 공장으로 흡수되었다. 그들의 생활 환경과 노동 여건은 참혹했다. 서유럽의 산업혁명이 창출한 비참한 환경에 비해 나을 것이 없었다. 거의 1억 3,000만인 러시아 인구 중 공장 노동자는 약 200만 명이었고, 전략적으로 모스크바와 상트페테르부르크에 밀집해 있었다. 그중 많은 사람이 글을 읽을 수 있었고, 변화를 요구하며 파업할 준비를 했다. 이제 혁명가들이 공을 들일 진짜 노동자 집단이 몸집을 드러낸 것이다.

정부는 당연히 탄압으로 대응했다. 차르의 비밀경찰은 가끔 놀라우리만치 지능적이었다. 모스크바 경찰 간부 세르게이 주바토프는 이제 막 꽃피기 시작한 노동조합 결성 운동에 직접 뛰어들어 노동조합 결성을 장려했다. 친정부 노동조합을 확대할 목적이었다. 대대적으로 확대된 이 정책은 나중에 '경찰 사회주의'로 불리게 되었다. 주바토프의 작전은 결국 역효과를 낳았지만, 이 작전으로 파란만장한 두 인물이 부상했다. 가폰 신부Father Gapon, Georgy Gapon와 이중 첩자 예브노 아제프Yevno Azef였다. 가폰 신부는 노동자 단체를 결성했고 그들의 가족을 지원할 기금을 조성했다. 아제프는 사회혁명당의 전투조직을 이끌었다. 아제프가 이끄는 전투조직은 내무장관과 대공을 포함해 여러 저명한 정치가들을 암살했다. 아제프는 비밀경찰 공작원으로도 암암리에 활동하면서, 많은 혁명 동지들을 비밀경찰에 팔아넘겼다.

1904년 12월, 팽팽히 당겨진 줄이 마침내 끊어졌다. 상트페테르부르크의 거대 중공업 단지인 푸틸로프 공장에서 자발적 파업이 시작되었다. 이 공장은 1789년에 설립되었고 21세기에도 여전히 가동되는 공장이다. 파업이 번졌다. 얼마 지나지 않아 도시에 신문이 자취를 감췄고, 전기가 끊겼다. 1905년 1월 9일 일요일, 가폰 신부는 시위대를 이끌고 황제에게 충성 탄원을 올리기 위해 전진했다. 탄원서 안에는 파업의 자유, 노조의 대표권, 입헌 청원이 포함되었다. 시위대는 도시 한 가운데 겨울 궁전에서 수비대와 마주쳤고 군인들은 시위대에 총을 쏘았다. 대략 1,000명이 사망했다(피의 일요일 사건).

가폰 신부는 도망쳤다. 하지만 어리석게도 경찰 사회주의자들의 재정 지원을 받았고 사회혁명당으로부터 반역자로 몰려 살해되었다. 아제프가 지시한 일이었다. 아제프 자신도 곧 정체가 발각되었고 독일로 도망쳤다. 비밀경찰도 사회혁명당도 이후 아제프를 붙잡지 못했고, 그는 제 명대로 살다 죽었다.

러시아 전역에서 노동자들은 소비에트(평의회)를 결성했다(노동자 단체 파업을 위해 결성되었고, 이후 혁명 권력의 주체가 된다-옮긴이). 상트페테르부르크의 소비에트를 이끈 지도자는 레프 트로츠키였다. 트로츠키는 훌륭한 저술가이자 웅변가였다. 보기 드물게 결단력이 있는 관료였고, 사회민주노동당원으로 레닌과 동지였지만 서로 불편한 관계였다. 총파업이 러시아 전역으로 확대되었다. 상트페테르부르크에서만 100만 명 가까운 노동자가 작업을 중단했다. 시골에서는 자칭 '붉은 수탉'이 농민 소요를 이끌어 소농들이 지주로부터 토지를 빼앗고, 집을 불태우고, 때로는 지주와 가족을 몰살하기도 했다. 캅카스에서는 아제르바이잔인과 아르메니아인들이 서로 무력 충돌했고, 발트 해안을 따라 에스토니아인과 라트비아인 소농들이 독일 지주를 향해 복수의 칼을 들었다.

차르조차도 합의가 필요하다는 점을 인정했다. 세르게이 비테 등 여러 사람이 황제를 설득했고, 마침내 1905년 8월 황제는 영세농민을 포함하는 선출 하원 의회인 '국가두마'State Duma'(1993년 옐친이 만든 국가두마와 구분하기 위해 제안자인 내무장관의 이름을 따 '불리긴 두마'라고 부르기도 한다-옮긴이) 제도를 시행하겠다고 선언했다. 황제가 전제권력을 여전히 보유하기는 했지만, 두마는 입법권도 가졌다. 사회혁명당과 사회민주노동당을 포함하는 정당들이 선거에 나섰다(사회민주노동당이 도시 노동자들에게 집중했다면, 사회혁명당은 농민에게 주력했다-옮긴이). 이것은 사실상 러시아 최초의 입헌 체제였고, 비테는 러시아 최초의 총리가 되었다. 한동안 의회는 입헌민주당^{Kadet}의 입김이 셌다. 입헌민주당은 노동자 인권과 유대인 등 소수민족의 권리를 옹호했던 전직 모스크바 학자 출신 파벨 밀류코프가 능숙하게 이끌었으며, 지식인, 전문가, 전직 젬스트보 대표 등 자신의 의견을 고도로 명료하게 표현할 수 있는 사람들이 모여 있었다.

러시아 자유주의자들은 러시아가 마침내 반환점을 돌았기를 바랐다. 정치 개혁도 이루었으니 경제가 함께 성장하면, 마침내 러시아가 근대 경제 체제를 갖춘 입헌 군주제 국가가 되지 않을까 하는 희망이었다. 하지만 자유주의는 대세가 아니었다. 차르는 여전히 극우보수주의자들에게 둘러싸여 있었다. 혁명 세력은 한 치도 양보하지 않았다. 정부는 다시 탄압을 시작했다. 노동자와 농민 수천 명이 처형당하고, 투옥되거나, 추방당했다. 황제 니콜라이와 그의 고문들은 두마 권력을 다시 축소하는 작업에 착수했다. 선거권은 제한되었다. 총리인 비테가 물러났다. 혁명은 잠잠해졌다. 하지만 러시아 정치는 이미 영구적으로 변해버렸다. 이제 모든 사람이 저마다 자기 목소리를 낼 권리가 있다고 믿었다. 만약 국가 제도 안에서 나의 목소리를 내는 게 불가능하다면 거리로 나가면 됐다.

세 번째로 총리가 된 표트르 스톨리핀은 반란의 남은 불씨마저 가차 없이 꺼버렸다. 하지만 스톨리핀은 경제가 문제 해결의 열쇠라는 사실을 알았다. 특히 그는 농업을 신경 써서 장악했다. 다수 소농은 경제적으로 이윤을 창출하기에 너무 규모가 작았고 자본도 없었다. 따라서 스톨리핀은 '유능한 농민 집중 지원'이라는 새로운 정책을 도입했다. 스톨리핀은 사업 수완이 있는 농민이 많은 돈을 벌 수 있도록 세제와 혜택을 제공했고, 필요하다면 경쟁력이 부족한 사람들이 손해를 좀 보더라도 할 수 없다고 생각했다. 스톨리핀은 자신에게 20년만 주어진다면 러시아를 바꿔

놓을 수 있다고 자신했다. 하지만 그는 1911년 키예프에서 오페라를 관람하던 중 암살당한다. 스톨리핀의 힘을 질투한 황제는 아마도 암살 계획을 미리 알고 있었을 가능성이 높다. 니콜라이 2세는 스톨리핀처럼 유능한 총리를 다시는 만나지 못했다. 스톨리핀이 육성한 부농인 쿨라크^{Kulak}는 스탈린의 손에 숙청당한다.

1912년, 새로운 불안정이 시작되었다. 시베리아의 레나^{Lena} 금광에서 일어난 파업을 군대가 참혹하게 진압한 사건이 시발점이었다. 희망은 여러 모로 완전히 부서졌다. 고압적인 차르는 정치적 상상력이 없었고, 러시아 정치인들은 부적절했으며, 혁명가들은 극단으로 치달았고, 제1차 세계대전의 결과는 재앙이었다. 그렇게 1905년은 제1차 러시아혁명으로 기록된다. 모든 것을 바꿔놓은 1917년 사건의 예고편이었다.

전쟁, 혁명 그리고 제국의 종말

제1차 세계대전의 촉발에는 여러 요인이 있다. 한 가지는 독일이 러시아의 성장에 위협을 느끼고 더 성장하기 전에 막아야겠다고 생각한 점이다. 러시아 산업이 빠르게 고도화하고 군대가 근대적 정비를 끝내면 독일은 러시아를 영영 이길 수 없을지도 몰랐다. 영국, 프랑스, 독일과 마찬가지로 러시아에서도 전쟁의 도화선은 애국심의 폭발이었다. 며칠 후 독일군이 동프로이센으로 쳐들어온 러시아 군대를 괴멸하며 압도적으로 승리하자 모든 것이 달라졌다. 독일인은 튜턴 기사단이 같은 곳에서 폴란드와 리투아니아의 손에 당한 쓰라린 패배의 기억을 지우려는 듯 이 전쟁을 '2차 타넨베르크 전투'라고 불렀다.

서부전선과 달리 동부에서의 전투는 전선이 훅 치고 나갔다가 또 그만큼 밀리기를 반복했다. 그 사이에 끼인 민간인들은 떼죽음을 당했다. 러시아 군대는 끈질기게 싸웠다. 하지만 러시아 정부는 군대에 보급품과 무기를 제대로 전달하지 못했다. 유럽 다른 나라들과 마찬가지로 러시아 정부도 전쟁이 이렇게 장기화하리라고 전혀 생각하지 못했기 때문이기도 하고, 책임자의 부패, 러시아 산업의 불구화도 원인으로 작용했다.

1916년, 러시아 군대는 아르메니아에서 오스만제국군을 다시 몰아냈다. 알렉세이 브루실로프 장군이 이끄는 러시아 군대는 폴란드의 오스트리아군을 공격했고, 성공적인가 싶었던 공세는 독일군에 가로막히고 휘청였다. 그해 10월까지 러시아는 거의 500만 명의 병력을 잃었다. 자그마치 180만 명이 죽었고, 100만 명이 실종되었으며, 200만 명이 전쟁 포로가 되었다. 러시아군의 사기가 바닥을 쳤고, 탈영자가 늘었다.

사상자가 쌓이자 차르와 독일 출신 황후는 인기가 점점 떨어졌다. 알렉산드라 황후가 적에게 지나치게 동정적이라는 악의적인 소문이 돌았다. 황후의 정신적 멘토였던 요승 라스푸틴은 국가 정책과 직위 임명에 불건전한 영향을 끼쳤다. 1916년 12월, 라스푸틴은 궁전 내부인의 손에 살해되었다. 황제의 최측근들은 니콜라이 2세를 퇴진시키는 것을 검토하기 시작했다.

니콜라이는 경험도 없으면서 군대를 직접 지휘하는 멍청한 실수를 저질렀다. 그저 자신의 존재가 군대의 사기를 진작시키겠거니 생각한 것이었다. 1917년 2월 페트로그라드^{Petrograd}(1914년부터 1924년까지 상트페테르부르크를 부르던 공식 명칭이다. 반독일 정서가 심해지면서 원래 이름이 너무 독일식이어서 바꾸었다-옮긴이)에서 주부들이 식료품 부족에 시달리다 시위를 시작했을 때, 황제는 전방에 가 있었다.

페트로그라드의 공장 노동자들은 부인들을 지지하며 함께 파업했고,

수도의 군대는 성난 군중을 제압하기를 거부했다. 소요는 모스크바와 다른 주요 도시들로 번졌다. 농민들은 자신들의 선조가 해방될 때 마땅히 받았어야 했다고 생각한 토지를 장악했다. 2월혁명의 결과 차르는 며칠 지나지 않아 자리에서 물러났다. 황제를 포함한 가족들은 수도 외곽의 궁전 중 한 곳에 가택 연금되었다.

자유주의 성향의 게오르기 리보프 공후를 앞세운 중도좌파 정치인들이 구성한 임시정부가 정권을 잡았다. 미국은 러시아 정부로 즉시 인정했고 이틀 뒤에 프랑스, 영국, 이탈리아도 가세했다.

사회주의 정당들은 이때 이미 자신들의 위원회, '페트로그라드 소비에트'를 다시 조직한 상태였다. 임시정부와 소비에트는 처음에는 협력했지만 이 양두정치는 불안정할 수밖에 없었다. 극심한 압력 속에서 약한 정부를 이끄는 일이 리보프 공후에게는 역부족이었다. 사회혁명당의 활기차고 카리스마 넘치는 젊은 알렉산드르 케렌스키가 임시정부를 이어받았고 독일과 전쟁을 계속 이어갔다. 하지만 다시 한번 러시아의 공세는 유혈이 낭자한 패배로 끝났다.

블라디미르 레닌은 지방에서 존경받는 중견 교육 공무원이었던 아버지 밑에서 자랐다. 레닌은 대학 교육을 받았지만, 성인이 되고서는 평생 당파, 음모 정치에 몸담았고, 대부분의 시간을 망명지에서 보냈다. 경쟁자는 물론, 자신과 의견이 다른 상대는 가차 없이 제거함으로써, 레닌은 볼셰비키라고 불린 사회민주노동당의 한 분파를 완전히 장악했다. (그들이 당파싸움에서 잠시 다수[러시아어로 bolshinstvo]를 차지한 적이 있었기 때문에 붙은 이름이었다.)

레닌은 2월혁명을 놓쳤다. 그는 제1차 세계대전을 제국주의자들이 패권을 다투다 공멸할 각축전으로 보았고, 전쟁 중에는 스위스에 머물렀다. 일단 제국들이 서로를 없애고 나면 노동자가 승리의 마침표를 찍을 세상이 열릴 터였다. 하지만 다른 모든 참전국의 사회주의 정당들은 신뢰를 저버린 채 제 나라 정부를 응원했다. 러시아의 2월혁명은 찬란한 기회의 문을 열어젖혔다. 레닌은 그 기회를 이용할 수 있었다. 고국으로 돌아갈 수만 있다면 말이다.

독일이 해결책을 제공했다. 1917년 4월, 레닌은 독일의 은밀한 도움으로 기차를 타고 러시아로 밀입국했다. 독일은 레닌을 러시아에 심어 러시아가 전쟁을 포기하게 하려는 심산이었고, 결과적으로 그들의 예상은 적중했다. 페트로그라드에 도착하자마자 레닌은 「4월테제」를 집필해 러시아는 전쟁을 끝내야 하고, 토지는 땅을 경작하는 농민들이 가져야 한다고 선언했다. 농민군 사이에서 레닌의 인기가 치솟았다. 그해 7월, 노동자와 군인들은 다시 한번 거리로 몰려나왔다.

케렌스키 정부는 진압에 성공했다. 많은 볼셰비키 당원이 체포되었고, 레닌은 은신처로 숨어야 했다. 케렌스키는 다른 한편에서 일어난 코르닐로프 장군의 반정부 쿠데타도 성공적으로 진압했다.

하지만 볼셰비키를 지지하는 사람들은 점점 늘었다. 10월이 되자 레닌은 무력으로 정부를 전복할 시기가 무르익었다고 결론을 내렸다. 레닌은 비밀리에 페트로그라드로 돌아왔다. 하지만 이미 진행되고 있던 쿠데타 준비에 큰 역할을 담당하기에는 너무 늦은 시기였다. 트로츠키는 소규모 병력을 모아 11월 7일 밤 정부를 장악했다. 유혈사태는 거의 없었다. 이제 케렌스키가 은신처를 찾아 망명할 차례였다.

케렌스키 정부는 그때까지 제헌의회 선거를 준비하고 있었다. 볼셰비키는 제헌의회를 개최하는 것을 허락했다. 결과는 충격적이었다. 농민의 몰표를 받아 사회혁명당이 전체 의석의 거의 절반을 차지했다. 볼셰비키는 주로 공장 노동자와 군인의 지지를 얻어 4분의 1 미만의 의석을 확보했다. 중도자유주의파인 입헌민주당은 간신히 16퍼센트를 얻었다. 레닌은 특유의 무자비함으로 반응했다. 제헌의회가 회합을 가지려 하자 군대를 보내 해산시킨 것이다.

전 세계적으로 차르 정권을 독재정치라고 비난한 사람들은 모두 차르 정권의 붕괴를 환영했다. 차르의 뒤를 이은 후계자를 향한 세계적인 환호는, 기존의 폭정이 다른 폭정으로 대체되었을 뿐이라는 사실이 분명해지기 시작한 후에도 오랫동안 지속되었다.

스탈린과 그가 저지른 범죄행위에도 불구하고 그런 환호의 여운이 소비에트 연방 내부에서 오래 지속되었다. 그 여운은 제2차 세계대전 동안은 애국심과 뒤섞였고, 미국과 소련의 우주 전쟁에서 소련이 거둔 승리와 미국과 군사적으로 세계 양대 강국이 된 성취와 융합했다. 흐루쇼프가 중앙아시아를 거대한 빵 바구니로 바꾸겠다는 거대하지만 잘못된 계획을 밀어붙일 때, 브레즈네프가 시베리아 횡단철도 연장이라는 납득하기 어려운 과업을 추진했을 때, 수십만 명의 러시아 젊은이를 열의에 불타오르게 만든 것도 바로 그 환호의 여운이었다. 심지어 소비에트 연방의 해체가 가까워지던 시점에도 러시아인들은 그들의 부모와 조부모가 더 나은 세상을 건설하려고 얼마나 분투했는지 자랑스레 회상했다. 이러한 감정이 푸틴의 러시아를 과거에 대한 향수로 불타오르게 했다.

레닌이 페트로그라드를 장악하는 동안, 독일군은 계속 러시아로 향해 진군했다. 레닌은 독일군을 물리칠 군대가 없었으므로, 수도를 모스크바로 옮겨 안전을 도모했고, 트로츠키에게 지금의 벨라루스에 있는 브레스트리토프스크에서 평화 조약을 체결하라고 지시했다. 브레스트리토프스크 조약에 따라 러시아는 독일에 막대한 배상금을 지불했고, 인구의 3분의 1을 잃었으며, 산업 지대의 절반과 석탄 광산의 90퍼센트를 잃었다. 독일은 핀란드, 발트 3국(에스토니아, 라트비아, 리투아니아)은 물론 벨라루스와 우크라이나 대부분을 장악했다. 독일은 1918년 11월에 패전국이 되고 나서야 이곳들을 다시 뺏겼다.

혼란과 유혈사태가 동유럽 전역을 뒤덮었다. 패배한 제국 밑에서 이제까지 신음해온 나라들이 독립을 확보하려고 고군분투하는 과정이었다. 러시아는 이제 피비린내 나는 적백내전(러시아 내전)으로 접어들었다. 한편에는 사면초가로 포위된 볼셰비치의 붉은 군대(적군)가 있었고, 다른 한편에는 공화주의자, 사회주의자, 군주정 지지자가 어룽더룽 모인 백위군이 있었다. 백위군의 수뇌부는 차르의 장군들이었다. 백위군은 영국, 프랑스, 미국, 일본군의 불규칙적인 지원을 받아 북부, 남부, 극동에서 침투했다. 혼란의 와중에 니콜라이 2세 황제와 황후, 아들과 네 딸은 의사 및 하녀와 함께 끔찍하게 처형되었다. 레닌이 직접 명령을 내린 것으로 보인다. 또 한 번 유대인은 양측 모두에게 희생양이 되어 고통을 겪었다.

1920년까지는 볼셰비키의 승리였다. 볼셰비키의 목적의식이 뚜렷하기 때문이기도 했고, 레닌과 트로츠키의 탁월한 지도력 때문이기도 했다. 두 사람은 붉은 군대 조직을 총괄 지휘했고 제국 군대의 전직 장교들을 영입해 군대 역량을 향상했다. 외국 군대는 전쟁에 염증이 난 자국민의 반발에 못 이겨 결국 발을 뺐다. 러시아인들은 외국 군대에 대해 원한을 가지게 되었는데, 일부는 그럴만하고 일부는 정부 선전에 휘말린 탓이었다. 이 원망의 정서 때문에 러시아인은 오늘날에도 여전히 러시아 내부 사안에 외국이 개입하는 일을 편집증에 가까울 정도로 기피한다.

내전의 결과 700만에서 1,200만 명 사이의 사람들이 사망했다. 전투, 잔학행위, 기근 및 그에 따른 고난이 원인이었다. 이것은 제1차 세계대전으로 사망한 러시아인의 수를 훨씬 웃도는 수치다. 200만 명에 가까운 러시아인이 망명길에 올랐다. 소련 말기까지 친척 중에 누군가가 백위군이었다고 말하는 것은 위험한 일이었다.

러시아제국은 피지배국들의 독립 선언과 함께 붕괴를 맞았다.

폴란드인들은 자신들이 어떤 나라를 원하는지 결정해야 했다. 일부는 중세 폴란드로 돌아가기를 원했다. 중세 시대에 폴란드는 민족적(폴란드인), 종교적(가톨릭) 정체성이 단일했고 상대적으로 영토는 크지 않았다. 하지만 장군이자 전 사회주의자로 당시 폴란드의 원수였던 유제프 피우수트스키는 폴란드-리투아니아 연방을 재건해 3차에 걸친 폴란드 분할 이전의 모습으로 돌아가려는 작업에 착수했다. 피우수트스키의 장기적 목표는 폴란드를 독일과 러시아에 휘둘리지 않는 강력한 국가로 만드는 것이었다. 그가 내건 미엔지모제^{Międzymorze}(양 바다에 닿는 국토라는 뜻)는 제2차 세계대전 동안 활동한 폴란드 레지스탕스들도 채택한 슬로건이다. 폴란드 군대가 갈리치아와 새로 독립한 리투아니아 대부분을 점령하자, 폴란드의 여러 이웃은 폴란드의 신제국주 프로젝트에 적개심을 품었다. 수도 리보프와 빌뉴스는 대규모 유대인 거주지가 있기는 했지만, 예로부터 폴란드인들이 대다수를 차지했고, 폴란드 지식인의 중심지였다. 하지만 수도 주변의 외곽 지역은 리투아니아인과 우크라이나인이 거주했고, 그중 다수가 정교회 신자였다. 분쟁의 전형적인 공식이었다.

1920년 5월 피우수트스키의 군대는 키예프를 점령했다. 러시아군이 반격해 바르샤바 초입까지 그들을 몰아냈다. 레닌은 이것이 세계 혁명의 시발점이 되기를 바랐다. 하지만 성모마리아의 은총으로(일부 폴란드인은 여전히 이렇게 믿는다) 폴란드는 러시아의 전진을 막고 다시 진격을 개시했다. 1921년 3월, 폴란드는 러시아를 협상 테이블에 앉히고 폴란드 국경을 동쪽으로 200킬로미터 확장하는 평화 조약에 서명하게 했다. 피우수트스키의 영토 확장 목표가 대거 달성되었다. 러시아인들은 피우수트스키가 성공한 데는 영국과 프랑스의 배후 공작이 있었음이 틀림없다고 음울하게 원망했다.

1918년, 독일 점령자들이 물러나고 이후 이어진 혼란 속에서 우크라이나인들은 잠깐 취약하나마 자신들의 독립국을 만들었다. 고대 도시 키이우(키예프)를 수도로 삼았는데, 마침내 그들은 그 땅을 '키이우'라는 공식 명칭으로 부를 수 있게 되었다. 우크라이나의 여러 지도자 중에는 우크라이나의 가장 저명한 역사가 중 한 명인 미하일로 흐루셰우스키^{Mykhailo Hrushevsky, 1866-1934}가 있었다. 우크라이나인들은 볼셰비키에 맞서기 위해 폴란드와 동맹을 맺었다. 하지만 양측 모두에게 배신당하고 내부는 분열하자 우크라이나는 다시 한번 동서로 쪼개졌다.

서우크라이나는 폴란드 공화국 안에서 낙후지역이 되었다. 우크라이나 언어와 문화는 탄압받았다. 우크라이나 민족주의자들이 봉기해 폴란드인을 살해하고 그들의 재산을 파괴했다. 폴란드 경찰과 군대는 우크라이나 마을을 뒤져 무기를 찾아내고 주민을 체포했다.

키예프와 우크라이나 나머지 지역은 여전히 소비에트의 지배 아래 있었다. 초기에는 '형태는 민족, 내용은 사회주의'라는 구호 아래, 우크라이나인들은 키예프 루시가 붕괴한 이래 가장 안정적인 상태에 있었다. 우크라이나는 여러 부처와 행정기관을 독립적으로 보유했고 우크라이나 과학아카데미도 별도로 설립했다. 우크라이나 언어와 문학은 1920년대 대부분 번성했다가, 스탈린이 우크라이나 소비에트사회주의공화국^{Ukrainian Soviet Socialist Republic}만의 독립적인 내용물을 말살하자 막을 내렸다.

'백러시아'라고도 불리는 벨라루스는 모스크바 대공국과 리투아니아 사이에 위치했고 주민 대부분이 정교회 신자였다. 주위 강대국이 벨라루스 영토를 차지하려고 싸우곤 했고 그렇게 한때는 이 나라, 다른 때는 저 나라 땅이 되곤 했다. 벨라루스 사람들도 러시아와 우크라이나처럼 고유한 동슬라브어를 발전시키고 별도의 문화 전통도 보유해, 그들만의 민족적 자의식을 가지고 있었다. 1922년(그해 12월에 러시아, 우크라이나, 벨라루스, 남캅카스의 4개 회원국으로 구성된 소비에트 연방[USSR]이 출범했다-옮긴이) 우크라이나와 함께 벨라루스도 독립 정부 체제를 갖춘 사회주의 공화국으로 변신했다. 1945년에 스탈린은 벨라루스도 유엔의 정식 회원국이 되어야 한다고 주장했다.

영국 군대가 카스피해 항만도시 바쿠의 유전지대에서 교전을 벌이던 시기(제1차 세계대전이 끝나갈 무렵 바쿠 유전을 차지하려던 오스만제국과 싸웠다-옮긴이)에, 남캅카스의 조지아인과 아르메니아인들도 잠시나마 옛 시절처럼 독립국을 세웠다. 하지만 영국군은 철수했고 이후 볼셰비키가 이 지역을 장악해 캅카스는 다시 한번 러시아의 지배하에 들어갔다. 중앙아시아에서도 비슷한 일들이 반복되었다.

발트 3국만 완전한 독립을 쟁취했다. 폴란드와 독일, 러시아는 물론, 영국이 지원한 지역 독립투사들이 한바탕 난전을 치르고 나서 얻은 결실이었다. 라트비아인과 에스토니아인은 독립국을 세워본 경험이 없었다. 하지만 양 민족은 강한 문화적, 언어적 정체성을 가지고 있었고 마침내 자신만의 나라를 세우게 되었다. 리투아니아인들은 옛 수도 빌뉴스를 폴란드에 뺏겼으므로, 카우나스를 새 수도로 삼고 나라를 세웠다.

1922년, 볼셰비키는 폴란드와 발트해 연안을 제외하고는 제정 러시아 시절의 국경을 회복했다. 우크라이나, 벨라루스 그리고 여타 민족별 공화국들의 '독립'은 명목상의 독립일 뿐, 소비에트 정권은 연방국 어디에서든 소위 '부르주아 민족주의'가 고개를 들면 눈도 깜짝하지 않고 발본색

원했다. 우크라이나의 흐루셰우스키는 두 손 두 발이 잘린 채 강요된 태
만 속에서 겨우 살아남았지만, 아마도 우크라이나 문인의 80퍼센트는 스
탈린의 대숙청으로 사라졌을 것이다. 하지만 볼셰비키가 세운 공화국이
알맹이 없는 허울에 불과했을지언정, 1991년 소련 붕괴 후 진정한 독립을
맞이한 그 나라들에 뼈대를 제공한 것도 바로 그 제도였다.

레닌과 신체제

레닌은 행정 실무를 해 본 경험이 없었고, 그의 통치 이론은 사회주의 구
호의 모음집이었다. 하지만 레닌은 1917년 10월에 권력을 잡자마자 차르
정권의 주요 속성을 해체하는 작업에 돌입했다. 지주와 교회의 사유재산
이 보상 없이 몰수되었다. 레닌은 러시아인이 아닌 민족은 옛 러시아제국
에서 벗어나 그들 자신의 국가를 세울 권리가 있다고 선언했다. 기존 법
체계는 폐지하고, 인민법원과 혁명재판소를 전면에 내세웠다. 러시아제국
대외채무에 대해서는 디폴트(채무불이행)를 선언했고 대대적인 국유화를
단행했다. 은행, 대외 수출입, 공공시설은 물론 대다수 중공업 업체가 포
함되었으며 나중에는 중소기업도 흡수되었다. 그렇게 레닌은 시장경제의
흔적을 대거 없애버렸다. 내전이 한창이던 시기, 그는 이 정책들을 '전시
공산주의'라고 불렀다. 급진주의 평론가들은 정책이 너무 온건하다고 생
각했다.

  자신의 뜻을 강제하기 위해 레닌은 쿠데타가 성공하고 몇 주 지나지
않아 새 비밀경찰 조직을 만들었다. 조직의 수장은 수도사처럼 금욕적인
분위기가 있었지만 무자비하기 이를 데 없었던 폴란드 출신 펠릭스 제르
진스키였다(폴란드 이름은 펠릭스 지에진스키이다). 이 '특별위원회' 또는 '체카

Cheka'는 이전 비밀경찰 오흐라나와 구성원 측면에서는 별 차이가 없었다. 하지만 방식은 훨씬 잔인해졌다. 1919년, 강제수용소가 최초로 생겼다. 모스크바 동부의 탐보프 주에서 농민 반란과 페트로그라드 외곽의 크론시타트 해군기지에서 수병 반란이 일어났지만 군대가 출동해 진압했다. 레닌은 즉결 처형과 인질 구금을 공공연히 지지했다. 한번은 군인들을 주정뱅이로 만든 혐의로 매춘부들을 총살하라고 명령한 적도 있었다. 한 추정치에 따르면 1920년까지 총살당한 사람의 수가 2만 8,000명이었다.

이런 조치들은 경제 현실을 다루는 데는 불충분했다. 정부의 강압이 점점 심해져 가도 농민들은 붉은 군대와 도시들에 식량을 공급하기를 꺼렸다. 사람들이 기아에 시달리기 시작하자 암시장이 번성했다. 붉은 군대도 불만으로 술렁거리기 시작했다. 1922년, 기근이 볼가강 인근과 우랄 지역에서 창궐했다. 대략 500만 명이 죽었다. 이런 압박 속에서 레닌은 전술적 반전을 꾀했다. 1922년에 레닌은 신경제정책^{NEP}을 도입했다. 전략산업은 여전히 국가가 소유하는 가운데 어느 정도 민간 기업을 허용했다. 1928년이 되자 농업생산과 산업생산이 1913년 수준까지 올라왔다. 제한적이나마 평시로 돌아가는 일종의 조치에 힘입어, 대도시에서는 '카페 사교$^{café\ society}$'(지식인들이 정치, 사상, 예술 등 여러 주제로 담론을 형성하며 교류하는 문화 — 옮긴이)가 부흥했고 문학과 미술, 음악, 건축 분야에서 아방가르드 예술이 꽃폈다. 60년 후 소련의 붕괴가 코앞에 닥친 시점에 어떻게든 소련을 구하고 싶었던 사람들은 신경제정책이 구원책이 되리라 기대하기도 했다.

트로츠키는 붉은 군대를 조직하라는 레닌의 명령이 있기 전까지 잠시 외무장관직을 수행했다. 트로츠키는 비밀 외교 시대의 종말을 선언하고, 차르 정부의 비밀 협정문건을 모두 공개했다. 볼셰비키는 혁명을 전 세계로 확산하는 자신들의 소명을 계속 이어갔다. 1919년 3월 볼셰비키는 공산주의 인터내셔널, 코민테른Comintern을 설립했다. 코민테른이 내건 목표는 전복과 무력을 포함한 모든 수단을 써서 국제 부르주아를 타도하는 것이었다.

곧 현실이 고개를 들었다. 전쟁에서의 패배는 러시아와 독일 모두를 부랑아 신세로 전락시켰다. 두 나라는 전후 세계를 형성하는 논의에서 배제되었다. 1922년 러시아와 독일은 이탈리아 라팔로에서 상호 원조 협정에 서명함으로써 힘을 합쳤다. 군사협력에 관한 비밀 조항은 베르사유 조약이 독일 재무장에 관해 부과한 엄격한 제한을 우회하는 내용을 담고 있었다. 영국과 프랑스는 충격과 분노에 휩싸였다.

라팔로 조약은 러시아가 일종의 정통 외교를 재개한 신호로 볼 수 있었지만, 러시아의 코민테른 활동 때문에 이제 다른 나라들은 소비에트 외교 정책을 양면성을 가진 것으로 바라보게 되었다. 영국에서 볼셰비키는 노동당과 노동조합에 침투하고 파업에 자금을 대고 언론을 조작했다. 총 참모장 헨리 윌슨 경Sir Henry Wilson은 공산주의자 봉기에 대비해 퇴역군인을 모집하고 무장시킬 계획을 세우기도 했다. 한동안 영국은 볼셰비키 전보를 읽을 수 있었고, 따라서 무슨 꿍꿍이가 있는지 확인할 수 있었다. 하지만 로이드 조지 총리는 여전히 세계 최대 크기를 자랑하는 러시아와 거래를 재개하기로 결심했다. 처칠과 다른 내각 구성원들은 로이드 조지를 막으려고 애썼다. 하지만 총리는 그들 전부를 노련하게 압도했다. 영국은 1921년 소련과 무역협정을 체결했고, 실질적으로 소련을 인정한 최초의 강대국이 되었다(공식적으로는 아프가니스탄이 최초로 인정했다). 볼셰비키는 결국 성공하지 못했지만, 그들의 체제 전복 시도는 찝찝한 뒷맛을 남겨 나중에 영국 정부는 히틀러에 맞설 때 선뜻 러시아의 손을 잡을 수 없었다.

볼셰비키의 혁명적 야망은 독일과 헝가리, 에스토니아에서 무장 혁명이 곧 흐지부지되면서 마찬가지로 한풀 꺾였다. 혁명의 꿈은 유럽 바깥에서 더 크게 성공했다. 그들의 눈에, 유럽 제국들은 전쟁으로 약해졌으니 쇠락과 멸망은 시간문제였다. 소련은 아시아와 아프리카 나라들의 독립운동을 적극적으로 독려했다. 소련의 지원이 결정적이지는 않았다. 하지만 소련의 행위는 역사가 흐르는 방향과 맥을 같이 하고 있었고, 제2차 세계대전 발발 전과 종전 후에 유럽에서 소련을 위협적으로 바라보는 정서에 큰 몫을 차지했다.

스탈린

1922년 레닌은 처음으로 뇌졸중으로 쓰러졌고 이후 몇 차례 재발을 겪은 뒤 1924년 결국 사망했다. 레닌의 시신은 방부 처리를 거친 후 붉은 광장 특별 묘당에 안치되었다. 레닌의 시신은 숭배의 대상으로 신성화되었다. 거의 정교회 성인 수준이었다. 전시에 페트로그라드로 불린 상트페테르부르크는 레닌을 기려 레닌그라드로 개명되었다.

레닌은 후계자를 지명하지 않았다. 하지만 그가 쓴 한 문건(레닌의 '정치 유언'으로 불린다)에서 그는 공산당 지도부인 중앙위원회 정치국원들에 대한 평을 남겼다. 레닌은 트로츠키를 가장 유능하다고 평가했다. 공산당 서기장이라는 직위는 그다지 정치적 위상이 두드러지지 않는 행정 관리직이었음에도, 스탈린에게 지나치게 큰 권력이 집중되는 결과를 낳았다. 레닌은 당의 분열을 막으려면 그를 교체하는 것이 바람직하다고 제안했다. 하지만 때는 이미 늦었다.

이오시프 스탈린은 캅카스 출신의 가난한 제화공 베사리온 주가시빌리^{Besarion Jugashvili}의 아들로 태어났다. 조지아어가 스탈린의 모국어였다. 스탈린은 잠시 신학교를 다녔고, 정규 교육은 그리 오래 받지 않았다. 하지만 늘 많은 책을 읽었다. 스탈린은 잔혹하고, 교활하며, 속내를 드러내지 않고, 편집증적 기질을 가진 사람이었다. 똑똑한 머리와 지칠 줄 모르는 에너지, 그리고 흔들리지 않는 야망에 이끌려 처음에는 언론에 발을 들여놓았고 이후 혁명 정치로 옮아갔다. '강철의 사나이^{Man of Steel}'라는 가명을 쓰면서 단체 활동 자금을 조달하는 은행 강도질에 동참했고, 형무소와 유배지를 전전했으며, 볼셰비키의 일원이 된 후 1912년 그를 알아본 레닌에 의해 볼셰비키의 지도자로 발탁되었다.

레닌이 죽자 스탈린은 당서기라는 자신의 권력을 이용해 다른 경쟁자들을 조종하고, 레닌의 유산을 이어받았다. 처음에는 트로츠키의 야심을 못마땅하게 생각했던 중도파와 손을 잡았고, 트로츠키가 권좌에서 축출되고 망명길에 오르자 이번에는 중도파를 손보았다. 1929년에 이르자 스탈린은 유일한 권력자가 되어 있었다. 스탈린은 즉시 소련 경제와 사회를 뒤바꾸고 자신이 마르크스 이론이라고 받아들인 좁은 이념적 틀에 나머지를 모두 순응하게 만드는 작업에 착수했다.

따라서 그의 당면한 임무는 국내에서 볼셰비키의 권력 장악을 공고화하고 수많은 적대국들로부터 러시아를 지키는 것이었다. 편집증이 빚어낸 상상만은 아니었다. 러시아 망명자들이 복귀를 꿈꾸고 있었다. 프랑스와 영국은 소비에트 내부 사안에 적극적으로 개입하고 싶어 했다. 폴란드 요원들은 우크라이나와 여타 지역에서 독립을 향한 야망을 들쑤셨다.

신경제정책이 자본주의의 재림을 이끌 것이라고 우려한 볼셰비키는 스탈린만이 아니었다. 스탈린은 신경제정책을 중단하고, 중공업 발전과 대폭 확장한 군수 산업에 역점을 두는 일련의 '5개년 계획'을 시작했다.

스탈린의 정책은 그 자체로 비합리적인 것은 아니었다. 하지만 그가 도입한 방식이 소련 사람들에게 끔찍한 대가를 치르게 했다.

산업화 계획의 목표는 100% 명확했다. 1931년 스탈린은 산업 총책임자들을 모아 놓은 자리에서 화려한 연설을 남겼다. 그는 러시아는 과거에 자국의 군사며 문화, 정치, 산업, 농업의 후진성 때문에 몽골, 오스만 튀르크, 스웨덴, 폴란드, 리투아니아, 영국, 프랑스, 일본에 항상 패배해 왔다고 주장했다. "우리는 선진국보다 50년에서 100년가량 뒤처져 있습니다. 10년 안에 이 간격을 따라잡아야 합니다. 성공하지 못하면 우리는 짓밟힐 것입니다."[2]

러시아제국 은행을 해체하고 대외부채 지급을 거부했기 때문에 해외에서 소련은 신용이 없었고, 국내에서 자본을 조달할 기제도 없었다. 따라서 스탈린은 인민을 쥐어짜 산업화 프로그램을 수행할 자금을 만들어야 했다. 이반 뇌제와 표트르 대제 치하에서 그랬듯 뒷감당은 가련한 농민의 몫이었다. 모든 선진국에서 상업적 압박과 기술 진보 때문에 대규모 기계식 농장이 비효율적인 소농을 대체하고 있었다. 스탈린은 같은 결과를 얻겠다는 목표를 세웠다. 강제 집산화라는 가장 잔혹하고 직접적인 수단을 통해서였다. 강제 집산화는 소비에트 연방의 여러 공화국 수도에 그나마 허용되었던 유명무실한 자유마저 희생시키는 무자비한 중앙통제를 의미했다. 모든 농민들은 집단 농장으로 내몰렸다. 반항하는 농민들은 추방되고, 투옥되거나, 총살당했다. 살아남은 이들은 도시로 몰려들어 새로 지어진 공장들의 노동자가 되었다. 산업에 투자할 자금을 마련하느라 정부는 끊임없이 곡물을 외국으로 팔아넘기고 온 가족은 굶어 죽었다.

중앙아시아 카자흐 유목민들은 기르던 가축 떼를 버리고 집단 농장으로 강제로 이동해야 했다. 수많은 사람이 죽었다. 러시아 농민이 겪은 고통은 이루 말할 수 없었다. 하지만 전체 사망자 절반가량은 우크라이나에서 발생했다. 많은 우크라이나인은 이 홀로도모르^{holodomor}('아사'라는 뜻)와 그 과정에서 러시아가 우크라이나 지도자와 지식인을 집단 말살한 일이, 우크라이나 민족을 파괴하기 위해 의도적으로 계획된 일이라고 생각했다.

1936년까지 농경지의 약 90퍼센트가 집단 농장에 포함되었다. 그 비용은 끔찍했다. 700만에서 1,400만 명 사이로 추산되는 사람들이 폭력과 기근, 질병으로 죽었다. 이런 규모의 개혁에는 상황이 어떻든 늘 반대의견이 제기되기 마련이다. 스탈린은 반대를 개인적으로 받아들였고, 자신의 정책뿐 아니라 자기 자신도 보호해야겠다고 결심했다. 스탈린의 대숙청이 시작되고 있었다. 스탈린은 중앙위원회 정치국의 최측근 동지들을 공개 재판에 회부했다. 혹시 지금 음모를 꾸미고 있거나 앞으로 경쟁자가 될지도 모르는 인물들이었다. 대부분은 총살형에 처했다. 군사 쿠데타의 가능성을 원천 봉쇄하기 위해 붉은 군대의 여러 고위 장교가 처형되었다. 수용소로 끌려간 숫자는 더 많았다. 당원, 공장 경영자, 저명한 과학자, 작가와 시인도 비슷한 운명을 겪었다. 경찰에게는 체포 할당량이 부과되었다. 모자라면 길 가던 아무나 붙잡아 할당량을 채웠다. 소련의 강제수용소는 나중에 독일군이 세운 것처럼 수감자를 몰살할 요량으로 만든 곳은 아니었지만, 일상적으로 일어나는 잔혹 행위와 총격, 극심한 영양결핍과 극단적인 과다노동 때문에 사망률이 매우 높았다. 거의 모든 러시아 가정이 수용소와 연관되었고, 수용소의 기억은 다음 세대들에 전해졌다.

서구에서는 긴가민가하면서도 공개 재판에서 '반역자' 선고를 받은 사람들은 그럴만한 죄가 있었을 것이고, 끔찍한 사건들에 관해 새어 나오는 이야기들은 엄청나게 과장되었으리라 믿는 사람들이 많았다. 실체적 진실은 스탈린의 후계자인 니키타 흐루쇼프가 그의 범죄 행각을 비난하면서 비로소 조각들이 맞추어지기 시작했다.

숫자는 명확하지 않다. 1937년부터 1938년까지 대숙청이 절정일 때 약 140만 명이 체포되었다. 거의 80만 명이 총살되었다. 많은 이들이 취조 중에 또는 투옥 중에 사망했다. 1930년부터 1953년까지 1,800만 명이 강제수용소, 굴라크^{Gulag}로 보내졌고 그곳에서 죽은 사람 숫자는 150만 명으로 추산된다. 수많은 사람이 시베리아와 중앙아시아 내륙 깊이 이동하는 열악한 환경 속에서 사망했다.

스탈린 정책이 직접적인 원인이 되어 사망한 사람들의 총 숫자는 아마도 결코 알 수 없을 것이다. 정통한 학자들이 300만에서 2,000만 사이라는 수치를 추산해냈다. 당시 매일매일 벌어진 일들의 자세한 기록은 소설과 회고록, 공식 문서와 개인의 기억을 정리한 문건들로 남아 있다.

*

이전에는 그럴 기회가 없었던 수백만 명의 사람들에게 고급문화를 접할 기회를 제공하기 위해 소비에트 정권은 고전의 대량 출판을 장려했다. 러시아 전역에 오페라며 발레, 연극을 위한 극장이 지어졌다. 시베리아 횡단철도 건설 현장이자 오늘날 러시아에서 세 번째로 인구가 많은 도시인 노보시비르스크에는, 이제 러시아에서 제일 큰 오페라하우스가 들어섰다(전쟁 중에 완공되었다). 모스크바 외곽에는 과학연구단지 아카뎀고로독^{Akademgorodok}를 조성해 사상 최대 규모로 학자와 과학자들을 모아 놓았다.

처음에 볼셰비키는 예술가, 문필가, 음악가들이 독창적이고 가끔은 의도적으로 도발하는 새로운 양식을 실험하도록 허락했다. 스탈린은 정통 마르크스주의에 관련한 그의 사상과 양립할 수 있는 어떤 것을 요구했다. 스탈린은 예술가들은 집단 협회로 몰아넣고 그곳에서 예술가들은 효과적으로 정부를 위해 일했다.

스탈린은 예술가들을 다룰 때 가장 자비 없이 굴었다. 스탈린의 반감을 산 예술가는 투옥되거나 죽었다. 일감을 받지 못하는 게 차라리 다행이었다. 작가 이사크 바벨이 죽었다. 시인 오시프 만델시탐Osip Mandelstam과 연극 감독 프세볼로트 메이예르홀트도 죽었다. 1936년에 스탈린은 쇼스타코비치의 오페라 「므첸스크의 맥베스 부인」를 관람했다. 그는 오페라의 현대적 양식과 에로틱한 내용, 그리고 용납할 수 없는 정치적 견해가 매우 혐오스럽다고 선언했다. 쇼스타코비치는 언론의 포화를 받았고, 친구들은 그를 버렸다. 쇼스타코비치는 체포의 손길이 시시각각 목을 죄어 오는 것을 느꼈다.

상대성 이론과 양자역학은 스탈린이 이해한 정통 마르크스주의와는 양립할 수 없는 이론이었다. 모스크바 대학의 물리학과 학과장은 총살되었다. 양자 중력의 선구자였던 젊은 마트베이 브론시테인Matvei Bronstein도 마찬가지였다. 하지만 다른 물리학자들은 살아남았고, 스탈린이 원자폭탄을 설계할 누군가 필요하다는 것을 깨달았을 때 여전히 그곳에 있었다.

스탈린은 제2차 세계대전 동안은 탄압의 고삐를 풀었다. 인민의 사기 진작에 창의적인 예술가들이 썩 도움이 되었기 때문이었다. 세르게이 프로코피예프는 톨스토이의 『전쟁과 평화』를 바탕으로 애국적인 오페라를 작곡했다. 요행히 살아남은 쇼스타코비치는 나치군에 포위된 도시에 바치는 장엄한 헌사였던 「레닌그라드」 교향곡을 작곡했다. 레닌그라드 오케스트라 단원들은 1942년 8월 레닌그라드에서 아사 직전의 떨리는 손으로 교향곡을 초연했다.

전쟁이 끝나자 스탈린은 다시 숨통을 틀어쥐었다. 스탈린의 심복 안드레이 즈다노프(스탈린의 후계자로 거론되던 인물로, 종전 후 소련 문화정책 지도자직을 맡았다-옮긴이)는 처음에 작가들을 목표로 삼았다. 아마 러시아가 낳은 최고의 시인이라 불릴 만한 안나 아흐마토바를 공개 석상에서 수녀와 창녀의 혼종이라고 불렀다. 이후 그의 관심은 작곡가로 옮아갔는데, 특히 쇼스타코비치와 프로코피예프를 못살게 굴었다. 스탈린의 뒤를 이은 통치자들은 탄압의 수위를 낮추기는 했지만, 진정한 창작의 자유는 1980년대 미하일 고르바초프 시대가 되어서야 가능했다.

그 모든 공포에도 굴하지 않고 아흐마토바, 오시프 만델스탐, 마리나 츠베타예바 같은 시인들, 그리고 미하일 숄로호프, 보리스 파스테르나크, 바실리 그로스만, 미하일 불가코프, 알렉산드르 솔제니친 같은 소설가들은 계속해서 역사에 길이 남을 걸작을 만들어냈다. 일부는 작품을 해외에서 출판하려고 밀반출했고, 다수는 조국에서 안전하게 출간할 수 있을 때까지 품 안에 숨기고 있었다. 많은 작가가 역사의 증거를 남겨야 한다는 사명을 느끼며 분투했다. 1930년대 탄압 와중에 레닌그라드 형무소 밖에는 수감된 남편이며 아들에 관한 소식을 기다리던 사람들이 많았다. 안나 아흐마토바도 그중 한 사람이었다. 다른 한 여성이 아흐마토바에게 속삭였다. "누군가 이걸 묘사할 수 있을까요?" 아흐마토바가 대답했다. "제가 할게요." 그리고 나중에 아흐마토바는 자신의 시「장송곡 Requiem」에서 이렇게 남겼다. "미소 같은 어떤 것이 한때 여자의 얼굴이던 것 위로 스쳐 지나갔다."[3]

히틀러의 전쟁

자신이 정한 기준으로 보자면 스탈린의 정책은 성공이었다. 전쟁이 시작되자 소련은 독일보다 무기와 탄약을 더 많이 생산했다. 독일 생산량을 훌쩍 웃도는 수치였다. 그것이 성패를 갈랐다. 비록 통계가 심하게 조작되었다 하더라도, 1939년 무렵 소련은 미국과 독일에 이어 세 번째로 강력한 산업을 보유한 나라였다.

많은 러시아인은 오직 스탈린과 그가 채택한 수단 덕분에 소련이 독일을 압도하기 위해 필요했던 무기를 생산할 수 있었다고 믿는다. 그들은 국가를 배신하려던 반역자와 첩자를 스탈린이 올바르게 색출했다고 생각한다. 하지만 그런 이야기는 허구다. 전쟁이 코앞에 닥친 때 국가의 가장 유능한 지도자들을 죽이는 것은 합리적이지 않다. 아마도 스탈린만큼 유능하지만 덜 피해망상에 사로잡힌 누군가가 러시아를 다스렸다면, 레닌의 신경제정책은 중국에서와 같이 성공적인 국가 자본주의로 진화했을지도 모른다. 하지만 이것도 추측에 불과하다.

너무나 많은 나라들이 제2차 세계대전 전의 상황 조정에 무더기로 실패하는 바람에, 진짜 책임져야 할 사람은 딱 한 사람이라는 사실이 간과되곤 한다. 아돌프 히틀러는 유럽에서 독일 헤게모니를 확보하는 일 외에는 아무것도 신경 쓰지 않았다. 1935년에 히틀러는 베르사유 조약의 제약을 보란 듯이 벗어던지고 독일 군대를 재건하기 시작했다. 프랑스와 영국은 제대로 대응하지 못했다. 그러기는커녕 영국은 히틀러와 해군 조약을 맺었다. 1937년에 히틀러는 이탈리아, 일본과 반코민테른 협정(방공 협정)을 체결했고, 1938년 3월 오스트리아를 합병했다.

히틀러는 이제 체코슬로바키아에서 종전 협정을 깨트렸다. 제1차 세계대전이 끝났을 때 조정된 국경 때문에 300만 명 이상의 독일어 사용 인구인 주데텐도이치^{Sudetendeutsche}가 체코슬로바키아 안에 포함되었다. 체코슬로바키아 전체 인구의 4분의 1에 해당하는 숫자였다. 히틀러는 체코 정부가 그 사람들을 탄압하고 있다고 주장했다. 마침내 행동을 시작한 영국 총리 네빌 체임벌린은 뮌헨으로 날아가 히틀러를 만났다. 그리고 체코슬로바키아의 땅을 빼앗는 깡패 짓에 동의해 주데텐도이치가 거주하는 지역을 독일에 떼어주도록 하는 합의에 이르렀다(뮌헨 회담).

이런 부끄러운 행동을 한 이유는 꽤 명확하다. 영국 국민들은 1914년부터 1918년에 이르는 학살이 끝난 지 얼마 되지도 않은 시점에 다시 독일과 전쟁을 할지도 모른다는 가능성에 경악했다. 영국 정부는 재무장한 독일이 영국군보다 우월하게 무기를 갖추고 있다고 (아마도 틀리게) 판단했고, 신식 무기를 생산할 때까지 시간을 벌고 싶었다. 영국의 많은 정치인과 관료들은 원칙적으로 공산주의에 극심한 반감이 있었다. 볼셰비키는 떠들썩하게 자본주의와 제국주의를 타도하겠다는 목표를 내세웠고, 실제로 끊임없이 체제 전복을 시도했으므로, 그들의 불신이 놀라운 일도 아니다. 히틀러는 그런 협박을 하지 않았다. 영국의 일부 정치가는 스탈린보다는 히틀러가 낫다며, 전쟁이 일어난다면 바라건대 독일과 러시아가 서로 싸우고 영국은 빠지면 좋겠다고 공개적으로 말하기도 했다. 그들에게는 다른 나라를 희생시키더라도 히틀러와 합의에 도달하려고 노력하는 편이 현명해 보였다.

한편 스탈린은 몇 가지 모순된 정책을 시도했다. 레닌이 그랬던 것처럼 스탈린도 독일, 프랑스, 영국 같은 자본주의자들은 역사의 흐름상 서로를 붕괴시킬 운명이라고 생각했다. 스탈린은 프랑스나 영국의 태도나 히틀러가 동부로 확장하려는 장기 계획을 현실적으로 꿰뚫어 보았다. 따라서 그는 적들을 러시아에 대적해 연대하게 하느니, 서로 싸우도록 유도하는 데 영국만큼이나 거리낌이 없었다. 위험을 분산하기 위해 스탈린은 1935년 외무장관 막심 리트비노프Maksim Litvinov, 1876-1951를 시켜 프랑스, 체코슬로바키아와 상호 원조 조약을 체결하게 했다. 유럽 열강들의 태도는 1936년 스페인 내전을 계기로 시험대에 올랐다. 각 나라는 프랑코 장군의 민족주의 반군과 합법적인 (좌파) 공화국 정부 중 하나를 선택해야 했다. 파시스트 이탈리아와 나치 독일은 프랑코를 지지했다. 러시아는 공화국 정부군을 지지했다. 프랑스는 머뭇거렸다. 영국에서는 볼셰비즘에 대한 방어벽으로서 민족주의자들을 지지하는 움직임이 뚜렷했다.

러시아와 독일 사이에 끼이는 불행한 처지의 나라들은 양측의 의도에 대한 우려가 컸다. 타당한 염려였다. 폴란드는 유제프 피우수트스키가 1935년 사망하고 권위주의적이고 반유대주의자였던 유제프 베크Jozef Beck, 1894-1944 대령이 뒤를 이었다. 어쩌면 당연하게도 베크는 처음에 독일과 소련을 서로 싸움 붙이고 어부지리를 얻으려고 했지만, 곧 독일 쪽 연줄을 강화하는 쪽으로 기울었다. 소련이 1935년 맺은 조약에 따라 체코슬로바키아에 원조를 보내겠다고 협조를 요청했을 때, 베크는 소련군이 폴란드 영토를 통과하는 것을 허락하지 않았다. 히틀러가 체코슬로바키아를 분할했을 때, 폴란드도 한 술 거들어 체코의 테셴Teschen 지역을 집어삼켰다.

1939년 3월, 히틀러가 체코슬로바키아의 나머지 영토까지 점령한 후 폴란드를 다음 목표물로 삼는 것이 확실해지자 전쟁은 거의 불가피해졌다. 3월 31일, 체임벌린은 영국 하원에서 폴란드의 독립이 위협받으면 '폴란드 정부에 모든 지원을 제공할 것'이라고 말했다. 프랑스도 똑같이 했다.

보장은 공허했다. 영국과 프랑스는 전쟁 발생 시 폴란드를 원조할 진지한 계획이 없었다. 스탈린은 영국과 프랑스가 허세를 부리고 있다는 사실을 곧바로 알아챘다. 스탈린은 히틀러에 대항하는 연합을 구축하려던 리트비노프 정책을 버리고, 히틀러와 한편이 되는 확실한 대안으로 돌아섰다. 만약 러시아가 옆으로 비켜 있는 사이에 독일과 프랑스, 영국이 서로 싸우다 나가떨어지게 만들 수 있다면 금상첨화일 터였다. 최악의 상황을 가정해도 독일과의 전쟁에 대비해 붉은 군대를 재정비할 충분한 시간을 벌 수 있었다. 스탈린의 계산으로는 3년 정도였고, 그가 판단하기에 독일과의 전투는 이미 불가피했다.

영국인들은 바보가 아니었고 스탈린의 속셈을 정확히 알고 있었다. 최후의 순간에 영국과 프랑스는 '큰 기대 없이' 스탈린에게 모호한 거래를 제안했고, 스탈린은 '고민하는 기색도 없이' 거절했다. 1939년 8월, 독일과 러시아의 외무장관이었던 요아힘 폰 리벤트로프와 바체슬라프 몰로토프가 한자리에 앉아 독-소 불가침조약에 서명했을 때 영국과 프랑스는 경악한 듯 놀라움을 연출했지만, 별로 설득력은 없었다.

독-소 불가침조약은 독일에 득이 되는 경제 협력과 동유럽을 사이좋게 분할하는 비밀 협정을 포함하고 있었다. 1939년 9월, 히틀러는 폴란드를 침공했다. 붉은 군대는 동쪽에서 폴란드로 들이닥쳤다. 폴란드는 네 번째로 분할되었고, 또다시 지도에서 자취를 감추었다. 스탈린은 발트 3국을 향해 계속 진격했다. 스탈린의 허구적인 현실 속에서는 발트 3국이 자진해서 스탈린의 보호를 요청한 것이었다. 많은 러시아인, 특히 군인들은 다가올 독일과의 전쟁에 대비해, '전략적 종심'(핵심지까지의 물리적 거리를 두고 겹겹이 방어하는 전략 - 옮긴이)을 구축하기 위해 러시아가 발트 3국을 점령할 자격이 있다는 생각을 버리지 않았다.

소련 군대가 가는 곳이라면 어디든 소련 비밀경찰이 따라갔다. 비밀경찰은 수십만 명의 사람들을 이주시키고, 추방하거나, 살해했다. 1940년 러시아 서부의 카틴^{katyn}과 여타 지역에서 비밀경찰은 포로로 붙잡힌 2만 2,000명의 폴란드 장교를 죽였다(카틴 학살). 그들 중 다수는 정치인, 언론인, 교수 그리고 소비에트 통치에 대한 기타 잠재적인 반대자가 포함된 예비군들이었다. 오랫동안 러시아는 그들을 살해한 것은 독일이라고 주장했지만, 고르바초프가 국가 기록을 공개하던 시절 스탈린이 서명한 명령서 사본이 공개되었다. 일부 러시아인은 여전히 그 문건이 사기라고 믿는다.

핀란드는 폴란드만큼이나 러시아를 경계해왔다. 반면에 독일은 1918년에 핀란드가 러시아로부터 독립하는 것을 도운 바 있고, 이후로도 양국 관계는 줄곧 우호적이었다. 이제 스탈린은 핀란드 땅 일부도 점령했다. 이후 1939년 11월부터 1940년 3월까지 이어진 겨울전쟁에서 핀란드 군에 완패하며 러시아는 결국 핀란드 땅을 떠났다.

프랑스, 영국, 러시아는 최대한 시간을 벌고 히틀러의 공격적인 에너지가 자국을 향하지 않게 하려는 심산으로 너나없이 남부끄러운 짓을 했다. 세 나라 모두 소국들을 배신했다. 결과적으로 히틀러에게 건넨 모든 제안이 히틀러가 전쟁을 해도 되겠다고 생각하는 청신호가 되었다는 점을 아직도 쓰라리게 곱씹으며 분개한다.

영국과 프랑스는 적어도 히틀러를 상대로 선전포고를 했다. 그렇게 한 유럽 주요국은 두 나라뿐이었다. 우방국에 대한 호의였다. 러시아와 달리 영국과 프랑스는 동유럽을 배신하고, 그 결과로 영토를 새로 얻지도 전리품을 획득하지도 않았다. 하지만 히틀러는 1940년 5월 독일군^{Wehrmacht}을 진군시켰고 연합군은 고작 6주 만에 대패했다. 약속을 지키기 위해 진지하게 노력하지 않은 대가를 치른 것이었다.

독일군이 프랑스 군대를 순식간에 이기자, 히틀러가 러시아로 눈을 돌리려면 아직 한참 남았으리라는 스탈린의 계산이 완전히 무너졌다. 1941년 6월 22일 새벽 4시, 독일군은 바르바로사 작전^{Operation Barbarossa}을 개시했고, 나폴레옹의 대육군인 그랑다르메^{Grande Armee}보다 6배 큰 규모의 병력을 이끌고 소련 국경을 뒤덮었다. 300만 명이 넘는 군사와 2,000대에 육박하는 항공기, 3,000대 이상의 탱크가 레닌그라드, 모스크바, 키예프를 겨누고 다가오고 있었다. 기계화 부대는 여전히 일부여서 독일군에는 나폴레옹 군대만큼 많은 군마도 있었다.

러시아는 허를 찔렸다. 문제는 스탈린에게 있었다. 스탈린은 베를린, 동유럽, 심지어 일본에도 요원들을 보내 독일의 의도를 확실하게 파악해왔다. 1940년 5월에 총리로 취임한 윈스턴 처칠은 구구절절한 설명 없이 독일군의 이동에 관한 짤막한 서신을 스탈린에게 보냈다. 스탈린은 깡그리 무시했다. 도리어 스탈린은 마지막 순간까지 독일군에 약속한 원자재를 공급하며 피할 수 없는 결전을 최대한 미루려고 노력했다. 위험을 경고하는 고위 장교들은 처형했고, 최전방 지휘관들에게 교전 준비도 하지 말라고 지시했다. 지휘관들이 독일의 공격에 속절없이 무너지자 스탈린은 해당 지휘관들도 총살했다.

독일이 공습한 첫 주 동안 스탈린은 사력을 다해 막아보려 애썼다. 하지만 자신의 모든 계산이 송두리째 엎어지자 충격을 받고 시골 저택으로 내려가 버렸다. 하지만 공산당은 이 거대한 위기 상황에 지도력이 절실했다. 스탈린은 돌아오라는 간청에 결국 복귀했다. 스탈린의 권위는 두 번다시 의심받지 않았다.

히틀러는 독일군이 러시아의 문을 걷어차기만 하면 곪을 대로 곪은 소비에트 체제가 와르르 무너지리라 생각했다. 심지어 스탈린 휘하의 일부장성들도 농업 집산화로 삶이 망가진 농민 병사들이 전쟁터로 나갈지 의

심했다. 하지만 폴란드와 프랑스를 휩쓸었던 독일군의 전격전^{Blitzkrieg, 電擊戰}

(신속한 기동과 기습으로 일거에 적진을 돌파하는 기동작전-옮긴이)은 러시아에서는 통

하지 않았다. 첫 3주 동안 독일군은 모스크바로 650킬로미터가량 진격해

들어갔다. 하지만 초기 혼란이 마무리되자 소련군 병사들은 광적인 용기

로 막아섰다. 체제를 위해서가 아니라 조국을 지키기 위해서였다. 그들의

결의는 독일군이 진격하면서 저지른 잔학 행위 때문에 더 불타올랐다. 탈

영병을 총살하기 위해 비밀경찰 내무인민위원회^{NKVD}가 배치한 차단 부대

^{Blocking detachments}는 할 일이 거의 없었다. 몇 주 지나지 않아 독일 장군들은

러시아를 완전히 과소평가한 것은 아닌지 의구심을 가지기 시작했다.

스탈린은 즉시 분위기를 감지했다. 1930년대에도 스탈린은 러시아제

국 통치의 주요 상징인 이반 뇌제와 표트르 대제를 숭배 대상으로 선전

했다. 스탈린은 자신이 그들과 가깝다고 느꼈다. 이제 스탈린은 공산주의

구호를 내려놓고, 정교회 성인들과 스웨덴, 몽골, 오스만제국, 폴란드와

싸우고 프랑스를 물리쳤던, 알렉산드르 넵스키, 드미트리 돈스코이, 수보

로프, 쿠투조프를 들먹였다. 러시아인들은 항상 나폴레옹에 대항한 전쟁

을 '조국전쟁'이라 불렀다. 이제 그들은 히틀러를 상대하는 '대조국전쟁'

을 입에 올렸다.

독일군은 우크라이나를 처치하느라 모스크바로 진격하는 속도가 느

려졌다. 일부 우크라이나인은 우크라이나의 독립을 도모할 희망으로 독

일군에 협조했다. 갈리치아에서는 독일과 한편이 되어 폴란드가 우크라

이나에 했던 일을 앙갚음할 기회도 누렸다. 하지만 희망은 신기루였다.

독일은 정복지에서 원자재와 노동력을 착취하는 데만 관심이 있었다. 종

전 후에도 수년간 발트 3국과 우크라이나는 다시 통제의 고삐를 조이려

는 소련 체제에 계속 저항했다. 80년 후 푸틴은 이 사건들을 소재로 엮어

러시아가 우크라이나에 존재하는 '나치'의 새로운 위협에 직면했다는 신화를 날조했다.

10월에 독일군은 모스크바 진격을 재개했다. 그러나 러시아의 '가을 진흙'과 '겨울 눈'이 시작되자 탱크와 군용트럭은 완전히 발이 묶이다시피 했다. 독일 병사들은 힘겹게 걸어서 전진했다. 독일군은 나폴레옹 군대보다 거의 3개월이나 더 걸려 모스크바에 도달했다. 나폴레옹 군대와는 달리 독일군은 모스크바를 점령하지도 못했다. 1941년 12월, 러시아군은 독일군을 격퇴했다. 나치 독일군이 그렇게 대패하기는 그때가 최초였다.

모스크바 공방전으로만 러시아는 제1차 세계대전의 영국군 사상자 수보다 더 많은 사상자 수를 기록했다. 1941년 말까지 약 200만 명의 소련군 포로가 독일군에 붙잡힌 채 아사했다.

1942년 여름, 독일군은 다시 볼가강을 거쳐 캅카스로 진격했다. 러시아인들은 다시 목숨을 걸고 싸웠고, 수십만 명이 죽었다. 그러나 1942년 말 가을부터 이듬해 초 겨울 동안, 소련군은 독일군을 저지하고 스탈린그라드(볼고그라드)에서 대승을 거두었다. 이 무렵에는 명장 게오르기 주코프의 지도하에 러시아 장성들이 독일군을 어떻게 상대하면 되는지 학습한 상태였다. 독일군은 후퇴를 거듭했다. 1943년, 러시아 서남쪽 쿠르스크에서 양국 군은 대규모 기갑전으로 맞붙었고, 소련은 여기에서 눈부신 승리를 거둔다. 1944년 여름, 소련군은 바그라티온 작전^{Bagration Operation}에서 역사상 가장 대규모인 공세를 퍼부어 독일군을 수백 킬로미터 떨어진 비스툴라강과 바르샤바 외곽까지 밀어냈다. 소련군은 그곳에서 멈춰 섰다. 인력도 장비도 재충전이 필요해 강을 건널 상태가 아니었다. 폴란드가 그때 참전했다. 러시아가 들이닥치기 전에 수도 바르샤바를 확보하려는 시도였지만, 비극적 결과를 초래한 정치적 오판이었다. 독일군이 반격했고, 두 달 동안 용감하게 맞서 싸웠지만 폴란드 병사들은 가망 없이 죽어갔다. 스탈린은 도시가 파괴되는 것을 지켜보았다. 훗날 러시아가 폴란드를 장악할 때 반대파가 될 이들을 도울 생각은 없었다. 1월에야 러시아가 다시 진격을 시작했고, 1945년 5월에 마침내 베를린을 점령했다. 폴란드는 그 배신을 결코 잊지 않았다.

한편 미국과 영국은 아프리카와 이탈리아로 우회해 독일과 싸웠고, 그 전투가 없었다면 대(對)러시아 전에 투입되었을 독일 사단들의 발을 묶었다. 이듬해 여름까지 연합군은 영국 해협을 가로질러 공격을 감행해야 한다는 거대한 장애물을 극복했다. 1944년 6월 6일 디데이$^{D-Day}$(노르망디 상륙작전)에, 그들은 마침내 프랑스에 상륙해 서유럽을 해방했다. 그해 가을, 연합군 역시 라인강에 가로막혀 멈춰 섰다. 수 개월간 처절한 전투가 이어진 후에야 미군은 독일 중심부에서 러시아 군대와 접선했다. 1945년 5월 8일과 9일, 유럽에서 전쟁이 막을 내리기 2주 전이었다.

처칠은 스탈린과 히틀러가 여전히 동맹을 유지하는 가운데 18개월 동안이나 독일과 싸웠던 사실을 잊을 수 없었다. 하지만 독일의 러시아 공습이 시작된 바로 그날 처칠은 자신은 공산주의를 확고히 반대하지만, 영국은 러시아 국민을 돕기 위해 모든 지원을 아끼지 않겠노라고 발표했다. 러시아가 모스크바 외곽에서 반격을 시작했던 날, 일본은 하와이 진주만에서 미군 기지를 공격했다. 히틀러는 일본과 연대해 미국에 선전포고했다. 이로써 결성된 소련, 영국 그리고 미국의 3자 간 연합은 관리가 쉽지 않았고, 상호 불신이 팽배하고 마찰이 잦았음에도 끝까지 유지되었다.

스탈린은 영국과 미국이 프랑스에서 독일군과 2차 전선을 형성해 자신들의 부담을 덜어주기를 애타게 바랐다. 스탈린과 러시아 국민들은 노르망디 때보다 2년 먼저 프랑스에 상륙하지 않은 서방 연합국들을 절대 용서하지 않았다. 바다에서 전쟁을 치러본 적이 없고 과거 유혈 낭자한 전투를 해가며 강을 건넌 경험이 풍부한 러시아인들이, 서방 연합국이 해협을 건너 군대를 보내기가 왜 그렇게 힘들었는지 이해 못하는 것도 무리가 아니다. 미군의 입장은 이해하기 한결 더 어렵다. 미군은 슬레지해머(쇠망치) 작전$^{Sledgehammer\ Operation}$을 추진하자고 했다. 1942년 가을에 프랑스 셰르부르반도를 점령하고 이듬해 봄에 독일로 돌파하는 계획이었다. 당시 연합군은 여전히 대서양에서 맹위를 떨치는 독일 유보트$^{U-boat}$를 피해 작전에 필요한 부대를 유럽 대륙에 상륙시키고 장비를 보급할 가능성이 희박했다. 몹시 비현실적인 계획이었다. 처칠은 반대했고, 루스벨트는 작전을 포기했다. 하지만 그때 이후로 러시아뿐 아니라 미국 역사가들도 처칠이 겁을 먹었다거나 음흉한 속셈이 있었다는 식으로 에둘러 표현했다.

연합국들은 많은 실질적인 방법을 사용해 소련을 원조했다. 튀니지에서는 3개월 전 스탈린그라드에서 붙잡은 수보다 더 많은 독일군을 포로로 사로잡았다. 1944년 가을, 영국과 미국 폭격기가 밤낮없이 독일 땅을 폭격하자, 독일군은 전투기 대부분을 동부전선에서 빼내 본국 방어에 사용해야 했고, 덕분에 러시아는 거의 완벽한 제공권을 확보할 수 있었다.

그리고 전쟁 내내 서방 연합국은 러시아에 군사 및 산업 장비는 물론 식량과 원자재를 아낌없이 제공했다. 히틀러의 공격이 개시되고 두 달이 채 되지 않아 영국에서 군수 물자를 실은 수송 선단이 소련으로 출발했다. 수송 선단은 전쟁 내내 물건을 실어 날랐다. 미국의 무기대여법$^{Lend-Lease}$(랜드리스)으로 미국 보급품들이 소련군의 군사 활동에 크게 기여했다. 전차, 총기, 항공기, 라디오, 원자재와 식량, 그리고 무엇보다도 기관차와 수송 트럭 등이었다. 1945년경 붉은 군대 트럭의 거의 3분의 1이 미국에서 제조된 것이었고, 지휘관들은 당시 미군의 혁신적인 전투 차량인 지프^{Jeep}차를 타고 사방을 누볐다. 이 기여의 가치는 러시아인들이 마지못해 인정했을 뿐이다.

러시아인들은 피의 대가를 치른 것도, 독일군을 쳐부순 것도, 유럽을 나치즘에서 구한 것도 자신들이라는 열정적인 믿음을 절대 버리지 않았다. 수치가 말해 준다. 독일군 전체 사망자 수의 최소 4분의 3이 동부전선에서 발생했다. 소련 측 사망자는 자그마치 2,700만 명이었는데, 절반 이상이 민간인이었다. 최소 80만 명의 민간인이 레닌그라드 포위전이 이어졌던 900일 동안 죽었다. 수치는 불명확하다. 하지만 한 러시아 학자에 따르면 어떻게 집계하든 총계는 500만 명 이상이다. 이와 극명하게 대조적으로 영국은 6만 7,000명의 민간인을 포함해 45만 명, 미국은 일본군에 당한 숫자까지 포함해 40만 7,000명의 사망자가 발생했다.

소련이 붕괴하자 일부 러시아인은 독일군을 상대로 거둔 승리가 이제 자신들의 나라가 자랑할 수 있는 '유일한 것'이라고 느꼈다. 하지만 분노에 찬 여론의 밑바닥에는 스탈린과 그의 장군들이 러시아 병사의 목숨을 그렇게 야만적으로 쏟아붓지 않았다면 덜 비싼 값을 치르고 승리할 수 있지 않았을까 하는 의문에 사로잡혔다.

냉전의 시작

처칠과 스탈린, 그리고 병색이 짙었던 미합중국 대통령 루스벨트는 1945년 2월 크림반도 얄타에서 회담을 가졌다. 안건은 독일과 동유럽의 미래, 대 일본 전쟁, 유엔 창설이었다.

뮌헨 회담처럼 얄타 회담은 자국 이익 제일주의로 강자들이 약자를 유린하는 배신 행위의 동의어가 되었다. 실상은 그것보다 더 복잡하다. 독일군과 일본군은 여전히 버티는 중이었고 사기가 꺾인 것 같지도 않았다. 스탈린의 병사들은 승리를 향해 진격하는 중이었다. 그 길은 폐허가 된 마을과 도시를 거쳐, 교수대와 무더기로 쌓인 시신들, 죽음의 수용소를 지나는 길이었다. 침략자들이 그곳에서 2,000만 명 가까운 동포를 죽였다. 최소 600만 명의 동지가 산화했다. 그리고 최후의 승리까지 수십만 명 이상이 더 죽어갈 터였다. 소련군은 누적된 분노와 마침내 이겼다는 안도감을 베를린의 불운한 여성들에게 발산했다. 1945년 2월이 되자, 붉은 군대는 동유럽의 많은 지역을 확고하게 점령했다. 스탈린은 소련은 피의 대가를 치르고 동유럽에서 러시아의 지배권을 못 박을 권리를 얻었다고 생각했다. 동유럽을 확실히 장악해야 1941년의 재앙이 반복되지 않을 터였다. 이 점에서 스탈린은 한 치도 양보할 생각이 없었다.

루스벨트도 결심한 바가 있었다. 그는 일본을 굴복시키고 유엔을 창설하는 데 스탈린의 도움을 받아야 했다. 스탈린은 유럽에서 전쟁이 종료되고 3개월 후에 일본을 공격하겠다고 약속했고 이 약속을 지켰다. 놀라운 병참 기술을 발휘해 스탈린은 군대를 만주로 이동시켰다. 일본군은 허를 찔렸고 60만 명의 일본군이 항복했다. 참담한 패배였다. 미국은 스탈린이 1905년에 일본에 뺏긴 영토를 되찾는 것을 묵인했다. 하지만 더는 허용하지 않았다. 어쨌든 일본은 히로시마에 떨어진 원자폭탄 때문에 항복했고 여기에 스탈린의 역할은 없었다.

미국과 영국이 스탈린이 요구한 동유럽 지배권을 기꺼이 받아들인 것은 불명예스러운 일이다. 하지만 그들에게 다른 선택의 여지가 있었을까? 전쟁이 막바지로 치닫자 처칠은 영국 장군들에게 폴란드에서 러시아를 제거할 계획을 세워보라고 했다. 그들이 제시한 안에 따르면 영국군과 미군을 합해 45개 사단이 필요하고, 여기에 폴란드군과 10만 명의 재무장한 독일군의 지원이 추가되어야 했다. 군사적으로도 정치적으로도 이치에 맞지 않는 계획이었다. 영국 장군들은 그 계획을 언싱커블 작전^{Operation Unthinkable}이라 불렀다. 처칠은 계획을 포기했다.

스탈린은 소련이 약해져 있다는 사실을 예리하게 의식했고, 조심스레 세력을 확장했다. 그는 소련군이 종전 후에도 남아 있던 만주와 이란에서 군대를 철수시켰다. 체제 전복을 계속 지지하기는 했지만, 영국과 미국이 주도권을 쥐고 있던 서구에서는 무력을 행사할 계획이 전혀 없었다. 하지만 스탈린은 동유럽에서만큼은 소비에트 권력을 공고히 할 작정이었다. 처음에 스탈린은 독일군이 떠난 자리에 세워진 여러 동유럽 정부를 장악하는 데 만족하는 듯 보였다. 그들이 전쟁 전의 선대 정부들처럼 보수적이고 때로 반러시아 민족주의 색채를 띠지 않는다면 말이다. 하지만 1949년까지 소련이 거느린 모든 정부는, 희미하게나마 다당제 민주주의와 유사한 체제였던 것이 부정선거와 공산당 통치라는 현실로 대체된 '인민 민주주의'로 바뀌었다. 붉은 군대의 기차를 타고 모스크바에서 온 소비에트 고문단이 이 변화를 촉진하고 강화했다. 농민은 집단 농장으로 흡수되었고, 노동자는 새로 국유화된 공장으로 내몰렸으며, 저항하는 정치인, 군인, 성직자, 문필가, 언론인, 지식인들은 위협을 받았고, 투옥되었으며, 암살되었다. 1930년대 스탈린의 대숙청이 재현되는 듯했다.

유고슬라비아와 핀란드만이 소련의 통제를 벗어났다. 유고슬라비아는 소련의 도움을 거의 받지 않고 스스로 독일로부터 독립했다. 핀란드는 탁월한 군사력으로 유명했고 정치적으로도 능수능란해 러시아를 계속 저지할 수 있었다.

1946년 2월, 미국 외교관이자 뛰어난 판단력을 가진 러시아 정보통이었던 조지 케넌은 모스크바에서 장문의 전보Long Telegram를 보냈다. 전보를 일일이 손으로 해독해야 했던 워싱턴의 동료들에게는 원성을 들을 만했다. 하지만 그 전보는 이후 다가올 냉전시대에 워싱턴 정책의 기준을 세웠다. 케넌은 소련은 전통적인 러시아 특유의 불안정성과 공산주의 이념의 혼합을 원동력으로 움직이며, 소련이 세력을 확장하려고 시도할 때마다 미국 정부가 매번 그들을 저지해야 한 것이라고 했다. 말년에 케넌은 자기 뜻이 잘못 전달되었다고 못내 순진하게 불평했다. 자신이 의미한 대립은 평화적인 의미였고, 실제로 불거진 위험천만한 핵 교착 상태가 아니었다는 것이다. 케넌의 전보가 있은 지 몇 주 뒤, 윈스턴 처칠은 미국 미주리주 풀턴 웨스트민스터 대학에서 가진 연설에서 동유럽과 나머지 세계를 가르는 '철의 장막'이 내려왔다고 말했다. 케넌의 전보와 처칠의 연설은 아직도 적절한 사례와 부적절한 사례로 끊임없이 인용된다.

대립의 초점은 독일이었다. 주요 승전국인 영국, 미국, 러시아, 프랑스는 독일을 4개의 점령 지역으로, 베를린은 네 구역으로 분할했다. 이론상 네 나라가 독일을 함께 관리해야 했다. 하지만 협력은 곧 끝났다. 스탈린은 동독을 소비에트 방식으로 개조하기로 마음먹었고, 차차 나머지 세 연합국 점령지도 삼킬 심산이었다. 서방 연합국들은 그런 일이 절대 일어나지 않게 하기로 결심했다. 1948년 3월, 프랑스, 영국, 미국 점령지가 연합했다. 그러자 스탈린은 재빨리 연합국이 러시아 점령지를 통과해야 가능했던 서베를린 통신선에 제한 조처를 내렸다. 6월에는 전면 봉쇄라는 초강수를 두었다. 영국과 미국은 베를린 공수작전airlift으로 맞받아쳤다. 서베를린은 항공기로 계속 물자를 보급 받았다. 스탈린은 그런 일이 가능하리라고 생각지도 못했고, 1949년 5월 결국 포기했다.

이때까지 이탈리아와 프랑스는 강력한 자국 공산당에 휘둘리는 듯했고, 그리스는 공산당과 왕당파 사이에 내전이 일어나 온 정신이 팔렸다. 유럽에서 소련의 영향력이 더 이상 확대되도록 내버려 두지 않겠다고 결심한 미국은 친서방 정권들을 군사적으로 지원했고, 부정선거가 일어나지 않도록 요원을 배치하고 자금을 지원했다. 미국은 경제 재건 계획인 마셜플랜을 수립했다. 전쟁 중에 실시한 무기대여법(랜드리스)처럼 미국의 경제력을 지능적으로 사용하는 계획이다. 미국은 1949년 미국과 서유럽을 묶는 군사 동맹인 북대서양조약기구^{NATO} 출범을 성사했고, 1955년에는 서방 연합국이 관할하는 세 구역을 독일 연방공화국^{German Federal Republic}으로 통합했다. 이에 대응해 러시아는 동유럽 국가들을 모아 군사 동맹 바르샤바조약기구를 만들었다. 양측은 이렇게 유럽이 분열된 것을 저마다 상대 탓으로 돌렸다. 분열은 1961년 동독이 자국인의 서독 탈출을 막기 위해 베를린을 가로지르는 장벽을 건설하면서 골이 깊어졌다.

스탈린은 유럽에서는 조심했지만 외국에서 혁명을 계속 지지했다. 1948년 중국에서 공산당이 집권해 러시아의 어색한 동맹국이 되었고, 극동 정치는 그때부터 영구적으로 모습이 달라졌다. 2년 후, 북한은 제2차 세계대전 말 공산주의와 반공산주의 진영으로 한반도를 나누었던 분계선을 넘어 남한으로 쳐들어왔다. 스탈린이 승인한 것이 거의 확실하다. 미국은 이를 저지하기 위해 군대를 보냈고, 유엔의 명령에 따라 연합군이 파병했다. 중국도 대규모 병력을 지원했고, 3년 후 전쟁은 교착 상태에 빠졌다. 약 300만 명의 사람들이 죽었는데, 대다수가 민간인이었다.

이제 패턴이 자리 잡았다. 러시아는 자신들이 빠져나갈 구멍이 있을 때는 한껏 밀어붙여 이익을 취했다. 하지만 미국의 군사력과 일대일로 붙는 상황에서는 물러섰다.

소련의 폭탄 제조

이러한 모든 대립의 이면에는 원자폭탄이라는 살기등등한 실제 위협이 존재했다. 소련의 핵물리학자들은 서방 연구자들과 막상막하였다. 1940년 10월, 2명의 젊은 소련 과학자가 실행 가능한 폭탄 제조 방안을 내놓았다. 당시 영국 정부에 제출된 제안서와 원리상 유사했다. 1941년 6월 독일 공습이 시작된 후 러시아는 핵무기 프로그램을 실행할 시간도 자원도 없었다. 하지만 1943년 2월, 스탈린은 강력한 과학 행정관 이고리 쿠르차토프를 수장으로 하는 상급 기관을 신설해 핵폭탄 개발에 착수했고, 소련 첩보원들은 미국이 성공적으로 추진한 맨해튼 프로젝트와 관련한 많은 정보를 입수해 지원했다.

1945년 8월 히로시마 폭격으로 스탈린은 미국의 위협에 대응하려면 러시아가 최대한 빨리 핵폭탄을 개발해야 한다고 확신했다. 스탈린은 즉시 소련의 계획에 최고조로 박차를 가했다. 악명 높은 비밀경찰 내무인민위원회NKVD 위원장 라브렌티 베리야에게 프로젝트 관리를 맡겼고, 소련의 전후 복구를 희생하더라도 자금은 물론 인적·물적 자원을 마음껏 동원하도록 전권을 허용했다. 또다시 수십만 명의 국민들이 기아로 죽었다. 하지만 엄청난 비용을 들이고 스탈린의 프로그램은 성공을 거두었다. 1949년에 마침내 핵무기를 가지게 된 것이다. 소련 핵무기를 개발한 많은 물리학자가 기초과학에 기여한 공로로 노벨상을 받았다.

1990년대에 몇몇 옛 소련 첩보원은 자신들이 빼돌려준 정보가 없었다면 과학자들이 결코 핵폭탄을 만들 수 없었을 거라고 주장했다. 과학자들은 그 정보가 자신들이 실수를 피하는 데 도움을 준 것은 맞지만, 스스로 핵무기를 개발할 완벽한 능력이 있었다고 주장했다. 아마도 맨해튼 프로젝트에 대한 공작 활동으로 최대 18개월 정도는 기간이 단축되었을 것이다.

스탈린의 피해망상은 말년에 심해졌다. 그는 또 한 번 공포정치라는 무기를 휘둘러 내부 기강을 세우고, 예전에 1825년의 자유주의자 데카브리스트들이 그랬던 것처럼 유럽에서 귀환한 군인들이 가져왔을지도 모르는 파괴적인 사상들을 단속하려고 했다. 사망하기 몇 주 전에 스탈린은 자신과 다른 소련 지도자들을 살해하려는 음모를 꾸민 혐의로 여러 명의 유대인 의사를 체포하라고 명령했다.

스탈린은 1953년 3월에 사망했다. 그는 이미지 메이킹에 탁월했고 스탈린 광신도는 수백만 명이 넘었다. 모스크바에서 스탈린을 애도하는 군중들이 구름떼처럼 모였고, 울부짖는 난리 통에 수백 명이 압사했다. 전국적으로 수백만 명을 상회하는 인파가 그를 애도했다. 하지만 강제수용소는 축제 분위기였다.

스탈린이 없었다면 소련의 전체주의는 작동할 수 없었을 것이다. 과학적으로나 군사적으로 많은 성공을 거두었지만, 소련 앞에는 몰락 외에 다른 길이 없었다. 다가오는 40년의 러시아 역사에서 많은 부분은 체제를 고치려는 헛된 시도에 관한 이야기다.

8

지정학적 재앙?

계속 이렇게 살 수는 없다.[1)]

– 미하일 고르바초프, 1985년

스탈린 사후에 소련의 지도자들은 체제를 이리저리 손보며 어떻게든 굴러가게 하려는 헛된 시도를 거듭했다. 그들은 소련을 탈바꿈해 초강대국의 모조품을 만드는 데는 성공했다. 하지만 소련의 경제와 정치를 근대화할 수는 없었다. 소련제국은 갈가리 찢어졌고 연방은 붕괴했다. 옛 러시아가 새로운 버전으로 등장했다.

니키타 흐루쇼프, 현실을 손보다

권좌에 도전하는 모든 후보가 어떤 식이든 변화가 필요하다는 것을 알고 있었다. 가장 창의적인 제안을 한 사람 중에 비밀경찰 수장 라브렌티 베리야가 있었다는 점은 놀랍다. 베리야는 강제수용소 수감자 수천 명을 석방했고, 동독 정권에 힘을 빼는 방안을 제안했으며, 여러 비非 러시아 공화국(특히 우크라이나)에 억압을 완화하는 정책을 취할 것을 주장했다. 동지들은 베리야를 고발했다. 베리야는 체포된 후 사살되었다. 살아남은 경쟁자들이 잠깐 동안 대치하다가, 1954년에 니키타 흐루쇼프가 정상에 오른다.

흐루쇼프는 노동자 계급 출신이었다. 거친 말투에, 성격이 급했고, 무자비했다. 상상력이 풍부했고, 영리했으며, 용감하기도 했다. 흐루쇼프도 스탈린의 많은 범죄 행각에 가담했지만, 스탈린의 유산을 해체하는 첫 번째 중대한 조치를 취한 사람도 그였다. 러시아인들 사이에서 흐루쇼프에 대한 평가는 모호하다.

1956년 열린 제20차 공산당 대회에서 흐루쇼프는 스탈린과 더불어 그가 사용한 수단을 비난하고, 스탈린의 공포정치로 사망한 사람들의 숫자를 공개했다. 그래도 공산주의 이상은 여전하며 앞으로도 유지된다고 힘주어 주장했다. 하지만 그의 연설은 스탈린이 제 주위에 에둘러 조성해 놓은 신화를 믿었던 공산주의자들과 세계 곳곳의 공산주의 지지자들에게는 끔찍한 충격이었다. 균열을 일으키는 의심의 씨앗이 뿌려졌다.

한편, 경제는 위기를 향해 달려가고 있었다. 영국 재무부는 소련 대사관의 보고서에 의문을 제기했다. 대사관이 묘사한 것 같은 방식으로는 어떤 경제도 제대로 작동할 수 없기 때문이었다. 재무부는 옳았다. 하지만 문제는 보고서가 아니라 기능 부전이 심화하는 소련 경제, 그 자체였다. 흐루쇼프도 일이 잘못되어 간다는 것을 잘 알았다. 그는 소련 경제학자들이 해결책을 두고 토론하는 것을 허락했다. 경제학자들은 사석에서 러시아 경제가 성공적임을 나타내는 공식 수치가 조작까지는 몰라도 확실히 '부정확'하다고 인정했다. 신진 경제학자 아벨 아간베간[Abel Aganbegyan]은 자신은 오직 미국 중앙정보국[CIA]이 내놓은 수치만 사용한다고 말했다. 경제학자들은 레닌이 사유재산을 폐지하고 자유시장을 없앤 이래로 이단이 되어버린 주제를 두고 논쟁했다. 시장이 컴퓨터로 전자 복제된다면 중앙집중식 국가 경제 계획이 그대로 유지될 수 있을 것인가? 아니면 정부와 공장 관리인의 투자 결정이 자본의 유효이자율에 따라 움직이는 진짜 시장 경제 외에 다른 대안은 없는 것인가? 일부 학자는 소련의 실패한 산업 분야에서는 실업도 나타나고 있다고 언급했다. 실업은 자본주의의 산물이고 사회주의는 그것을 제거해 버렸는데도 말이다. 풍부한 정보를 가진 똑똑한 학자들이 양쪽 진영에서 논쟁했다. 하지만 그들은 정통 이념에 사로잡혀 있는 정치인들이 받아들일 만한 실질적인 해결책에는 합의할 수 없었다.

흐루쇼프는 자체적으로 몇 가지 개혁을 시도했다. 산업을 중공업에서 소비재 산업으로 일부 전환하고, 경제 관리 체제를 재편성해보려고 갈팡질팡하기도 했다. 이러한 조치들은 역풍을 맞았다. 흐루쇼프의 대외적 '모험주의'(미국과 핵전쟁을 벌일 뻔한 쿠바 미사일 위기가 대표적이다-옮긴이)에 소련 수뇌부의 의구심은 한층 짙어졌다. 1964년 10월, 공산당 핵심 인물들과 군부, 국가보안위원회^{KGB}(1954년에 출범했다-옮긴이)는 합심해 흐루쇼프를 끌어내렸다. 흐루쇼프가 연로한 나이와 건강 악화로 자진해서 사퇴한다는 간략한 성명이 발표되었다. 흐루쇼프는 초야에 묻혔지만 폭로성 회고록을 집필하며 편안한 노후를 보냈다. 개혁에 대한 압박은 잦아들었다. 하지만 물밑에서 지식인들은 논쟁을 지속했다.

흐루쇼프는 역사가 공산주의의 편이라고 믿었고, 서방을 향해 "우리가 당신들을 묻어주겠다!"라고 말했다. 이 발언은 직접적인 폭력 위협으로 잘못 해석되었다(부르주아는 자멸할 운명이므로 더 오래 살아남은 자신들이 장례를 치르게 되리라는 발언이다-옮긴이). 흐루쇼프는 미묘한 언어 구사에 재능 있는 사람이 아니었다. 하지만 미국과의 전쟁으로 이어지지 않는 범위에서, 흐루쇼프와 그의 후계자들이 역사를 최대한 공산주의의 방향으로 밀어붙일 작정이었다는 점은 의심의 여지가 없다.

소련과 서방 사이의 냉전은 40년 동안 전 세계에 맹위를 떨쳤다. 각 진영은 영향권의 범위를 확대하는 데 혈안이 되었다. 적대적이거나 반항적인 정부를 갈아치우기 위해 군사력과 체제전복, 선전이 이용되었다. 유럽 제국주의 강대국들은 전쟁에서 패배함으로써 식민지 신민들의 정치적 존경을 잃었다. 1947년 인도의 독립은 유럽 제국주의 시대에 종언을 고했다. 유럽 국가들은 무력으로 통제력을 회복하려고 시도했지만, 성과는 시원치 않았다. 종전 후 10년 동안 동남아시아에서는 제국주의적 무력행사가 지속되었다. 포르투갈은 1974년까지 아프리카에 대한 지배권을 포기하지 않았다.

이 상황은 소련에 정치와 선전을 위한 잔칫상과 같았다. 식민지 해방운동의 지도자들은 정치, 경제, 군사적 지원을 요청했다. 소련의 국가사회주의는 시장자본주의의 지저분한 체제보다 한때 식민지였던 곳들이 계획 경제를 발전시키기에 더 좋은 모델로 보였다. 소련의 정치 관료와 장교들은 지구 방방곡곡을 누비며 반란군과 신생 독립 정부에 무기와 자문을 제공했다.

미국은 곤란한 처지였다. 미국은 전통적으로나 태생적으로 반제국주의적이었다. 유럽 제국 동맹국을 지원하자니 껄끄러웠지만, 그렇다고 유럽에 맞서 러시아와 한편에 서는 것처럼 보일 수는 없는 노릇이었다. 그리고 미국은 중앙아메리카에서 준제국주의적 성격을 가진 자국 사안이 있었는데, 해병대를 줄기차게 파견해 그 문제를 손보곤 했다. 1959년에 플로리다 해안에서 겨우 145킬로미터 떨어진 쿠바는 미국의 궤도에서 완전히 탈출해 소련의 가장 열렬한 우방국이 되었다.

하지만 남아 있던 마지막 유럽 식민지까지 자유를 얻자, 러시아가 가진 선전상의 이점은 사라졌다. 소련의 경제적, 정치적 모델은 빛을 잃었다. 러시아는 미국의 부와 휘황찬란한 기술 수준을 따라잡을 수 없었다.

그리고 평범한 사람들(러시아인을 포함한다)이 원하는 것은 미국산 청바지와 미국 음악이지, 우중충하고 조잡한데다 가끔 동나기도 하는, 소련이 제일 고급이라고 내놓는 그런 제품들이 아니었다. 게다가 소련과 가장 가까워야 할 협력자들과의 관계도 점점 더 관리하기 어려워졌다. 공산국가 유고슬라비아의 지도자 티토[Josip Broz Tito]는 제2차 세계대전 말기에 공개적으로 스탈린에게 어깃장을 놓았다. 마오쩌둥은 중국에서 승리를 거머쥔 후 소련의 지도에서 벗어났지만, 서방은 그와 소련 동지들의 이념적 우애가 여전히 공고하다고 계속 믿고 있었다. 1969년 3월 아무르강 유역에서 벌어진 중소 국경 분쟁의 무력 충돌로 두 나라는 완전히 갈라섰다.

핵 대치

냉전의 결정적인 특징은 핵 대치였다. 양 진영의 책임자들은 자신들이 어떤 일에 휘말렸는지를 이해하고는 두려움에 휩싸였다. 일찍이 1954년에 소련 과학자 몇 명이 흐루쇼프에게 핵무기를 실질적으로 막을 수 있는 방어책이 없다고 주장하는 논문을 제출했다. 흐루쇼프는 제20차 당 대회에 이 내용이 반영되도록 지시했다. 그의 후임자인 레오니트 브레즈네프도 걱정되기는 마찬가지였다. 1970년대까지 소련 지휘참모대학에서는 핵전쟁이 일어나면 승자도 패자도 없다고 가르쳤다.

미국도 마찬가지였는데, 특히 히로시마에 투하한 폭탄을 설계한 이들의 두려움이 컸다. 아이젠하워의 매파 부통령 리처드 닉슨과 후임 대통령 존 F. 케네디는 미국이 감당할 수 없는 큰 피해를 보지 않고서는 핵전쟁에서 살아남을 수 없다고 생각했다.

하지만 이 모든 진심 어린 우려에도 양 진영의 지도자는 옴짝달싹할 도리 없이 덫에 걸려들었다. 미-소 양국 지도부는 물론, 국민들도 상대편에 핵무기가 있다면 우리도 가져야 한다고 생각했다. 소위 '핵 억제력'을 가지기 위해서, 그들은 필요하다면 핵전쟁도 불사하겠다는 식의 언어를 공식 석상에서 사용했다.

양측 모두 첩보전에 막대한 공을 들였지만 어느 쪽도 상대방의 의도와 관련해 유용한 정보를 많이 입수하지는 못했다. 케네디의 국방부 장관 로버트 맥나마라는 은퇴 후, 소련은 '우리 의도를 그다지 정확하게 읽어내지 못했는데 그 점은 우리도 마찬가지'[2]였다고 시인했다. 추측이 지식을 대체했는데, 가끔은 이념 때문에 왜곡되었다. 서양인들의 눈에 소련은 세계 정복을 위해 투쟁하며, 필요하다면 그 목표를 위해 핵 단추를 누를 준비가 된 나라였다. 그들이 보기에 민주주의 체제에서는 정치인들이 차기 선거를 의식해서라도 외골수 노선을 채택하기 어렵지만, 민주주의의 견제와 균형에 얽매이지 않는 소련 지도자들은 고집스레 장기 정책 목표를 추구할 수 있다고 믿었다. 소련발 공식 성명도 이런 우려를 덜어내는 데 별로 도움이 되지 않았다.

소련 역시 미국의 공식 성명이나, 워싱턴에서 흘러나오는 모골이 송연한 공식 담화, 가차 없이 증가하는, 소련이 도저히 따라잡을 수 없는 미국의 군비 지출이 불편하기는 마찬가지였다. 양측 모두 직접적인 충돌은 피하려고 노력했다. 하지만 양측 모두 능력만 된다면 어떤 분야에서든 상대방을 앞지르려고 혈안이 되었다. 양 진영은 그 어느 때보다 압도적인 숫자를 자랑하는 강력하고 정교한 핵무기로 상대방을 협박하면서 점점 더 편집 증세를 보였다.

소련은 1957년에 세계 최초의 인공위성 스푸트니크 1호를 우주로 쏘아 올렸다. 4년 후 유리 가가린은 인류 최초로 유인 우주 비행을 했다. 미국인들은 소련이 처음으로 핵무기 폭발 실험에 성공했을 때보다 훨씬 큰 충격을 받았지만, 기술 격차를 빠르게 좁혔다. 소련은 결국 미국보다 더 많은 미사일을 만들었지만, 소련의 무기는 창의성이 떨어졌다. 1980년대 말까지 양측은 4만 개 이상의 핵탄두를 가지고 있었는데, 지구를 여러 번 파괴하고도 남는 양이었다.

1960년대 초에 미국의 우위는 한동안 압도적이었지만, 미국 내 정치적 이유로 미국의 장군이나 정치인들이 인정하지는 않았다. 미국은 1,500대 이상의 핵 폭격기를 보유했고, 사정거리에 모스크바가 포함되는 기지들로 소련 외곽을 에워쌌다. 러시아군은 장거리 폭격기 150대와 투박한 장거리 미사일 몇 기를 보유했고 워싱턴을 확실히 타격할 수 있는 수단은 아무것도 없었다.

흐루쇼프는 지름길을 찾았다. 1961년 4월, 미국은 쿠바에서 피델 카스트로 공산주의 정권을 전복시키려다 실패했다. 흐루쇼프는 향후에 발생할지 모를 침략으로부터 쿠바를 보호하고 소련과 미국 사이에 핵 균형을 만들 방안을 찾았다고 생각했다. 흐루쇼프는 워싱턴을 위협하기 위해 쿠바에 미사일과 폭격기를 지원하고, 쿠바를 수비할 지상군을 파견할 계획이었다. 쥐도 새도 모르게 작전을 수행해 미국이 무슨 일이 벌어지고 있는지 알아챌 무렵에는 이미 손을 쓰기에는 너무 늦은 시점으로 만들 작정이었다. 엄청난 도박이었다. 결과는 실패였다.

미국은 소련이 무슨 꿍꿍이를 숨기고 있다고 금세 의심했고, 쿠바섬에 미사일 배치나 기지 설치 같은 짓은 꿈도 꾸지 말라고 경고했다. 1962년 10월, 미국 정찰기에 거의 완성 단계에 이른 소련 미사일 기지가 포착되었다. 하지만 당시 미국은 관타나모 미군 기지를 타격할 수 있는 단거리 핵미사일로 무장한 3만 명의 지상군이 이미 쿠바에 들어와 있다는 사실을 알아채지는 못했다.

케네디 대통령의 장군들은 즉시 쿠바를 공격하라고 요구했다. 케네디는 공격 명령을 내리는 대신 소련에 미사일 철수를 요구했고, 미국 군함을 배치해 미사일을 싣고 오는 소련 선박들을 차단했다. 긴장감으로 불꽃 튀는 순간들이 있었다. 미국 핵 폭격기 한 대가 길을 잃고 소련 영공 깊숙이 들어가 헤맸다. 소련 잠수함이 미국 항공모함을 향해 핵 어뢰를 몇 분 내에 발사하겠다고 대치한 일도 있었다. 미국의 믿을 수 없는 경고 시스템이 존재하지도 않는 소련 미사일이 미국 목표물을 향하고 있다고 보고하기도 했다. 하지만 케네디와 흐루쇼프는 합의에 이르렀다. 러시아는 쿠바에서 군대와 미사일을 철수시켰다. 미국은 쿠바를 침공하지 않을 것을 약속했고, 유럽에서 중거리 미사일을 철수했다. 흐루쇼프는 소기의 목적을 달성했다고 주장했지만, 케네디가 그렇게 주장하는 것보다 설득력 있게 들리지는 않았다.

쿠바 미사일 위기로 세계는 핵 재앙의 코앞까지 갔다. 흐루쇼프와 케네디는 충격을 받아 핵무기 개발을 함께 자제하기로 하는 일련의 제재 조치 협상에 첫 삽을 떴다. 후임자들도 협상을 지속해 추가 합의에 이르렀다.

곤란에 처한 제국

스탈린이 사망하고 몇 달이 채 지나지 않아 동유럽에 대한 소련의 지배력이 서구에서 생각하는 것보다 훨씬 불안정하다는 것이 드러났다. 1953년 6월, 베를린에서는 열악한 노동 조건과 생활 수준에 대해 항의하는 파업과 대중 시위가 일어났다. 전역에서 대략 100만 명의 인파가 참여했다. 이 소요는 소련 군대와 동독 보안군에 의해 진압되었다.

1956년 6월에 폴란드 서부의 포즈난에서 임금 삭감에 불만을 품은 노동자들이 폭발했다. '포즈난 봉기'로 지역 경찰 본부가 공격받았고, 폴란드 치안 부대의 발포로 50명 이상이 사망했다. 파업이 번졌다. 학생들이 뛰쳐나와 지지했다. 언론은 소리 높여 변화를 요구했다. 당원들은 당을 열렬히 비판했는데, 때로는 공개적인 비판도 서슴지 않았다.

폴란드 공산당은 시위대와 타협하기로 하고, 시위대의 요구를 대거 수용했다. 흐루쇼프는 폴란드 공산당을 정신 차리게 할 요량으로 10월에 바르샤바로 날아갔다. 그때는 공산당이 선거를 통해 브와디스와프 고무우카를 지도자로 선출한 상태였다. 그는 이전 정권 수뇌부에 의해 투옥되어 있다 풀려난 인물이었다. 고무우카는 흐루쇼프의 압박에도 물러서지 않았다. 폴란드 군대는 러시아의 공격에 대비해 수도 외곽을 둘러싸라는 명령을 받았다.

만약 무력 충돌로 번졌다면 러시아가 이겼을 것이다. 하지만 흐루쇼프는 폴란드인들이 가망 없는 명분에 필사적인 용기를 낼 수 있다는 사실을 알고 있었다. 소련의 독일 주둔군으로 이어지는 병참선에서 전투가 벌어지는 일은 흐루쇼프나 그의 장성들이 가장 원하지 않는 일이었다. 흐루쇼프는 물러섰고 러시아로 귀국했다.

폴란드인들은 소련의 '고문'을 내쫓았다. 집단 농장도 폐지했다. 가톨릭교회는 정부가 누려본 적 없는 충성을 쓸어 담았다. 음악과 문학, 언론은 당의 통제를 벗어났다. 서구 방송도 전파 방해에서 자유로워졌다. '포즈난 봉기'는 고르바초프가 30년 후 체제를 뒤엎기 전까지 소비에트 정권에 대항해 가장 성공적인 결과를 얻은 저항 운동이었다.

하지만 이 자유는 조건부였다. 러시아를 공개적으로 비난해서는 안

되고, 공산당의 우선권에 도전하지 않아야 하며, 폴란드가 바르샤바조약 기구에서 탈퇴할지도 모른다는 식의 언급을 절대로 하지 말아야 했다. 고무우카는 결국 공산주의 이념의 신봉자이자 소련과 연계를 유지하는 데 헌신하는 사람으로 드러났다. 폴란드인들은 러시아에서 어떤 근본적인 변화가 일어나기 전까지는 자신들이 자유를 확실하게 누리지는 못하리라는 사실을 침울하게 인식하고 있었다. 하지만 폴란드인들은 포기하지 않았다. 1970년대 후반에 학생과 노동자, 지식인들은 자유노조 운동인 '연대Solidarity'를 결성했다. 러시아는 이번에도 무력 개입은 하지 않았지만, 폴란드 정부를 움직여 사태를 정리하게 했다. 보이치에흐 야루젤스키 장군은 1981년에 계엄령을 내렸다. '연대'는 음지로 숨었지만 계속 명맥을 유지했다.

1956년 10월, 헝가리에서도 반란이 일어났다. 하지만 헝가리는 폴란드처럼 신중하지 않았다. 그들은 러시아와 직접 싸우는 편을 택했다. 학생들은 선거와 경제 개혁, 소련군 철수를 요구하며 의회로 행진했다. 공산주의 상징물과 붉은 군대 기념물들이 부서졌다. 학생들에게 총격이 가해져 몇몇은 죽었다. 공산당 간부들과 비밀경찰이 폭행 당했다. 반란군과 소련군 사이에 교전이 시작되었다. 헝가리 병사들은 분열했다. 일부는 정권을 위해 싸웠고, 일부는 반란군에 가담했으며, 일부는 중립이었다. 부다페스트 주둔 소련군은 소련 기지로 철수했다. 기존 지도부는 러시아로 피신했고, 서유럽형 공산주의(유러코뮤니즘. 다당제, 의회민주주의 등 자유주의 요소가 가미된 서유럽형 공산주의 노선이다-옮긴이) 성향의 너지 임레가 이끄는 새 정부가 출범했다.

소련 수뇌부는 어떻게 해야 할지 의견이 분분했다. 처음에 흐루쇼프와 러시아 군부는 무력 사용을 반대했다. 그러나 너지가 바르샤바조약기구를 탈퇴하고 다당제 선거를 조직하겠다고 선언했을 때, 그들은 참을 만큼 참았다고 생각했다. 11월 4일, 소련은 모든 저항을 압도할 대부대를 헝가리로 파병했다. 너지는 유고슬라비아로 피신했다. 유고슬라비아는 너지 임레를 소련에 넘겼고, 소련은 그를 처형했다. 소련군 700명 이상, 헝가리 병사 약 3,000명, 그 외 민간인 약 3,000명이 사망했다.

서방이 할 수 있는 일은 거의 없었다. 몇몇 미국 기관들은 헝가리를 부추겼다. 하지만 미국 정부는 직접 개입했다가는 미소 전쟁이 일어날 수도 있다고 우려했다. 헝가리 혁명은 프랑스, 영국 연합국들의 이집트 침공과 동시에 일어나 큰 주목을 받지 못했다. 헝가리인들은 자유와 민주주의를 옹호한다고 주장하는 사람들에게 배신감을 느꼈다.

레오니트 브레즈네프, 안정이라는 환상

흐루쇼프의 후임자인 레오니트 브레즈네프가 통치한 거의 20년 동안 소련은 눈에 띄게 내부적으로 안정되었고, 완만한 성장을 이루었으며, 부분적이기는 했지만 세계 무대에서도 꽤 성공적이었다. 고단한 노력의 결과로 소련의 최첨단 군사기술은 미국과 어깨를 나란히 하는 경지에 이르렀다.

하지만 약점은 내부에서 곪아갔다. 1974년에 국가계획위원회 위원장은 경제가 심각한 위기에 처해 있다고 비공식적으로 지도부에 경고했다. 10년 후 소련은 1인당 소비에서 세계 77위가 되었다. 러시아인들은 브레즈네프의 통치를 '침체의 시대'라고 빈정거렸다.

비난이 퍼지기 시작했다. 목소리를 높이는 것이 정말 위험했던 스탈린 시대에도 가끔 할 말을 하는 사람들이 있었다. 스탈린의 후계자들 밑에서 사람들은 불의와 권력 남용에 대해 더 자유롭게 비판했다. 하지만 여전히 비판의 목소리를 내는 데는 큰 용기가 필요했고, 여차하면 수용소에 끌려가거나 정신 병원에 갇힐 수도 있었다. 핵 개발에 참여했던 소련 물리학자 안드레이 사하로프는 1970년 브레즈네프에게 소비에트 연방은 행정 구조를 민주화하지 않는 이상 이류 변두리 국가로 전락할 것이라고 말했다. 사하로프는 권력자들의 눈엣가시가 되었다. 그는 소련 수뇌부에 의해 지방으로 쫓겨났고 외부와의 접촉도 차단되었다.

하지만 불안감은 사하로프 같은 용감한 반체제 인사만 가진 것이 아니었다. 지식인들 사이에서 분노가 커졌다. 정부와 공산당 관료, 군 장교, 기업 경영진, 과학자, 경제학자와 공개적으로 정권에 충성하는 지지자들조차도 사태가 심각하게 악화하고 있다고 점차 확신하게 되었다. 그들이 훗날 닥칠 변혁의 주된 원동력이었다.

그리고 생활 여건이 다소 좋아지기는 했지만, 소비재와 심지어 식료품마저도 공급이 부족하거나 가끔 동났다. 일을 마치고 장을 보려던 여성들은 가게에 입고되자마자 금세 사라지는 물건을 어떻게든 구해보려고 몇 시간씩 줄을 서곤 했다.

이 불안감은 브레즈네프와 그의 측근들이 1979년 12월 아프가니스탄에 소련군을 파견하면서 가파르게 악화했다. 잔혹하고 혼란스러웠던 아프가니스탄 공산당 정권을 지지하는 파병이었다. 서방 국가들은 이 조치를 소련이 걸프만 유전지대로 세력을 넓히려는 무장 계획의 일환이라고 오해했다. 소련군은 파키스탄과 미국의 지원을 받는 아프가니스탄 게릴라와 싸우면서 피비린내 나는 손실을 입고 승리하지도 못했다. '검은 튤립'이라 이름 붙은 수송기를 타고 고국으로 송환되는 시신들에 관한 소문이 파다했다. 9년을 훌쩍 넘기고서야 소련은 아프가니스탄 전쟁에서 완전히 발을 뺄 수 있었다.

고르바초프의 실패한 혁명

아무리 권위주의적인 정치 시스템이라도 일종의 합의 절차에 의존한다. 소련에서는 군이 무력으로 합의를 강제할 필요가 없었다. 동조는 안전과 승진의 핵심 열쇠였다. 사람들은 상사와 대화할 때와 동료들과 대화할 때, 친구나 가족과 대화할 때 쓰는 언어가 각각 달랐다. 내밀한 생각은 타인에게 절대 내비치지 않았다.

하지만 침체를 실감하면서 사람들은 한층 노골적으로 불평하기 시작했다. 한 군인이 앞장서 문제를 콕 찍어 가리켰다. 1983년 소련 총참모장 니콜라이 오가르코프는 한 미국 언론인에게 소련은 '경제 혁명이 있기 전까지는' 미국을 절대로 따라잡을 수 없을 것 같은데, '문제는 정치 혁명 없이 경제 혁명이 가능한가 하는 점'이라고 한탄했다.[3]

브레즈네프는 1982년 사망했다. 유능하지만 편협했던 국가보안위원회 KGB 의장 유리 안드로포프와 밋밋한 인물이었던 공산당 간부 콘스탄틴 체르넨코가 차례로 권력을 이어받았다. 살아남은 중앙위원회 정치국 위원들은 연로하고, 보수적이었으며, 상상력이 없었다. 하지만 그들도 멍청하지는 않았으므로 닥쳐오는 위기를 무시할 수는 없었다. 사태를 수습할 새로운 지도자가 필요했다. 1985년 3월 중앙위원회는 젊고, 활력 넘치고, 효율적인 데다 정통파 노선이었던 미하일 고르바초프를 서기장으로 선임했다. 고르바초프는 소비에트 연방의 구원자로서 등판했지만 연방의 붕괴를 가속하는 결과를 낳았다.

고르바초프는 남부 지방의 가난한 농가에서 태어났다. 고르바초프의 두 조부는 모두 대숙청 기간에 체포되었고, 아버지는 제2차 세계대전에 참전했다. 고르바초프의 집이 잠깐 동안 독일인에게 점거되기도 했으며,

가족은 전후 기근으로 거의 아사할 뻔했다. 우수한 학생이었던 그는 모스크바 국립대학교 법학부에 장학생으로 진학했고 그곳에서 아내 라이사를 만났다. 고르바초프는 몇 년간 고향에서 당 간부직을 맡아 성공적으로 업무를 수행하다가 유리 안드로포프에게 발탁되어 모스크바의 중앙위원회 서기국으로 입성했다. 인텔리겐치아들 사이에서 그의 지방 사투리는 놀림감이 되기도 했다.

고르바초프의 목표는 소련을 구하는 것이었다. 붕괴를 지휘할 생각이 아니었다. 고르바초프가 생각하기에 소련 경제는 관료주의에 입각한 중앙 계획과 심각한 국방비 지출 부담 때문에 숨통이 꽉 막혀 있었다. 앞으로 나아갈 길은 민주주의 요소를 도입하고, 법치를 현실에 정착시킴으로써 일반 국민들이 자유롭게 의견을 개진하고, 진취성을 발휘하게 하는 것이었다. 고르바초프의 말에는 이전 지도자들에게서 찾아볼 수 없었던 솔직함이 있었다. 사람들은 그가 새로운 러시아를 만들어 주리라는 희망으로 모여들었다. 그 러시아는 외부 세계에 문을 열고, 번성하며, 대외적으로나 국내에서나 평화가 가득한 곳이었다. 고통에 찬 과거로부터 마침내 헤어나온 나라, 러시아인들의 표현대로 '정상적인 나라' 속에서 사람들이 평화롭고 고요하게 살아갈 수 있는 터전, 국민이 옳다고 판단하는 대로 정치 지도자를 선출하고 해임할 수 있으며, 법이 서민뿐 아니라 지배층에도 똑같이 적용되는 그런 국가였다.

하지만 당시 소련은 대부분의 서양 사람들과 일부 러시아인들이 정상이라고 생각하는 나라와 상당히 거리가 있었다. 소련의 은행과 세금 체계, 그리고 소련의 화폐는 국영 기업들끼리 자산을 양도하는 회계 체제에 불과했다. 외국 무역은 여전히 국가가 독점했고, 심지어 자본주의 국가와의 무역도 기본적으로는 물물교환이나 다름없는 방식으로 이루어졌다. 경제적 필수 현안들은 국가가 내세우는 '계획' 앞에 번번이 무시되었다. 노동자들은 "우리는 일하는 척하고 나라는 우리에게 돈을 주는 척한다"는 원칙에 따라 행동했다. 흐루쇼프 치하에서 누구든 사적 영리를 추구하는 상업 활동을 했다가는 사형이었다. 수위는 낮아졌지만 브레즈네프 시대에도 처벌이 이어졌다.

시장경제학을 이해하는 소련인은 거의 없었다. 영국 중앙은행 총재는 1990년 12월 모스크바에서 열린 세미나에서 자신은 영국 은행들이 개인 대출에 최대 25퍼센트까지 금리를 설정할 수 있도록 허용하고 있다고 말했다. 한 소련 은행가는 대경실색했다. "그건 고리대금업입니다!" 놀란 남자가 숨 가쁘게 내뱉었다. 그에게 돈이 다른 물건들처럼 상품이 될 수 있다는 것은 상상할 수 없는 일이었다. 물론 그렇게 높은 이자율도 영국 정부가 훌륭하게 국가 경제를 운영하는 지표로 보기는 어려웠다.

처음에 고르바초프는 자신의 정치 스승 유리 안드로포프가 추진했던 정통파의 틀에 박힌 여러 조치를 그저 답습했다. 야근 없이 사람들이 일하게 만들 규율을 더 추가하고, 경제를 '가속화'하기 위해 새로운 기술을 개발하는 것 등이었다. 고르바초프는 러시아인의 과도한 음주가 낳는 고질적 병폐를 없애자는 좋은 의도에서 주류 판매 금지 조치도 내렸다. 이중으로 쓸모없는 조치였다. 소련의 술꾼들은 직접 술을 제조해 마시기 시작했는데, 가끔은 독극물에 가까웠다. 국가는 수 세기 동안 보드카에 과세해 벌어들인 세수를 잃었다.

고르바초프는 이어서 페레스트로이카^{perestroika}(개혁, 개조) 정책을 추진했다. 페레스트로이카는 흐루쇼프 시절 논의되었던 정책을 일부 채택했다. 투자 자본에 부과하는 이자율을 현실에 맞게 끌어올리고, 공장에 독립채산제를 도입하는 대신, 공장 경영자 자율권을 큰 폭으로 확대했으며,

기업의 '협동조합' 설치를 허용하고, 농가에서 잉여생산물을 국가로 귀속시키지 않고 직접 판매할 수 있도록 허용했다.

하지만 이런 온건한 조치들은 문제를 해결하기에 섣불렀고, 조율이 제대로 되지 않았다. 개혁은 탄탄한 대안 체제 없이 기존의 계획 경제만 훼손했다. 거대한 야망과 권력에 대한 예리한 감각을 가진 우랄의 예카테린부르크 출신의 황소 같은 당서기 보리스 옐친은 이러한 조치들이 사기 수준으로 부적절하다고 비판했다. 고르바초프가 옐친을 정치국으로 불러들인 장본이었는데, 그때 고르바초프는 옐친이 자신의 개혁을 도와주리라 기대했었다. 옐친은 다시 축출되었지만 계속 정치 활동을 할 수 있도록 허용되었다. 스탈린 시절이었다면 목숨을 잃을 일이었고, 흐루쇼프 시절이라면 추방을 면하기 어려웠을 터였다. 이미 상황이 얼마나 변했는지 느낄 수 있는 지표였다.

1986년 4월, 우크라이나 체르노빌 원자로가 잘못된 실험 이후에 폭발했다. 수 시간 내에 모스크바 중앙정부는 긴급히 복구 조치를 취했고, 현장에 있던 사람들은 지칠 줄 모르고 영웅적으로 피해를 최소화하기 위해 작업에 몸을 던졌다. 하지만 서방으로 낙진이 떨어지고 사고 소식도 즉시 전달되었다. 고르바초프와 관계자들은 이어진 언론의 관심에 심각하게 잘못된 대처를 했다. 고르바초프의 명성은 국내외에서 타격을 입었다. 하지만 그때까지도 그는 역대 소련 정치인 중 가장 인기 있는 인물이었다. 하지만 1990년 5월이 되자, 옐친의 대중 지지도가 고르바초프를 넘어섰다.

고르바초프는 이제 소련 정치에서 진짜 혁명을 시작했다. 그는 공공영역의 투명성 강화만이 공산당 관료주의의 뿌리 깊은 보수성을 극복하고 더 나은 정책을 담보할 수 있다고 믿었다. 고르바초프가 지렛대로 삼은 것은 글라스노스트^{glasnost}(개방, 발언의 자유), 즉 완전한 언론의 자유였다. 러시아 언론인들은 그가 준 기회를 극한까지 밀어붙였다. 그들은 공권력의 문제점을 거의 욕설을 퍼붓다시피 공격했다. 이제까지는 금서로 암암리에 유통되었던 보리스 파스테르나크의『닥터 지바고』나 바실리 그로스만의『삶과 운명$^{Life and Fate}$』, 알렉산드르 솔제니친의 강제수용소 역사를 담은 문학 작품들이 공개적으로 출판되었다. 사하로프 등 여러 인사들은 인권단체 '메모리알^{Memorial}'을 설립해, 스탈린의 대숙청 기간 동안 죽어 이름도 없는 매장지에 묻혔던 남녀와 어린이들이 저마다 어떤 일을 겪었는지 밝히고 그들을 기념하는 일을 했다. 역사는 온 나라가 집착하는 대상이었다. 사람들은 소련은 예측할 수 없는 과거를 가진 나라라고 농담했다. 이제까지 신성불가침이었던 레닌을 비판하는 목소리가 점차 커졌다. 소련을 출범시키고 억압과 범죄의 길로 인도했다는 이유였다.

고르바초프가 처음으로 한 주요 조치는 정교회에 대한 규제를 없애고 1988년 러시아가 기독교를 채택한 지 1000년이 되는 해를 기념하는 행사를 허용한 것이었다. 교회와 수도원은 다시 문을 열었고 폐허 위에서 재건되었다. 그중에는 도스토예프스키의『카라마조프가의 형제들』에 등장하는 '조시마 장로'가 머물렀던 장소로, 당시에는 강제수용소로 사용되던 옵티나 푸스틴$^{Optina Pustyn}$ 수도원도 있었다. 젊은이들이 성직자가 되었다. 직업을 가진 여성들은 남편을 버리고 수녀원으로 들어가 일했다. 정교회 지도자들은 격동하는 러시아에서 영향력과 권력, 부의 핵심 원천인 정치인들과 그 어느 때보다 가까워졌다. 그들의 담론은 점차 보수적이고 민족주의적 색채를 띠었다.

더 극적인 조치가 있었다. 고르바초프는 그해 여름 급진적인 새로운 방식으로 선거를 실시하겠다고 발표했다. 유권자들은 여러 후보 중에 마음에 드는 사람에게 투표할 수 있게 되었다. 이전에는 유일한 후보에게 표를 몰아주면 됐다. 새 선거는 엄청나게 복잡했다. 일부 대도시 소속 지구들은 유권자가 수백만 명에 이르기도 했다. 직종별 단체는 비공개 후보 투표를 진행할 수 있었다. 공산당은 비례대표 의석 100석을 확보했고 우표 조합은 1석을 얻었다. 옐친은 모스크바 시민 앞에서 경쟁하는 인민 대표 후보로 출마했다. 고르바초프는 영웅적 모험에 뛰어들지 않았다. 600명 남짓한 중앙위원회 동지들에게 표를 얻기로 했다.

하지만 이 선거는 1917년 이후 러시아에 등장한 최초의 꽤 그럴싸한 진짜 선거였다. 선거운동은 진짜였다. 활기찬 공개회의와 신문의 종합 보도, 고성이 오가는 TV 토론, 비열한 술수며 상대방 함정에 빠트리기 등 민주주의에서 으레 등장하는 것들이 총출동했다. 1989년 3월 26일에 발표된 선거 결과는 놀라웠다. 막강한 지역 공산당 서기 4명 중 1명이 고배를 마셨다. 모스크바와 레닌그라드, 키예프의 공산당 지도부는 거의 몰살 수준이었다. 고위 군사령관들은 이때까지 당연한 듯 차지해왔던 자리를 잃었다. 옐친은 유권자가 700만 명인 대형 지구에서 출마해 전체 표 5분의 4를 얻어 당선되었다. 어마어마한 대중적 지지였다. 고르바초프는 동료들의 표를 얻었지만 만장일치는 아니었다. 고르바초프의 정치적 권위는 상대적으로 위축되었다.

인민대표대회Congress of People's Deputies는 5월에 개막했다. 새로운 의원들은 고르바초프를 포함한 지도부를 맹공격했다. 그들은 당과 정부의 부패를 질타했고, 아프가니스탄 침공을 수치스러운 범죄라고 칭했으며, KGB의 살인과 고문을 고발했다. 의사진행은 생방송으로 중계되었다. 2주 동안 사람들은 TV와 라디오에 붙어살았다. 국가 경제는 자연스레 어려워졌다.

안드레이 사하로프 박사는 공산당이 틀어쥔 헌법상의 권력 독점을 없애라고 주장했는데, 이를 지지하는 수만 명의 사람이 거리로 뛰쳐나와 시위에 참여했다. 1991년 3월에 열린 인민대표대회는 공산당에 맞서는 야당을 조직하는 것을 합법화했다. 취약하나마 민주주의가 마침내 자리 잡았다.

고르바초프는 서방과의 대치를 극복하는 작업도 추진 중이었다. 고르바초프는 핵 대치가 터무니없이 위험하다고 확고하게 믿었고, 대결을 끝낼 작정이었다. 소련이 거대 제국 유지와 국내 부패, 기술적 후진성이라는 삼중고에 시달리며 핵 대치를 이어갈 수 없다는 점도 잘 알고 있었다.

고르바초프는 대화 상대를 잘 만났다. 확고한 반공주의자였던 레이건 대통령은 소련을 '악의 제국'이라고 불렀고, 전 대통령들이 추진한 재무장 프로그램을 더 확대했으며, 군대를 시켜 소련 국경을 도발하다시피 정찰하도록 독려했다. 하지만 레이건 역시 핵 대치를 심각하게 우려했고 러시아가 미국의 공격을 정말로 두려워하고 있다고 깨달을 정도의 상상력도 가지고 있었다. 레이건은 모종의 조치가 필요하다고 결론 내렸고, 고르바초프가 그 일을 함께할 수 있는 사람임을 알아보았다.

두 사람은 아이슬란드 수도 레이캬비크에서 회담을 가지고 핵무기를 폐지하려는 진정성 있는 작업에 착수했다. 양측의 강경파 고문들은 경악했다. 폐지 협상은 고르바초프가 강하게 요청했음에도 레이건이 '전략방위구상'SDI, Strategic Defense Initiative(일명 스타워즈 작전)을 포기할 수 없다고 고집하면서 결렬되었다. 이는 미국 영토에 어떤 미사일도 범접할 수 없도록 완벽한 방어망을 구축하는 작전이었다(그다지 현실성은 없어 보였다).

지난 40년간 지속된 냉전으로 불신의 골은 매우 깊었다. 레이건의 뒤를 이은 조지 H. W. 부시 대통령의 고문들은 1988년 12월 고르바초프가 유엔 연설에서 동유럽에서 가시적으로 군대를 철수할 것이라고 발표하자, 또 다른 공산주의 전술이라고 일축했다.

하지만 미처 알아차리지 못했을 뿐 이제 국제 정세는 크게 달라졌다. 동유럽인들은 1988년 6월에 고르바초프가 동유럽 각국은 미래를 스스로 개척하라고 분명히 표명했을 때 긴가민가했다. 하지만 1989년 3월 자유선거는 러시아 스스로 변하고 있음을 만방에 보여주었다. 폴란드는 6월에 자유선거를 실시했다. 공산당은 대패했고 폴란드는 공산 진영 최초로 비非공산주의 정권을 창출했다. 다른 동유럽 국가들도 뒤를 이었다. 베를린 장벽은 11월에 무너졌다. 두 독일은 통일을 열망했고, 소련은 퇴각로에 있었다.

일련의 사태로 가장 이해관계가 크게 얽혀 있는 나라는 독일이었다. 헬무트 콜 서독 수상은 기회를 잡아야겠다고 생각했다. 미국이 뒤에서 그를 지지하고 있었다. 러시아는 협상 테이블에서 사용할 카드가 별로 없었다. 혼란을 피하자면 고르바초프에게는 타협 외에 별다른 수가 없었다. 1990년 10월, 독일은 통일을 했고 나토 가입국이 되었다. 동유럽에서 소비에트 세력을 묶어두던 중심축이었던 바르샤바조약기구는 4개월 후 와해되었다. 소비에트 보수파들은 고르바초프가 체제를 팔아넘겼다고 격분했다.

붕괴

고르바초프의 개방적이고 포용적인 정치 방식에 대담해진 발트 3국과 캅카스(조지아, 아제르바이잔, 아르메니아)에서는 2년 넘게 자치 요구, 나아가 독립에 대한 열망이 들끓는 중이었다. 1989년 초가을, 우크라이나마저 흔들리기 시작했다. 우크라이나의 탈퇴는 소비에트 사회주의 공화국 연방에는 치명타가 될 터였다. 외부인들은 유럽의 마지막 남은 제국이 해체 수순을 밟는 것인지 귀추를 주목했다.[4] 러시아와 우크라이나의 이별을 예고하는 여러 티 나는 제스처가 있었다. 우크라이나는 침략자 스웨덴과 한편이 되어 표트르 대제와 맞서 싸웠던 코사크 지도자 이반 마제파의 기념행사를 열었다. 또 여봐란듯이 모스크바와 같은 시간대에서 중앙유럽 표준시로 시간대를 바꾸었다. 우크라이나 정교회는 모스크바 총대주교 관할 교구와 거리를 두었다. 평범한 사람들이 독립 우크라이나를 상징하는 전통 국기인 파란색과 노란색이 섞인 깃발을 들고 키이우 거리로 쏟아져 나왔다. 러시아어를 사용하던 야심가들은 우크라이나어를 다시 연습했다. 모스크바의 명령에 촉각을 기울이던 우크라이나의 강경한 공산주의 지도자들은 눈에 띄게 우크라이나 애국자로 변모했다. 처음에 그들은 본능적으로 더 많은 자치권을 요구했다. 이제는 우크라이나를 주권국가로 만들어야겠다는 열망이 더 커졌다. 러시아 국내 민심도 바뀌고 있었다. 러시아 국민들은 고르바초프의 개혁이 그들의 일상생활을 개선하지 못하는 것에 지쳤다. 광부들이 파업을 선언하고, 크렘린궁 밖에서 진을 쳤다. 모스크바의 자유주의자들은 이제 옐친이 진짜 민주개혁파라고 선언하고 옐친 지지로 돌아섰다. 옐친은 러시아 내부에서도 민족주의 정서를 들쑤시기 시작했다. 옐친이 연주하는 악기는 소련의 가장 큰 영역을 차지하는 러시아 소비에트 연방공화국이었다. 그곳에서는 민족주의가 꿈틀거렸고 민중은 부담스러운 제국의 짐에 점점 염증이 커졌다.

고르바초프는 개인적으로 유혈사태를 상당히 꺼렸다. 하지만 소련 정부는 조지아와 아제르바이잔에서 질서유지를 명목으로 무력을 사용했다. 1990년대 말에 이르면 고르바초프는 가장 가까운 동맹을 모두 잃고, 보수 반동 세력에서 지지자를 구하는 실정이었다. 1991년 1월, 빌뉴스에서 소련 특수부대가 13명의 사람을 죽였다. 모스크바 진보언론은 들개처럼 날뛰었다. 고르바초프가 공격의 배후에 있었거나, 보수반동파의 계획을 묵인했거나, 이도 저도 아니라면 통제가 불가능한 상황이라는 뜻이었다. 고르바초프의 명성은 국내외에서 크게 타격을 입었다.

고르바초프는 정치 구심점을 회복하기 위해 분투했다. 당장의 급선무는 새로운 연방을 만드는 일이었다. 하지만 우크라이나나 발트 3국, 캅카스 국가들은 어떤 연방제 형태도 요지부동으로 거부했다. 정치, 경제적 혼란이 거세지자 1989년 톈안먼 광장에서 중국 공산당이 민주주의를 가차 없이 짓밟았던 것처럼, 소련 정권이 무력으로 대응할까 봐 우려가 고조되었다. 점점 걱정이 늘어만 갔다. 과거에 가족이 겪었던 참극을 떠올리며 사람들은 이 모든 것들이 내전으로 끝날지도 모른다는 두려움에 떨었다.

고르바초프는 언제든 흐루쇼프와 같은 최후를 맞을 수 있었다. 분명한 사실이었고 고르바초프도 모르지 않았다. 1991년 8월 18일, 공산당과 군부, KGB의 공모자들(전임자를 끌어내린 조합과 같다)이 크림반도의 별장에 있던 고르바초프를 구금하고 탱크를 모스크바에 배치하고 비상 내각을 구성했다.

하지만 그들은 그해 6월 12일 러시아 공화국 내통령이 된 옐친을 고려하지 않았다. 옐친은 연방정부청사 벨리돔White House를 절대로 내주지 않겠다고 버텼다. 수천 명의 지지자가 옐친을 지키겠다고 몰려들었다. 그들 중 일부는 루뱐카 광장 KGB 본부 앞에 우뚝 선 창립자 펠릭스 제르진스키의 동상을 끌어 내렸다. 군중은 우레 같은 고함으로 지지하고 환호했다. 공모자들은 분열했다. 대부분은 유혈사태를 원하지 않았다. 그들은 확신을 잃었고 탱크를 철수했다. 옐친은 그 즉시 주동자들을 체포했고, 공산당을 해체했으며, 공산당 자산을 몰수 처리했다. 공산당 간부들은 당장 목숨을 걱정해야 할 처지였다.

고르바초프는 모스크바로 돌아왔다. 하지만 승리자는 옐친이었다. 그해 가을 내내 옐친은 고르바초프의 권위를 무자비하게 깎아내렸다. 경제 위기와 우크라이나의 임박한 독립이 고르바초프를 공격하고 자리에서 끌어내릴 지렛대로 사용되었다.

경제는 계속 내리막길이었다. 모스크바에서 몇 주 머무른 뒤 1988년에서 이듬해로 이어지는 겨울에, 러시아 태생으로 개혁 지지파였던 영국 경제학자 알렉 노브^{Alec Nove}는 도무지 터널 끝에 빛이 보이지 않는다고 침울하게 결론 내렸다. 터널이 있기는 한 건지도 모르겠다고 덧붙이기까지 했다. 배급제 도입 방안이 그해 말 처음으로 언급되었다. 모스크바는 1990년에 자체 배급제를 도입했다. 농업 시스템이 눈에 띄게 약화했다. 신문은 밭에서 썩어가는 농작물을 연일 보도했다. 1991년 여름까지 경제는 '자유 낙하'했다. 상점 진열대에서 생활 필수품마저 자취를 감추었다. 일부 지역에서는 굶는 사람들이 생기기 시작했다. 고르바초프는 자본주의 국가에 손을 벌려 골을 메우기로 했다. 그는 미국을 위시한 주요 7개국 G7에 130억 달러의 차관을 요구했다. 고르바초프에 따르면 그 나라들이 걸프전에 쏟아부은 금액보다 훨씬 적은 액수였다. G7은 고르바초프가 어떻게 경제를 개혁할지 설득력 있는 계획을 내놓기 전에는 차관을 제공할 수 없다고 응수했다.

서방에서는 소련 사람들을 향한 동정심이 그야말로 물결쳤다. 일개 시민들이 음식 꾸러미나 책, 장난감과 약품을 내놓으며 도움의 손길을 내밀었다. 서방 정부들은 더 실질적인 대량 원조를 제공했지만, 소련 당국이 아닌 자신들이 분배를 감독해 제대로 전달되는지 확인하겠다고 주장했다. 소련 공무원들은 굴욕에 차서 분개했지만 조건을 받아들였다. 러시아 국민들은 원조 물품 대부분이 자국에서 팔리지 않아 생산자들이 무더기로 처분한 제품들 같다고 의심했다.

고르바초프는 훌륭한 경제학자들에 둘러싸여 있었다. 1960년대 토론에 참여했던 베테랑들이었다. 하지만 그들은 서로 의견이 맞지 않았다. 일부는 레닌의 신경제정책을 들고나왔다. 다른 이들은 제정 러시아 시대 개혁가 표트르 스톨리핀이 모델이 될 수 있다고 생각했다. 대다수는 러시아가 경제가 점진적으로 발전해 진정한 시장경제로 전화하기를 바랐다. 많은 사람이 정교한 계획을 만들어냈다. 하지만 그 어느 것도 완전히 설득력은 없었다.

서방 전문가들은 고르바초프에게 대담한 용기로 시장경제로 뛰어들라고 조언했다. 그들이 이름 붙이길, 이른바 '충격 요법'이었다. 어떻게 하든 '한달음에 심연을 뛰어넘을 수 없는 법'이라고도 했다. 그들 중에 소련 정치와 경제, 그리고 사회 현실을 아는 사람은 거의 없었다. 일례로 어떤 학자들은 이제 무기와 중공업 기계는 필요 없으니 시베리아에 있는 대형 공장들을 폐쇄해 버리라고 소련 정부에 제안했다. 시베리아 도시에서 주요 고용주가 사라지고 나면 투자나 고용이며 주택, 사회 복지 사업은 누가 담당하는지 물었을 때 그들은 '시장이 알아서 하겠죠'라고 대답했다.

이런 혼란에 직면했을 때 고르바초프는 어떤 단호한 조치도 취하지 않았다. 고르바초프는 마르크스주의 속에서 자랐고, 그 자신도 마르크스주의의 산물이었다(그 세대 중 누군들 그렇지 않았겠는가?). 그는 소련과 함께 자신도 정통 공산주의에서 벗어나는 과정 중에 있었다. 고르바초프의 과업은 깊은 위기 상황에 봉착한 복잡하고 권위적인 정치·경제 체제를 개혁하면서, 손에 협상카드를 든든히 쥔 초강대국 맞수와 손해 보지 않는 협상도 끌어내야 하는 일이었다. 역사적으로나 학문적으로 전례 없는 일이었다. 국내외에 널렸던 많은 비평가 중 누구도 일관성 있고 실용적인 정책 대안을 제시하지 못했다. 그 당시 옐친이 더 적합했다고 생각하는 사람들도 있었다. 그러나 진실은 어느 누구도, 심지어 한 세대가 걸리더라도 지금 부상하는 모든 필수적인 변화를 적용하지는 못했으리라는 점이다.

1991년 크리스마스

1991년 8월 쿠데타 이후, 우크라이나 공화국 의회는 국민투표 결과에 따라 우크라이나는 독립하기로 했다고 대대적으로 발표했다. 옐친은 기겁했다. 옐친 측은 필요하다면 러시아는 동부 우크라이나와 크림반도에 맞닿은 국경 문제를 제기하겠다고 시사했다(러시아 영토였던 크림반도는 1954년 흐루쇼프 서기장이 우크라이나에 할양한 땅이다. 소련 정체성이 탄탄할 때라 러시아 측의 반발도 없었다-옮긴이). 우크라이나가 분할될 수 있다고 에둘러 위협한 것이었다. 러시아 대표단이 키예프에서 이 안건을 강조하려고 했지만 헛수고였다. 국민투표는 12월 초에 실시되었고 결과는 분명했다. 우크라이나 국민의 84퍼센트 이상이 투표장에 나왔고, 투표자의 90퍼센트가 독립에 찬성했다. 전통적으로 친러시아 성향인 동부 지역에서도 상당한 표 차로 찬성이 우세했다.

1주일 후인 12월 8일, 키예프 루시에서 천년에 걸쳐 갈라진 러시아와 우크라이나, 벨라루스의 지도자들은 세 공화국을 연계해 독립국가연합 CIS, Commonwealth of Independent States을 만들기로 합의했다고 발표했다. 그리고 소비에트 사회주의 공화국 연방USSR은 '국제법의 주체이자 지정학적 실체로서 존재하기를 중단한다'고 선언했다.

12월 25일 고르바초프는 위엄 있는 연설을 남기며 사임했고, 이렇다 할 의례도 없이 옐친에 의해 거의 쫓겨나다시피 사무실을 비웠다. 소련 국기는 크렘린궁에서 이날 마지막으로 내려졌다.

옐친의 후계자, 블라디미르 푸틴은 이 일을 '지정학적 재앙'이라고 불렀다.

9

블라디미르 푸틴,
신화 마니아

러시아는 일종의 전쟁에서 졌다. 한 발의 총성도 없이 졌다. 이제 러시아는 '동란의 시대'와 20세기 '혁명과 전쟁의 시대'에 그랬던 것처럼 실존적 붕괴에 직면했다. 미국과 자유주의의 동맹국들은 국제 무대에서 러시아를 뒷방 노인 취급했다.

소련 공산주의의 종말을 환영했던 러시아인들조차 하루아침에 국가 체제와 여러 기관이 없어지자 어쩔 줄을 몰랐다. 사람들은 무슨 일이 일어났는지 납득하려고 애썼다. 2000년 벽두에 갑자기 한 새로운 지도자가 부상했다. 조국의 위대함을 복구하겠다는 결의에 불타는 인물이었다. 하지만 위대함을 복구하기는커녕 그는 자신이 만들어낸 극단적인 러시아 신화에 취해 국경을 맞댄 우크라이나로 어설픈 진격을 시도했다. 이 일로 그의 위신은 바닥을 쳤고 나아가 조국 러시아의 미래까지 암울해졌다.

희망의 순간

냉전의 종식은 어쨌거나 희망의 순간이었다. 전 세계가 두려움에서 해방되었다. 위협적인 핵 대치는 끝난 듯했다. 서방에서는 정말 많은 사람이 자신들이 누리는 자유와 민주주의, 그리고 자유시장경제가 마침내 대세가 되었다고 믿었다. 그들은 러시아인이 겪는 비참함을 진심으로 안타까워하고 어떻게든 도움이 되려고 애썼다. 부유하고 협력하는 나라가 된 러시아가 바뀐 세상에서 이웃들과 평화롭게 공존하기를 바랐다. 대부분의 러시아인도 같은 희망을 품었다.

하지만 끔찍한 선례가 있었다. 제1차 세계대전이 끝난 뒤 패전과 경제적 비참함에 굴욕감을 느낀 독일인들은 바이마르에서 민주 공화국을 세우겠다는 비극적인 시도를 감행한다. 공화국은 너무 연약했다. 결국 아돌프 히틀러는 바이마르 공화국을 발판 삼아, 전쟁의 승리자들이 마음대로 국경을 그어 하루아침에 다른 나라로 떨어진 수백만의 독일 동포에게 독일 민족의 위대함과 정의를 되찾아주겠다고 약속했다. 러시아인들은 그 비교가 싫었다. 하지만 당장의 빈곤, 커지는 부패, 끝 모를 정치적 무질서, 그리고 러시아인이 느끼기에 러시아를 무시하고 러시아의 국익에 명백한 적대감을 보이는 서방국의 태도 때문에 희망은 끊임없이 쪼그라들었다. 러시아인의 뇌리에도 독일과의 암울한 비교가 떠오르지 않을 수 없었다.

옐친 시대

30년간 세 가지 문제가 러시아 정가를 지배했다. 경제, 서방과의 관계 그리고 러시아가 지향할 국가의 모습과 정체성이 바로 그것이었다. 세 가지 문제를 해결할 해답은 옐친이 러시아에 필요했던 정치 제도를 건설하는 데 실패하면서 결국 시작부터 망가졌다.

경제

옐친은 대통령이 될 때 이미 물가를 시장에 맡기고, 자본 이동을 자율화하며, 국가 주도 경제의 많은 부분을 민영화하겠다고 마음먹고 있었다. 옐친의 참모 중에는 이고르 가이다르라는 걸출한 인물이 있었다. 가이다르는 흠잡을 데 없는 소련 혈통이었지만 실무 경험은 없었던 용감한 신진 경제학자였다. 훗날 가이다르를 맹비난하는 사람들도 있었다. '내 그럴 줄 알았다'는 식의 편리한 '후견지명' 속에 들어앉아 어떤 책임도 지지 않았으며 설득력 있는 대안을 내놓지도 않은 사람들이었다. 외국 경제학자들은 가이다르의 조치가 그들이 지지했던 '충격 요법'에 부합하지 않는다고 말했다. 기술적으로는 옳은 말일지도 모른다.

하지만 당시 일어난 일은 일반인들에게는 충분히 충격적이었다. 의사와 교사, 공무원, 군인, 연금 수급자들이 몇 달 동안 급여를 받지 못하기도 했다. 공장 노동자들은 보수를 받더라도 현금이 아닌 현물로 받았다. 의료 서비스는 망가졌다. 늙은 아낙네들이 수도 모스크바 길바닥으로 나와 집 안에 있던 물건들을 내다 팔았다. 극동 함대 선원들은 굶어 죽었다. 북부 함대 사령관은 노르웨이인들에게 부하들을 먹일 음식을 부탁해야 했다. 인플레이션이 맹위를 떨쳤다. 러시아 군대 재정도 붕괴했다. 1998년에 이르면 러시아 국방비 지출은 소련 시절의 4분의 1에 불과했다. 장교들은 대거 해임되었고, 탱크는 기지에서 녹슬었으며, 최정예 전략핵 부대는 설비를 유지할 수 없었다. 강력 범죄가 급증했다. 이 모든 병폐는 러시아인들이 숱한 어려운 시기를 지나며 상호 연대와 가족 할당에 의지해 버티는 능력을 연마해온 덕에 어느 정도 경감된 면이 있다. 하지만 이것이야말로 고르바초프가 급진적인 개혁의 문턱에서 우려했던 상황이었다.

고르바초프처럼 옐친은 서방에 재정 지원을 요청했다. 어쨌든 옐친은 서방이 요구했던 급진적 경제개혁을 추진한 상태였다. 서방은 옐친의 요청도 들어주지 않았다. 대신 거들먹거리며 러시아에 훈수 두는 값비싼 서구 컨설턴트들만 계속 밀려왔다. 그들은 러시아 역사나 러시아인을 움직이는 감정을 거의 이해하지 못했다. 제 나라에서 (항상 옳은 방향은 아니었지만) 작동한다고 판단한 정치적, 경제적 해결책이 러시아에서 똑같이 잘 적용되리라 생각했다. 서방에서 온 조언자와 그들의 정부는 자신들이 바란다고 얘기한 '협력하는 러시아'를 어떻게 하면 끌어낼 수 있을지 명확한 아이디어가 전혀 없었다.

옐친과 러시아 경제학자들은 몇 가지 중요한 업적을 남겼다. 우선, 열띤 논란 속에 토지 사유화를 향한 첫발을 내디뎠다. 토지 사유화는 공산주의보다 더 오래된, 뿌리 깊은 러시아인의 감정에 역행하는 면이 있었다. 또한 중앙은행과 관련 정책을 완전히 뜯어고쳤다. 이 조치 덕분에 러시아는 1998년 국내 금융 붕괴와 2007년부터 2008년 사이 세계 금융 위기를 겪으면서도 어느 정도 기본적인 거시경제 원칙을 포기하지 않을 수 있었다.

하지만 건강한 경제 시스템을 구축하기에 충분하지는 않았다. 서방 정권들은 러시아에 이제까지 결여되었던 재정 기술을 가르치는 데 주안점을 두었다. 이 분야야말로 러시아에 가장 가르칠 필요 없는 수업이었던 것으로 드러났다. 청년공산주의자연맹[YCL] 관료, 물리학자, 수학자, 심지어 구소련 은행가까지, 각계의 참신한 아이디어와 활력으로 무장한 인물들이 소련 경제의 잔해 속에서 어떻게 하면 부자가 될 수 있는지 재빨리 터득했다. 그들은 은행을 세운 후 그 은행에서 자금을 조달해 당시 열풍이었던 주식 시장에서 의심스러운 작전을 꾸몄고, 그렇게 벌어들인 수익금은 외국 은행가 친구들의 도움으로 해외에서 안전하게 세탁했다. 부패는 온 정부에 만연했다. 경쟁 업체 경영자들이 더 큰 수익을 올리겠다고 서로 죽고 죽이는 일이 다반사였다. 신흥 부유층이 부상했다. 사람들은 그들을 올리가르히^{oligarch}라고 불렀다.

서구와의 관계

소련이 무너진 자리에 생긴 공백을 미국이 채우는 일은 어느 정도 당연했다. 하지만 얼마 지나지 않아 부시 대통령은 1992년 1월 국정연설에서 "신의 은총으로 미국은 냉전에서 이겼습니다"라고 말했다. 의기양양하고 해로운 어조였다. 한때 양 무장 진영으로 나뉘었던 세계에 이제 압도적인 유일 강대국, 미국만이 존재했다.

미국인들은 러시아가 자체 붕괴하거나 주변국을 위협하지 않는, 안정적이고 번영하는 민주 국가가 되는 게 미국 국익에 부합한다는 기조를 계속 유지했다. 가끔은 고개를 갸웃거리기도 했지만 말이다. 하지만 무시못 할 경쟁자를 부활시킬 의도는 전혀 없었다.

부시의 뒤를 이은 클린턴 대통령은 능력껏 러시아를 도왔다. 하지만 부시 행정부의 스트로브 탤벗 러시아 전담 보좌관은 그 과정을 아이에게 몸에 좋은 시금치를 먹게 하는 일에 비유했다. 서방에 너무 많은 것을 양보했다고 국민들로부터 비난받았던 러시아 안드레이 코지레프 외무장관은 이렇게 항의했다. "우리가 원하든 원치 않든 당신네가 이래라저래라 시키는 걸 듣고 있어야 하는 처지는 이미 곤욕스럽소. 당신들의 지시를 따르는 게 우리를 위해서라고 얘기하면서 상처에 소금까지 문지르지는 마시오." 탤벗이 받아쳤다. "러시아가 우리 식을 따르거나 그렇지 않거나 둘 중 하나죠. 하지만 두 번째라면 망할 겁니다. 소련이 그랬던 것처럼 요."[1]

북대서양조약기구^{NATO}의 확장은 지속적인 균열을 야기했다. 독일 장벽이 무너진 지 3개월 후, 미국 제임스 베이커 국무장관은 고르바초프에게 가상의 거래를 제안했다. 나토는 일단 통일 독일을 안정적으로 흡수하고 나면 '현재의 위치에서 동쪽으로 한 발짝도 이동하지 않겠다'고 했다. 1991년 3월까지 주요 서방 동맹국들은 동유럽 국가를 나토 회원국으로 가입시켜 안보 보장을 확약해서는 안 된다는 데 내부적으로 합의했다. 서방 정치인들은 나토 확장 의도는 전혀 없다고 러시아 반대파들에 장담했다.

그러나 그들의 보장은 상호 합의된 문구로 기록되지 않았다. 협상을 대하는 고르바초프는 법적으로 기록을 남기자고 밀어붙이기에는 입지가 너무 약했다. 또 미국이 무기한으로 자신들의 손을 묶는 공식 조치에 동의했을 리도 없었다.

전혀 없던 의도는 곧 뒤바뀌었다. 수 세기 동안 러시아에 시달렸던 동유럽 국가들이 나토 가입을 원했다. 동유럽 국가들은 러시아가 오랫동안 웅크리고 있으리라 믿지 않았다. 나토 회원국 가입만이 자신들의 미래를 보장받는 길이라는 점은 고통스러우리만치 명확했다. 이전에 뮌헨, 얄타, 헝가리, 프라하 같은 곳에서 등을 돌렸다는 죄책감으로 들끓어 서구의 많은 사람이 그들의 열망을 지지했다. 미국 선거 결과에 영향을 끼칠 수 있는 지역에 거주하고 있었던 폴란드, 발트 3국과 인근 나라 후손들 역시 나토 가입을 지지했다. 미국이 밀어붙였다. 1999년부터 2004년까지 폴란드, 체코슬로바키아, 헝가리와 다른 동유럽 국가들이 나토에 가입했

다. 과거 소련 연방국이었던 발트 3국도 마찬가지였다.[2]

　엄밀히 따지면 부정확했지만, 대부분의 러시아인은 거짓 약속에 이중으로 당했다고 확신했다. 옐친은 나토 확장은 러시아와 서방의 관계를 망치고, 러시아 내부의 힘겨운 민주화 노력에 악영향을 끼친다고 경고했다. 러시아는 서방이 내민 나토와의 '협력'이라는 당근에 넘어가지 않았다. 나토 안에서 동등한 목소리를 낼 수 있을 리 만무했다. 러시아는 미국 동맹국 연합이 1999년 세르비아를 침공해 혼란으로 치달은 코소보 지역을 분리하는 안을 지지하자 경악했다. 이런 선례를 만들어서는 안 된다고 경고했다. 많은 사람이 다음 차례는 러시아가 될지 모른다는 두려움에 떨었다. 이라크와 아프가니스탄 침공으로 러시아인들은 방어만을 도모한다는 나토의 주장이 믿을 수 없는 것임을 재차 확신했다.

　이 모든 것이 러시아인들을 정말로 불쾌하게 만들었다. 수십 년 동안 미국을 국가 모델로 삼았던 많은 러시아인은 이제 서구의 선의에 대한 믿음을 잃었고, 자신들의 나라가 내부 약점이 아니라 국내 배신자와 외국 첩자의 음모에 의해 몰락과 수모를 겪었다고 확신하게 되었다. 러시아가 양대 강국 중 하나였던 시절을 그리워하며 러시아인들은 민주주의에 관한 서방의 여러 착안이 러시아와는 완전히 물과 기름이라고 결론 내리고, 불쾌하고 병적이며 반항적인 민족주의로 후퇴했다. 서구는 그 이유를 결코 이해하지 못했다.

　그런 감정이 정당했는지 아닌지는 별로 중요하지 않다. 언제나 그랬듯 그런 감정이 정치의 먹잇감이 되고 사건을 만든다.

러시아의 정체성

고르바초프가 시작한 역사 폭로의 파란은 옐친 대에도 지속되었다. 공산주의라는 이름으로 자행된 범죄에 관한 사실 증거들이 타고 넘을 수 없는 산처럼 쌓여 무시하기 어려운 지경에 이르렀다. 많은 러시아인과 그들의 부모, 또 조부모들은 소련 시절에 온 마음을 다해 자신들이 정의롭고 성공적이며 평화로운, 눈부신 미래를 건설하고 있다고 믿었다. 도대체 어쩌다 그렇게 망가졌을까? 러시아의 역사와 러시아 민족의 특성에 어떤 내재적 결함이라도 있단 말인가?

1945년 후에 독일인들도 비슷한 고민에 괴로워했다. 하지만 독일은 어떤 협상의 여지도 없이 완전히 패배했고, 승전국의 강요는 물론 그들의 양심 때문에라도 자신들이 저지른 범죄를 직시하지 않을 수 없었다. 하지만 러시아는 제2차 세계대전의 승전국이었고 그런 강요를 받을 일이 없었다. 옐친이 권력을 잡았을 때 공산당 자체는 재판에 회부되었다. 하지만 공산당 수뇌부는 법정에 서지 않았다. 소련 시절과 유사한 공개재판을 재현하는 일의 위험은 일부 외국인을 제외한 모든 사람에게 명백해 보였다.

옐친은 그 문제를 다루는 것을 중단했다. 대신 그는 위원회를 발족해 러시아 정체성을 새로 정의하는 과제를 내렸다. 러시아의 새 정체성 속에서, 소련 이후 러시아의 역사적 서사는 모든 러시아인이 자신의 것으로 내재화할 수 있는 어떤 것으로 탄생할 터였다. 위원회는 두말할 필요 없이 헛된 논쟁으로 전락했다.

명시적이든 암묵적이든 러시아의 정체성이라는 문제는 항상 논란거리였다. 러시아는 전제적이고 제국주의적인 전통에서 벗어날 수 있는가?

21세기의 세계화된 지구와 미국 정치가 정하는 규칙에 러시아는 어떻게 적응해야 하는가? 키예프 루시의 계승과 이후 러시아의 제국주의적 행보는 어떻게 연관시켜야 하는가? 그것은 각자 키예프 루시를 계승했다고 주장하는 인접국 벨라루스와 우크라이나에 무엇을 의미하는가?

1992년 1월 옐친이 대통령으로 취임하던 무렵에 이르러 러시아와 우크라이나 관계는 크게 악화했다. 옐친은 우크라이나와 공동으로 소련을 무너뜨렸다. 하지만 옐친은 소련 붕괴 직전에 양국을 설득해 새로 만든 독립국가연합이 공동의 위계 체제로 묶인 진정한 연합이어야 한다고 시종일관 믿었다.

우크라이나는 그런 믿음이 없었다. 옐친은 우크라이나가 요지부동으로 밀어붙이는 정치, 경제, 군사 및 국제관계상의 완벽한 독립 주장을 통제하기가 점점 어려워졌다. 옐친은 물론 여러 공산당 선배 동지들, 그리고 러시아 국민 다수는 함께 나눈 1000년의 역사가 깃들었다고 열성을 다해 믿었던 양국의 관계가 그렇게 끝나버리자 정말로 속이 상했다. 특히 크림반도와 영웅적인 도시 세바스토폴을 잃은 것에 분개했다. 그 지역은 이전에는 러시아 영토였다가, 우크라이나 보흐단 흐미엘니츠키와 러시아가 손을 잡은 지(1654년 페레야슬라블 조약) 300주년을 기념하는 우호의 상징으로서, 1954년에 흐루쇼프가 우크라이나 소속으로 바꾼 영토였다. 러시아인들은 어떻게 소련을 벗어나서는 공식적인 국가로 인정받은 적 없는 곳이 중심부에서 분리될 수 있는지 어리둥절했다. 분리는 마치 팔다리가 잘린 듯이 쓰라렸다. 많은 사람들은 그러한 분리가 그렇게 오래 지속되지는 못하리라 내심 생각했다. 고르바초프의 한 최측근은 열성적인 급진개혁파였는데, 우크라이나가 바보같이 굴면 옐친이 무력을 사용해야 할 것이라고 사석에서 말하기도 했다. 1992년 1월, 전쟁은 더 이상 상상 밖의 일이 아니었다.

당면한 쟁점은 양국 사이의 국경 문제, 크림반도, 흑해함대 처리, 소련 부채 분담 등이었다. 다행히도 양측은 협상에 적극적이었다. 우크라이나는 러시아가 세바스토폴 기지를 계속 유지하도록 장기 임대했다. 한동안 평화가 찾아왔다.

민주주의 담론들과 강요된 낙관주의가 자리를 차지하기는 했어도, 옐친이 이끈 러시아 국내 정치는 그의 임기 내내 악화 일로를 걸었다. 1992년에 옐친은 고르바초프가 지명한 개혁 성향의 KGB 의장을 해임하고 점점 더 비밀경찰을 사적인 정치 목적에 이용했다. 1992년 10월에 몇 달간 이어진 상호 도발 끝에 의회 내의 한 당파가 옐친을 1993년 10월부로 탄핵한다고 선언했다. 그들은 벨리돔으로 피신했다. 옐친은 반란 세력을 내쫓으려고 탱크를 불러들였다. 결국 모스크바 거리가 피로 물들었다. 비공식 집계에 따르면 사망자가 1,000명이 넘었다. 많은 러시아인이 큰 충격에 휩싸였다. 러시아인들은 옐친뿐 아니라 옐친이 추진하던 혼란스러운 민주주의도, 배후의 서방도 모두 원망했다.

1996년에 옐친은 재선에 출마할 예정이었다. 하지만 이제 너무 인기가 없어서 공산당이 내세운 이름 없는 후보에게 진다고 해도 하등 놀랍지 않았다. 이고르 가이다르는 올리가르히에 옐친의 선거자금을 받고 그 대가로 러시아 주요 국유 산업의 지분 일부를 넘기는 계획을 추진했다. 여론은 극도로 악화했고, 가이다르의 명성은 영영 회복되지 않았다.

하지만 옐친의 서방 지지자들은 안도의 한숨을 내쉬었다. 그들이 보건대 러시아 민주주의의 미래를 이끌 희망은 여전히 옐친뿐이었다. 실제로는 옐친은 전략적 시야가 부족했고, 고르바초프와 달리 헌법 체계와 행정 체계를 정비해 근대화하고 개화된 러시아를 아래에서 떠받칠 기반을 만드는 데는 별로 관심이 없었다. 옐친의 지상과제는 권력 유지였다. 그는 러시아의 구태 정치인 청탁자가 빼곡한 접견 대기실 같은 정치를 했다.

1999년경 질병과 알코올에 시달려온 옐친은 일찍 늙어버렸고 말 그대로 망가졌다. 옐친은 공직에서 물러난 뒤 보복당하지 않도록 자기를 지켜줄 후임자를 필사적으로 찾았다. 그가 완전히 정치 감각을 잃은 것은 아니었다. 옐친은 블라디미르 푸틴을 알아보았다. 젊고, 침착했으며, 힘이 넘쳤고, 무엇보다도 충성스러웠다. 옐친은 푸틴을 우선 크렘린 행정부로 데려왔고, 이후 비밀경찰의 수장으로 앉혔으며, 마지막으로 내무 총괄 권한을 맡겼다. 마침내 옐친은 푸틴에게 대통령 자리까지 넘겨주었다.

블라디미르 푸틴, 집권하다

1952년, 나무랄 데 없는 노동자 계급 가정에서 태어난 푸틴은 학교에서 문제아였고 길거리에서 싸움질하고 다녔다. 하지만 그는 레닌그라드 대학에 진학했고 정치인 아나톨리 숍차크^{Anatoli Sobchak} 아래서 법을 공부했다. 1975년, 푸틴은 어린 시절 꿈이었던 KGB에 들어갔다. 서구권 국가에서 요직을 맡지는 못했고, 소련 지배하에 있던 동독(독일민주공화국) 드레스덴에서 비밀경찰 슈타지와 협력 업무를 하다가 상대적으로 별 볼 일 없던 요원 경력을 끝냈다.

소련의 붕괴는 푸틴에게 큰 충격이었다. 푸틴은 1991년 쿠데타 이후 KGB를 떠나 레닌그라드(곧 원래 이름인 상트페테르부르크를 되찾을 무렵이었다) 최초로 자유 선거로 시장이 된 숍차크의 보좌관으로 일했다. 그곳에서 그는 외무와 국제협력을 담당하며 외국인, 정치인, 옛 KGB 요원과 지하세계의 유명 인사들과 유용하고 때로는 큰 수익을 얻는 광범위한 인맥 네트워크를 만들었다. 당시 그를 만난 일부 외국인은 푸틴이 시야가 좁고, 속을 알수 없으며, 따분한 성격을 가진 사람이라고 별 관심을 두지 않았다.

오판이었다. 새로 맡은 업무에서 푸틴은 영리함, 의지력, 힘, 행정 기술, 정치 술수, 단호한 무자비함, 그리고 냉정한 외모 아래 숨은 다소간의 열정도 보여주었다.

1996년 숩차크가 재선에 실패하자 푸틴은 모스크바 크렘린 행정부에 발탁되었다. 처음에 맡은 업무는 크렘린궁 자산 관리였는데, 돈 되는 인맥을 확장하는 또 다른 기회가 되었다. 하지만 1998년 옐친은 그를 KGB의 뒤를 이은 러시아연방보안국^{FSB} 국장으로 임명했다. 1년 후 옐친은 푸틴을 국무총리로 임명했다. 옐친은 미국 대통령에게 자신이 다음에 할 일을 두고 미리 경고했었다. 그 외 모든 사람은 옐친이 1999년 새해 전야에 TV에 나와 푸틴을 후계자로 지명한다고 발표했을 때 귀를 의심했다.

대통령으로서 푸틴의 우선순위는 새 천년의 첫날부터 두드러졌고, 이후 몇 년에 걸쳐 세심하게 연출된 일련의 공개 성명을 통해 분명히 제시되었다.[3] 외국 관측통들은 푸틴의 발언이 모호하다거나 공격적이라는 반응을 자주 보였다. 하지만 푸틴의 말속에는 푸틴의 감정과 생각뿐 아니라 러시아 국민 다수의 감정과 생각이 녹아 있다. 물론 공식 입장 뒤에는 입 밖으로 꺼내지 않았을 뿐 분명한 여러 우선순위가 존재한다. 권력을 유지하고, 측근들의 충성을 확보하며, 공개되지는 않지만 점점 커지는 개인 재산을 보호하는 것 등이다.

푸틴의 국내 정치

푸틴이 21세기 벽두에 전달한 여러 성명은 현실을 직시한 솔직함이 있었지만, 분명히 고무적이었다. 푸틴이 전하는 메시지의 요지는 이랬다.

러시아는 이류, 아니면 삼류 국가로 전락할 위기에 처해 있다. 전례 없이 눈부신 속도로 변하는 세상이 던지는 기회와 위기에서 탈출할 방법은 없다. 러시아는 볼셰비키 시대를 겪느라 값비싼 대가를 치렀다. 하지만 애국민족주의도 급진자유주의도 해결책이 아니었다. "역사는 어떤 독재도 어떤 권위주의 정부 형태도 오래 지속되지 못한다는 것을 증명했다. 오직 민주적인 체제만이 오래 살아남는다." 하지만 러시아는 미국 모델을 그저 따를 수만도 없다. 러시아인 특유의 애국심과 연대 의식을 바탕을 둔 러시아만의 길을 찾아야 한다. 강한 정부의 주도 아래 꾸준히 경제 개혁을 추진하면 15년 안에 포르투갈의 경제 수준까지는 도달할 수 있을지도 모른다.

낙관적인 야망이었고, 푸틴은 처음에 목표 달성을 위해 노력하는 듯했다. 마침 석유 가격 상승기에 대통령이 된 것이 행운이었다. 푸틴도 러시아도 톡톡히 혜택을 입었다. 푸틴은 개혁을 거친 중앙은행과 긴밀히 교감했고, 거시경제 원칙을 견지했다. 외국인 투자가 들어오기 시작했다. 실질 소득은 2배 이상 증가했고, 실업과 빈곤은 절반 이상 줄었다. 서비스 산업에 활기가 돌면서 상점 진열대가 다시 꽉 찼다. 맥을 못 추던 옐친의 토지개혁이 제대로 굴러가면서 신흥 부자들이 농업이 훌륭한 투자처가 될 수 있다는 사실을 깨달았고, 그렇게 농업의 해묵은 문제도 요행히 해결되는 듯했다. 신흥 부유층은 집단 농장을 인수했고, 대부분의 노동자를 해고했으며, 유능한 관리인을 배치하고, 농기계, 기반 시설, 종자와 화학약품에 투자했다. 마을에 사람이 자취를 감추고 농경지가 숲으로 바뀌자 전통 방식을 고수하던 사람들은 초조함에 마른세수만 했다. 하지만 러시아 소비자들은 마침내 국산 농작물을 즐길 수 있게 되었고, 러시아는 세계 최대 곡물 수출국이 되었다.

안정된 중산층이 부상하기 시작했다. 참혹한 빈곤이 여전히 존재했지만, 심지어 시골에서조차 러시아인은 과거 어느 때보다 형편이 넉넉해졌다. 푸틴의 인기가 치솟은 것은 놀라운 일이 아니다.

하지만 푸틴의 미사여구와 달리 러시아 경제에 더 넓게 퍼져 있는 문제는 여전히 해결되지 않았다. 국가 예산을 감당하기에는 석유와 가스 수출 의존도가 너무 높았다. 경제를 현대화하고 다양화하려는 계획은 제자리걸음이었다. 러시아는 공산정권 시절과 다름없이 외국 사람들이 기꺼이 돈을 지불할 수준의 공산품을 여전히 제조하지 못했다. 중국과는 다른 점이었다. 부패가 만연했다. 푸틴은 올리가르히에게 정치에 손댈 생각만 하지 않으면 평화롭게 계속 돈을 벌 수 있다고 호언장담했다. 2003년 올리가르히의 우두머리 격이었던 미하일 호도르콥스키가 푸틴에게 반기를 들고 나서 날조된 사기 혐의로 10년 형을 받자, 서구 여론은 경악했다.

호도르콥스키의 체포를 기점으로 푸틴이 러시아 정치를 다루는 태도는 급선회했다. 푸틴의 곁에 있던 진보 성향의 조언자들이 상트페테르부르크 시절부터 알고 지내던 전직 요원, 경찰, 측근들로 점차 대체되었다. 언론의 자유는 손발이 묶였다. 종신 통치가 가능하도록 개헌이 단행되었다. 2011년 광범위한 시위 이후 부정 선거는 더 심해졌다. 2021년에는 '외국스파이법Foreign Agents'을 통과시켜 외국과 연계된 성가신 비정부기구를 탄압할 근거를 마련했다. 안드레이 사하로프가 설립한 국제적으로 존경받던 인권 단체 '메모리알'도 폐쇄했다. 2022년 3월에는 러시아의 마지막 독립 신문사인 〈노바야 가제타Novaya Gazeta〉가 강제로 폐간될 위기에 처했다.

푸틴은 더 직접적으로도 행동에 나섰다. 정부 요원은 국내외에서 푸틴의 반대자들을 암살했다. 푸틴 정권의 부패를 폭로한 기자들은 석연찮은 상황에서 끔찍하게 죽었다. 러시아의 가장 저명한 민주 진영 정치인이었던 보리스 넴초프는 2015년 붉은 광장에서 총에 맞았다. 용감하고 여러 기발한 방식을 시도하는 야당 지도자 알렉세이 나발니는 2020년 정부 요원의 손에 독살될 뻔했다가 간신히 살아남았고, 우스꽝스러운 재판 끝에 투옥되었다. 이런 사건에 푸틴이 연계되었다는 직접적인 증거가 없다고 주장하는 사람들도 있다. 하지만 최종 결정자는 푸틴이고 최종 책임도 그의 몫이다.

지금 상황은 고르바초프 시대의 달뜬 자유주의와는 하늘과 땅 차이다.

푸틴의 외교

처음에 푸틴의 대외정책은 옐친의 서방 협력 정책의 연장선에 있었다. 푸틴은 러시아가 유럽 국가라고 주장했다. 2001년 9월, 미국의 월드트레이드센터 빌딩이 무너졌을 때 공개적으로 미국을 지지했으며, 미국 항공기가 아프가니스탄 파병군에게 보급할 목적으로 레닌의 출생지인 울리야놉스크를 통과할 수 있도록 허용했다. 한때 러시아가 나토에 가입하면 어떻겠냐고 제안하기도 했다. 이런 일들로 러시아 민족주의자들은 푸틴을 맹비난했다.

하지만 집권 초기에 캅카스 체첸 반군을 무자비하게 진압하면서 푸틴은 러시아 영토의 단일성을 위해서라면 잔인한 행동도 마다하지 않겠다는 의지를 보여주었다. 러시아의 힘에 대한 고압적인 주장과 그 주장 속에서 사용되는 언어는 점점 위협적인 색채를 더해갔다.

푸틴은 2005년 러시아 의회에서 소련의 붕괴는 수천만 명의 러시아인을 외국에 남겨둔 '지정학적 재앙'이라고 주장했다. 1930년대 독일인들이 사용한 언어를 보는 듯했다. 같은 해 우크라이나를 향한 조직적 개입이 시작되었다. 2007년 뮌헨안보회의에서 푸틴은 미국이 제약 없이 군사력을 사용하면서 국제법을 무시하고 있다고 비난했고, 이 발언은 대대적인 분노를 샀다. 많은 러시아인은 푸틴의 편이었다. 러시아 사람들은 미국의 이중 잣대에 반발했고, 미국이 러시아를 비난할 자격이 없으며, 미국이 러시아를 파괴할 목적을 가지고 있다고 확신했다.

2004년까지 푸틴은 이미 자신이 한 말을 실천하는 중이었다. 2008년에 조지아가 독립을 선언한 북부 2개 주(남오세티야-옮긴이)를 포격하자, 조지아를 침공해 무력 진압했다. 푸틴은 코소보의 예를 들며 2개 주는 독립했다고 선언했다(코소보는 서방의 후원으로 결국 세르비아에서 독립했다-옮긴이). 난항으로 치닫는 시리아 내전에도 개입했다. 2016년 러시아 정부 해커 집단이 미국 대선을 해킹했다. 미국 지도자들은 다시 한번 러시아를 실존적 위협으로 묘사했다. 두 나라 모두 휘황찬란한 신무기로 핵전력을 계속 보강하고 있다.

푸틴과 우크라이나

푸틴은 항상 러시아와 우크라이나는 역사적, 문화적으로 단일하다고 주장해왔다. 그는 현대 러시아는 논쟁의 여지가 없는 키예프 루시의 직접 계승자라고 말한다. 우크라이나와 벨라루스가 1991년에 만든 국가들은 '역사'의 관점에서는 적법한 독립국이라고 할 수 없었다. 푸틴에게 우크라이나는 러시아와 분리된 채 '진짜 나라'로 존재한 적이 없고, 그럴 수도 없는 곳이었다. 다른 러시아인들도 수 세기에 걸쳐 비슷한 생각을 표명해왔다. 하지만 푸틴은 이 생각에 광적으로 집착했고, 이것이 러시아를 국제사회의 '외톨이'로 만들었다.

우크라이나는 국가를 형성할 많은 천혜의 조건을 갖추고 있다. 교육받은 인구와 활기찬 도시들이 있고, 외부 세계와 연결성도 양호하며, 상당한 수준의 산업과 농업도 보유했다. 진정한 의미의 국가적 의식이 자라나기 시작했다. 잔인한 역사의 악독한 신화와 현실은 사라지는 듯했다. 하지만 1990년대에 러시아와 마찬가지로 우크라이나 사람들은 비참한 처지에 놓였다. 빈곤이 만연했고 최소한의 정치도 작동하지 않았다. 부패가 통제 불가능으로 들끓었다. 부도덕한 사업가들이 혼란을 틈타 부자가 되었다.

하지만 21세기는 우크라이나에게도 발전의 시대였다. 경제가 성장하기 시작했다. 많은 우크라이나인이 바로 옆의 러시아로부터 확실히 독립하기 위해서는 유럽연합, 나아가 심지어 북대서양조약기구NATO에 가입해야 한다고 주장하기 시작했다.

한편 미국은 러시아 핵무기를 안전하게 통제하는 데 관심이 쏠려 있었다. 미국은 우크라이나와 카자흐스탄, 벨라루스에 소련 시절 그 지역들에 배치된 미사일을 러시아에 반환하라고 지속적으로 압박했다. 우크라이나를 포함한 3국은 2004년 루마니아 부쿠레슈티에서 열린 나토 정상회담에서 러시아와 미국, 프랑스, 영국이 사인한 협정문(이때 옛 소련 연방국인 발트 3국이 나토에 가입했다-옮긴이)의 모호하나마 안심이 되는 내용에 마음을 놓을 수밖에 없었다. 많은 우크라이나인이 자신들이 가진 가장 강력한 방어 수단을 포기해버린 것을 후회했다(1994년 부다페스트 안전 보장 각서-옮긴이).

2004년부터 2005년 사이 키이우 군중은 '오렌지 혁명'을 성공적으로 이끌었다. 푸틴의 후원을 받는 빅토르 야누코비치가 부정선거로 대통령에 당선된 데 반발한 사건이었다. 푸틴은 이 사건으로 소련의 해체를 앞당긴 모스크바의 대규모 민중 시위를 떠올리게 되었고, 입맛이 썼다. 비슷한 일이 다시 일어나서는 안 된다고 결심한 푸틴은 국내의 정권 비판자들을 강하게 단속했다.

2008년 조지 W. 부시 대통령은 부쿠레슈티에서 열린 나토 연례 회의에서 우크라이나와 조지아를 나토 회원국으로 받아들여야 한다고 압박했다. 프랑스와 독일을 비롯한 다른 회원국들은 반대했다. 나토 동맹은 우크라이나가 결국 회원국 자격을 얻게 될 것이라고 공식 발표했지만, 미국이 여전히 핵 강대국인 러시아와 그렇게 긴밀히 얽혀 있는 한 나라를 대신해 전쟁의 위험을 무릅쓰고 공식 책임을 떠안으리라 생각한 나라는 별로 없었다. 하지만 대다수 러시아인에게 아직도 흑해의 주요 러시아 해군기지가 있는 세바스토폴이 나토 영향권이 된다는 생각은 인내의 한계를 넘어서는 '레드 라인'이었다.

2010년에 야누코비치는 대통령 재선거에 도전했고 비교적 공정한 선거를 치르고 대통령이 되었다. 하지만 2013년에서 2014년 사이 겨울, 반정부 시위대에 시달려 하야했다. 시위대의 요구는 푸틴이 '햄스터'라고 일축한 유럽연합과 우크라이나가 더 긴밀한 관계를 맺으라는 것이었다. 푸틴은 더 이상 참지 않기로 했다. 2014년 2월, 국적 불명의 제복을 입은 푸틴의 군대가 무혈로 크림반도를 점령하는 데 성공했다. 푸틴은 그로부터 한 달 후에 공식적으로 크림반도를 합병했고, 러시아 관료들은 다시 코소보를 인용했다. 많은 러시아인은 역사적인 '오류'가 바로잡힌 것에 열광적으로 환호했다.

곧이어 동우크라이나에서 분쟁이 일어났다. 우크라이나 정부와 친러

반군(주로 러시아어를 사용하는 인구이다) 사이에 벌어진 전투였다. 미국과 유럽은 합의를 중개하려고 시도했다. 러시아 반란군을 지지하는 '자원군'이 밀려들었다. 그들은 네덜란드에서 자국으로 향하던 말레이시아 항공기를 격추했다. 탑승자 전원이 사망했다. 서방에서는 당연히 분노가 일었고 러시아에 대한 제재 조치로 이어졌다. 나토는 동유럽 회원국에 일부 병력을 배치했다.

푸틴은 흔들리지 않았다. 2021년 말 푸틴은 우크라이나 국경지대에 군대를 집결시키고, 나토에 우크라이나에 대한 가입 제안을 철회하고 동유럽에 배치한 부대를 철수하라고 요구했다. 바이든 대통령이 공동의 관심사를 합리적으로 조율할 목적으로 회담을 제안했지만, 푸틴은 일거에 거절했다.

2022년 2월 푸틴은 우크라이나로 거침없이 진격했다. 푸틴은 이 침공을 '특수군사작전'이라고 불렀다. 푸틴에 따르면 우크라이나에서 서방이 추진하는 반러시아 군사 기획을 좌절시키는 것(탈군사화)이 하나요, 우크라이나 정부를 전복해 접수하고 '가까운 장래에' 러시아에 핵과 생화학무기를 사용할 예정이었던, 미국을 등에 업은 나치 무리의 인종 학살 계획을 타개하는 것(탈나치화)이 또 다른 목적이었다.

러시아 병력은 우크라이나 전역을 처참히 부수었다. 푸틴이 '모든 러시아 도시의 어머니'라고 불렀던 키이우도 포함되었다. 푸틴은 필요하다면 핵무기를 사용할 용의도 있다고 암시했다.

푸틴과 휘하 관료들은 '브라니요'의 향연을 펼쳐 러시아 국민에게 그 전쟁이 정당하다고 설득했다. 떠들썩하고 점점 더 신경질적으로 되어가는 '애국자' 무리가 이구동성으로 러시아의 위대함이 회복되어야 하고, 자유 진영 미국은 분수에 맞게 행동하라고 언성을 높였다. 많은 러시아인은 서방이 다시 한번 조국을 쳐부수러 출격하리라 확신하며 러시아 국기 아래 모여들었다. 하지만 다른 무리는 정부의 악랄한 협박에도 굴하지 않고 분연히 전쟁에 대한 반대 목소리를 냈다. 수만, 어쩌면 수십만 명이 정치적이거나 경제적 이유로 러시아를 떠나 망명길에 올랐다. 이들이 가진 재능은 러시아의 손실이다. 푸틴은 그들을 반역자라고 불렀다.

러시아 정교회의 수장인 키릴 총대주교는 푸틴의 납득하기 어려운 주장을 무조건 지지함으로써 러시아 정권과의 연대를 공고히 했다. 총대주교는 러시아 정교가 다시 한번 서구 이단과 죄 많은 서구 자유주의의 공격에 저항해야 한다는 입장을 고수했다. 전쟁을 반대하는 소수 러시아 성직자들은 총대주교로부터 맹비난을 받았다. 우크라이나 정교회는 한층 더 소외되었다.

푸틴은 우크라이나를 전격전으로 무찌를 수 있다는 데 도박을 걸었다. 하지만 우크라이나인들은 위대한 대통령 볼로디미르 젤렌스키의 지도 아래 굳세게 맞섰다. 젤렌스키 대통령은 전직 코미디 배우였고 유대인 집안 출신이다. 푸틴의 네오나치 주장이 더욱 터무니없는 이유다. 젤렌스키는 탁월하고 용맹한 리더십으로 국제적인 영웅이 되었다. 구식 게릴라 전술, 수준 높은 비밀정보망, 유능한 해커 부대를 활용해 우크라이나는 느릿느릿 육중하게 밀려들던 러시아 군대의 행렬을 막아섰다. 푸틴의 서사 속에서는 꽃을 들고 '해방군'을 환영하리라던 '러시아어를 쓰는 사람들'도 우크라이나어를 쓰는 동포들 못지않은 결의로 침략자에 대항했다.

푸틴은 서방은 곪을 대로 곪아 자신에게 효과적으로 대응할 수 없으리라 생각했다. 하지만 세계대전을 우려해 직접 전투부대와 항공기를 투입하지 않을 뿐, 바이든과 미국의 동맹국들은 우크라이나에 신식 무기며 가능한 모든 정치적 지원을 제공했고, 러시아 경제와 푸틴 관계자들에 전례 없이 강도 높은 제재를 가했다. 제재는 많은 국가가 참여했지만 모든 국가의 지지를 얻지는 못했다. 중국, 인도와 다른 나라들은 러시아를 대놓고 비난하지 못하는 각자의 이유가 있었다.

소련-아프가니스탄 전쟁 때보다 더 많은 시신 가방이 고국으로 돌아오면서 푸틴이 러시아 국민에게 진실을 계속 가릴 가능성은 줄어들었다. 푸틴은 전투 중에 우크라이나는 국가 정체성이 없다고 날조된 주장을 해왔다. 우크라이나가 '진짜 나라'가 아니라는 생각은 더 이상 유지될 수 없었다.

거부된 희망

나 역시 동의했던, 러시아가 제국적 욕망을 버렸다는 판단은 완전히 잘못된 것으로 드러났다. 푸틴은 우크라이나뿐 아니라 러시아도 지독한 대가를 치르게 했다. 자신만의 신화에 사로잡혀 푸틴은 러시아를 사방에서 외면당하는 처지에 놓이게 하고, 러시아가 '정상'적인 나라가 될 기회를 무기한 연기했다.

어쩌면 푸틴은 새로 자신감을 충전한 러시아라면 제2의 초강대국이라는 옛 지위를 되찾을 수 있다고 믿었을지도 모른다. 하지만 그 자리는 더 이상 비어 있지 않다. 러시아 인구의 10배, 국부의 10배, 국방비는 3배에 달하며 훨씬 더 혁신적인 경제를 가진 중국이 이미 그곳을 차지했다.

마치며

역사 다시쓰기

러시아의 과거는 존경의 대상이었다.
러시아의 현재는 눈부심 그 자체다.
미래는 가장 날뛰는 상상조차도 다 담지 못한다.
형제들이여, 그것이 우리가 이해하고 써야 하는 러시아의 역사다.

- 벤켄도르프 백작, 차르의 비밀경찰 대장, 1836년경

당신네 외국인들은 왜 우리 역사에서 추악한 것들에만 신경 쓰나요?

- 신원 미상의 러시아인, 2000년경[1]

사람들은 말한다. "역사는 바꿀 수 없다."

당연히 틀렸다. 물론 사건은 일어나고 우리는 일어난 일을 바꾸지 못한다. 실제로는 사실을 제대로 추적하는 일만으로도 충분히 버겁다.

하지만 '역사'는 사실과 다르다. 역사는 사람이 과거에 관해 말하는, 변할 수 있는 이야기이다. 새로운 증거와 신종 사상이 뇌리에 자리 잡으면 역사에 대한 우리의 생각은 언제나 달라진다. 전투와 '위인'의 목록은 경제, 노동자 계급의 부상, 여성의 역할, 제국과 노예제도로 대체된다. 사람들은 옛 영웅의 조각상을 세우고, 유행이 바뀌면 쓰러뜨린다. 전문 역사학자들은 어떤 의미를 부여할지를 두고 열띤 논쟁을 벌인다.

대다수 국가의 대부분의 사람은 위로가 되는 국가 이야기를 선호한다. 영국 장관들은 영국 학교들이 영웅적 인물들이 등장해 걸림돌 없이 진보를 향해 전진한 서사를 채택하게 하려고 노력했지만, 그렇게 성공적이지는 않았다. 트럼프 대통령은 미국에서 '애국 교육'의 토대를 만드는 위원회를 발족했다.

러시아에서 그 논쟁은 훨씬 더 격렬하다. 20세기에 러시아는 가장 거대한 승리를 거두었고, 가장 거대한 굴욕도 맛보았으며, 가장 거대한 범죄도 저질렀다. 고르바초프가 소련 기록보관소를 개방했을 때, 연구자들은 충격적인 사실들을 파헤치는 데 헌신했다. 사람들은 대다수가 모르고 있었던 과거의 실상을 어떻게 받아들여야 할지 저마다 고군분투했다.

그때 블라디미르 푸틴이 등장했다. 푸틴은 벤켄도르프 백작이 표트르 차다예프에게 제안한 것과 같이 '애국적' 버전의 러시아 역사를 홍보했다. 푸틴은 TV 채널과 대중 언론사를 과거와 같은 체제 순응적인 버전으로 섞었다. 푸틴은 내부적인 '역사의 위조'와 외국인들이 '역사 분야에서 러시아의 국익을 훼손하려는' 시도라 부른 것에 대응할 목적으로 역사 교육 위원회도 발족했다. 효과적이게도 위원회에는 안보국 대표도 포함되어 있었다. 스탈린 시대를 살아남은 역사학의 전통은 위기에 처했다.

러시아인들이 기운 빠지는 비관주의와 팽창한 애국주의 사이에서 흔들리면서 대중의 분위기가 바뀌었다. 사람들은 스탈린과 레닌의 비밀경찰 펠릭스 제르진스키, 그리고 이반 뇌제의 동상을 복원하라고 요구했다. 역사상 가장 뛰어난 인물을 꼽는 여론조사에 스탈린이 상위를 차지하곤 한다. 심지어 득표수도 넉넉하다. 우크라이나 공격에 대해 푸틴이 늘어놓는 듣기 괴로운 정당화는 거짓 신화와 현실이 가장 파괴적으로 결합한 형태를 보여준다.

우울해진 러시아인들과 상당수의 외국인들은 러시아는 독재자에 지배당할 운명이며, 그토록 많은 사람이 바랐던 '정상 국가'가 결코 되지 못하리라 결론 내렸다. 청년 푸시킨이 차다예프를 향해 러시아는 독재정권의 돌무더기 위에서 일어나 승리할 것이라고 예언한 시를 쓴 후 200년 동안 최소 네 번의 개혁이 있었지만, 번번이 압제로 되돌아간 것도 사실이다.

하지만 러시아의 희미한 희망은 푸틴 시대에서 다시 찾아온 격세 유전에 의해 완전히 불씨가 꺼지지는 않았다. 일본은 19세기와 1945년 이후 국가를 재건했다. 독일, 스페인, 이탈리아는 독재 실험 후 다시 돌아왔다. 프랑스와 스페인, 독일, 스웨덴 군대는 수 세기 동안 유럽을 공포에 떨게 하다가, 결국 평화를 선호하는 쪽으로 돌아섰다. 다른 유럽 국가도 그들의 제국을 포기하고 자유 민주주의로 돌아섰다. 가장 완고한 역사적 결정론자만이 러시아는 역사의 짐을 스스로 벗어 던지는 것이 불가능한 유일한 민족이라고 주장할 것이다.

21세기의 첫 30년 동안, 러시아는 이미 소련 시대와 달랐다. 제트기, 현대적 통신수단, 인터넷의 도입으로 거대한 크기는 확 줄었고, 도회적이고, 교양이 있었으며, 비교적 번영했고, 여행의 자유를 누리게 된 국민들은 놀라우리만치 정보에 밝았다. 단호한 낙관론자들은 심지어 우크라이나 전쟁의 충격이 러시아인들이 과거를 달리 바라보는 계기가 되고, 어쩌면 그들을 다른 더 건설적인 미래에 더 열린 자세가 되도록 할지도 모른다고 소망할 수도 있겠다.

한 가지만은 확실하다. 러시아의 미래는 러시아인들 손에 달려 있다. 외국인들의 희망과 두려움, 희망 가득한 생각과는 상관없이 말이다.

더 읽어볼 만한 책

러시아에 관한 수많은 책이 있고, 제각각이다. 다음 책들은 지난 몇 년 동안 내가 관심 있게 읽은 것들이다. 전적으로 개인 취향에 따른 목록이다. 독서 목록도 아니고, 참고문헌은 더더욱 아니다.

수 세기 동안 외국인들은 왜 러시아가 그렇게 감동적이고, 매혹적이고, 화를 치솟게 하는지 탐구해왔다. 모리스 베어링Maurice Baring은 〈맨체스터 가디언〉의 기자로 1904년에 시작해 이듬해 끝난 러일전쟁을 취재했다. 그는 러시아 군인들과 함께 생활하다 러시아와 사랑에 빠졌고, 1917년 혁명 이후 다시 사이가 틀어졌으며, 그리고 다음 책에서 해명을 시도했다. 『The Mainsprings of Russia』(London, 1914). 노벨상 수상자인 스베틀라나 알렉시예비치Svetlana Aleksievich는 전쟁에 참여한 여성들, 체르노빌 원전 사고 피해자(체르노빌 사건을 다룬 TV 시리즈에 많은 내용이 반영되었다), 아프가니스탄의 소련 병사 등 평범한 러시아인이 느끼는 감정을 표현하는 데 타의 추종을 불허한다. 그리고 특히 다음 책은 소련이 붕괴하던 시기에 사람들이 느낀 상반된 감정을 수록했다. 『Secondhand Time: The Last of the Soviets』(London, 2016). 이 책들은 앉은 자리에서 처음부터 끝까지 읽는 책이라기보다 참고서처럼 찾아보는 책이다.

니콜라이 베르댜예프^{Nicholas Berdyaev}의 『The Origin of Russian Communism』은 러시아인들이 철학적인 기분일 때 조국의 역사를 어떻게 생각하는지 보여준다. 레슬리 체임벌린^{Lesley Chamberlain}은 이런 러시아인의 사유를 레닌이 1922년 서방으로 추방한 지식인들과 연관 지어 폭넓게 조망한다(베르댜예프도 그중 하나이다). 『The Philosophy Steamer. Lenin and the Exile of the Intelligentsia』(London, 2006). 이해하기 쉽게 잘 쓰인 책이다.

러시아의 광활한 영토는 역사의 흐름을 결정한 조건이기도 했고, 러시아인이 조국에는 전제정치가 필요하다고 생각하는 이유가 되기도 했다. 이 생각은 협주곡처럼 등장했다 사라지기를 반복했다. 이언 반즈^{Ian Barnes}와 도미닉 리븐^{Dominic Lieven}이 만든 다음 지도책은 그런 생각이 어떤 과정을 거쳐 자리 잡는지 보여준다. 『Restless Empire』(Cambridge, MA, 2015). 콜린 더브런^{Colin Thubron}은 다음의 여행기에서 러시아 변방의 외부 국경선을 생생하게 묘사했다. 『The Amur River: Between Russia and China』(London, 2022)와 『시베리아』. 또 다른 책 『Among the Russians』(London, 2012)에는 영국에서 대처 총리가 집권하던 시절에 캅카스 산악지대에서 만난 한 노인에 관한 일화가 담겨 있다. 노인은 영국이 '처칠 부인'이라는 여왕이 다스리는 나라라고 알고 있었다. 처칠 부인이 탱크를 운전하는 사진도 보았다고 했다. 노인은 어떻게 여자에게 운전을 맡기냐며 혀를 찼다고.

재닛 하틀리^{Janet Hartley}의 다음 두 책은 개인적인 통찰력이 가득한 학술 서적이다. 『Siberia: A History of the People』(New Haven, CT and London, 2021), 그리고 『The Volga: A History』(New Haven, CT and London, 2014). 앤 가렐^{Anne Garrel}은 다음 책에서 러시아 변방부에 사는 사람들에 대한 우려

섞인 시각을 담았다. 『Putin Country: A Journey into the Real Russia』 (Newyork, 2015). '유라시아주의'에 관해 더 알고 싶은 독자라면 찰스 클로버^{Charles Clover}의 다음 책을 추천한다. 『Black Wind, White Snow: The Rise of Russia's New Nationalism』(London, 2016).

폴 부시코비치^{Paul Bushkovitch}의 『Concise History of Russia』(Cambridge, 2012)는 내용이 알차고, 학술적이고, 짤막하다. 제프리 호스킹^{Geoffrey Hosking}은 천년의 러시아 역사를 요령 있게 알려주는 훌륭한 안내자다. 『Russia and the Russians』(London, 2001). 다른 책들도 이 책 제목처럼 러시아와 러시아 사람들에 대한 풍부한 이야기를 전한다. 다이어메이드 매컬러^{Diarmaid MacCulloch}의 『History of Christianity』(London, 2009)는 기념비적인, 즐겁게 읽을 수 있는 책이다. 정교회에 대한 러시아의 역할을 러시아 입장에서 잘 설명했다. 러시아 역사의 초기 800년을 쉽게 이해하고 싶은 독자라면, 잘 읽히는 몇 안 되는 책 중 재닛 마틴^{Janet Martin}의 책을 추천한다. 『Mediaeval Russia, 980-1584』(Cambridge, 2007).

몽골족은 러시아 역사뿐 아니라 유럽에도 큰 영향을 끼쳤다. 최근 학계는 몽골족을 말 탄 깡패 집단으로 보는 전통 시각을 수정해왔다. 모리스 로사비^{Morris Rossabi}는 『Mongolia: A Very Short Introduction』(Oxford, 2012)에서 책 제목에 충실했다. 몽골족을 간략히 잘 소개했다. 더 길면서도 잘 이해되는 책은 마리 파브로^{Marie Favereau}의 『The Horde: How the Mongols Changed the World』(Oxford, 2021)이다.

세르히 플로히^{Serhii Plokhy}는 다작하는 작가이다. 학술적이면서도 잘 읽히는 책을 쓴다. 그의 책 『유럽의 문 우크라이나』는 복잡하게 뒤엉킨 우크라이나 역사를 상세하면서도 명료하게 설명한다. 티머시 스나이더^{Timothy Snyder}의 무시무시한 책 『피에 젖은 땅』이 들려주는 이야기는 독자를 충격에 빠트린다.

도미닉 리븐[Dominic Lieven]은 다음 책에서 러시아인이 왜 나폴레옹과 히틀러를 물리친 나라가 러시아라고(일리는 있다.) 생각하는지 설명한다. 『Russia against Napoleon』(London, 2016). 조지 케넌[George Kennan]의 다음 책은 값진 정보를 제공하지만 피상적이었던 퀴스탱의 책을 바로 잡는 의미에서 꼭 필요한 책이다. 『The Marquis de Custine and His 'Russia in 1939'』(London, 1972). 19세기 러시아 혁명가를 다룬 다음 두 책도 추천한다. 데이비드 풋맨[David Footman]이 쓴 『Red Prelude』(London, 1968)는 알렉산드르 2세 암살에 관한 내용이고, E. H. 카[E.H.Carr]는 『The Romantic Exiles』(London, 1933)에서 알렉산드르 게르첸과 그의 수행단(무정부주의자 바쿠닌, 칼 마르크스의 딸, 프랑스 작가 조르주 상드가 포함되었다)에 관해 썼다. 톰 스토파드[Tom Stoppard]의 3부작 『The Coast of Utopia』(London, 2008)에서 이 책의 내용이 많이 나온다.

미국 언론인 존 리드[John Reed]는 1917년 혁명 당시 레닌의 주변에 있었다. 그는 자신이 본 것을 『세계를 뒤흔든 열흘』에서 상당히 편파적인 시각으로 집필했다. 올레크 흘레브뉴크[Oleg Khlevniuk]의 다음 책은 가장 간결하면서, 가장 훌륭한 책 중 하나다. 『스탈린』. 사이먼 시백 몬티피오리[Simon Sebag Montefiore]는 다음 두 책에서 독재자 스탈린의 초상을 다채롭게 그렸다. 『Stalin: The Court of the Red Tsar』(London, 2003), 그리고 『젊은 스탈린』.

강제수용소에서 살아남은 두 사람의 작품, 알렉산드르 솔제니친[Alexander Solzhenitsyn]의 소설 『이반 데니소비치 수용소의 하루』와 예브게니야 긴즈부르크[Evgenia Ginzburg]의 다음 두 회고록은 수용소의 삶을 실감 나게 전달한다. 『Into the Whirlwind』(London, 2014), 그리고 『Within the Whirlwind』(London, 1981). 앤 애플바움[Anne Applebaum]의 『Gulag: A History of the Soviet Camps』(London, 2012)은 올랜도 파이지스[Orlando Figes]가 수용소 희생자들의

가슴 절절한 사연을 담은『속삭이는 사회』와 함께 읽으면 좋다. 도스토옙스키의 『지하 생활자의 수기』는 시베리아 개척 초기에 그곳에 살던 사람들의 삶을 그렸다.

러시아에서 태어나 러시아어를 할 줄 알았던 영국 특파원 알렉산더 워스Alexander Werth의 다음 책은 탁월한 관찰기다. 앤터니 비버Antony Beevor의 『피의 기록, 스탈린그라드 전투』는 스탈린그라드 전투라는 결정적인 사건을 다룬 최초의 학술서이면서 잘 읽히기도 한다. 많은 러시아 자료를 볼 수 있다. 바실리 그로스만Vasili Grossman의 『Life and Fate』(London, 2006)는 모든 언어를 막론하고 20세기에 나온 가장 위대한 소설 중 하나다. 스탈린그라드를 공방전에 관한 생생한 묘사는 물론, 전체주의 체제 아래 살아남기 위해 어쩔 수 없이 타협한 자신의 이야기를 놀랍도록 솔직하게 들려준다.

고르바초프는 많은 회고록을 남겼다. 그중 많은 책이 자신의 집권기에 벌어진 소련의 붕괴를 다룬다. 아치 브라운Archie Brown이 쓴 전기, 『The Gorbachev Factor』(London, 1997)는 선구자적인 작품이다. 블라디슬라프 주복Vladislav Zubok의 다음 책은 가장 최근에 나온, 가장 균형 잡힌 시각을 보여주는 책이다. 『Collapse: The Fall of the Soviet Union』(London, 2021). 소련과 서방의 기록과 목격담을 고루 반영했다.

블라디미르 푸틴에 관한 책은 하도 많아서 이제 비중이 터무니없는 지경에 이르렀다. 『First Person: An Astonishingly Frank Self-Portrait』 (London, 2000)은 푸틴이 쓴 자서전이다. 내가 아는 한, 가장 간략하면서도 잘 읽히는 책 중 하나로 마크 갈레오티Mark Galeotti의 다음 책을 추천한다. 『We Need to Talk about Putin: How the West Gets Him Wrong』(London, 2019). 미하일 지가리Mikhail Zygar는 모스크바에서 글을 쓰는 작가다. 다음

책에서 푸틴과 푸틴의 최측근에 관해 설득력 있는 견해를 보여준다. 『All the Kremlin's Men: Inside the Court of Vladimir Putin』(London, 2016).

제임스 빌링턴[James Billington]은 『이콘과 도끼: 해석 위주의 러시아 문화사』에서 관변 주도적인 러시아 문화에 관해 알려준다. 올랜도 파이지스의 『Natasha's Dance』(London, 2003)도 같은 맥락의 책이다. 러시아 문학에 관한 대중적이고 짧은 역사서는 여전히 D. S. 미르스키[D. S. Mirsky]의 『A History of Russian Literature』(London, 1949)이다. 이 책은 업데이트가 되지 않는다. 미르스키가 1939년에 수용소에서 흔적도 없이 사라졌기 때문이다. 비브 그로스콥[Viv Groskop]의 『The Anna Karenina Fix: Life Lessons from Russian Literature』(London, 2017)는 가끔은 너무 농담조다. 하지만 러시아 문학의 수준을 통찰력 있고 간명하게 보여준다.

러시아 문필가들은 강박에 가까우리만치 역사에 파고들었다. 푸시킨의 『대위의 딸』은 푸가초프 반란을 소재로 삼았다. 톨스토이는 『전쟁과 평화』에서 나폴레옹에 대한 투쟁을 다루었고, 『세바스토폴 이야기[Sevastopol Stories]』에서는 영프 연합국과 맞선 전투를 그렸다. 19세기 러시아의 캅카스 정복을 다룬 톨스토이의 『Hadji Murat』는 옐친과 푸틴의 잔혹한 체첸 탄압을 으스스하게 예고하는 듯하다. 도스토옙스키의 소설은 러시아가 세계에서 차지하는 지위에 대해 러시아 동포들과 자신이 공유한 집착을 드러낸다. 체호프는 러시아인의 삶과 엄습하는 혁명의 기운을 좀 더 중립적인 시각으로 그렸다. 보리스 파스테르나크의 『닥터 지바고』는 모스크바 인텔리겐치아의 눈으로 본 혁명의 모습을 그렸다.

다음 두 책은 모스크바와 상트페테르부르크에 살았던 영국인의 관점을 취해 1905년과 1917년 혁명을 생생하게 그린 소설이다. 피넬로피 피츠제럴드[Penelope Fitzgerald]의 『The Beginning of Spring』(London, 1989), 그리고 윌리엄 제르하르디^{William Gerhardie}의 『Futility』(London, 2018). 보리스 아쿠닌^{Boris Akunin}이 창조한 탐정 예라스트 판도린^{Erast Fandorin}은 1876년에서 1921년 사이에 러시아 역사의 주요 전환점인 사건들 사이를 종횡무진 활약한다. 판도린 시리즈에 나오는 모험 이야기는 엄숙한 시대 배경 속에 반가운 휴식 같다.

프랜시스 메이스^{Francis Maes}의 잘 읽히는 책『A History of Russian Music』(London, 2008)는 몇 가지 거짓 신화를 해부하고, 길리안 무어^{Gillian Moore}가 스트라빈스키에 관해 쓴 짧은 책『The Rite of Spring』(London, 2019)은 현대 음악에 공헌한 러시아의 영향을 조명했다. 줄리언 반스^{Julian Barnes}의 『시대의 소음』은 소설이지만, 거의 수용소로 끌려갈 뻔한 쇼스타코비치의 실화를 잘 반영했다.

러시아의 시각 예술과 건축은 거의 알려지지 않았다. 카밀라 그레이^{Camilla Grey}가 쓴 선구적인 이 책은 20세기 초 러시아 아방가르드가 가진 짜릿하리만치 황홀한 감각을 전달한다. 『The Great Experiment: Russian Art, 1863-1922』(London, 1952). 윌리엄 크래프트 브룸필드^{William Craft Brumfield}의 다음 책은 저자가 40년간 러시아를 여행하면서 직접 촬영한 많은 사진을 수록했다. 기념비적인 작품이다. 『A History of Russian Architecture』(London, 2004).

민담과 민속음악은 남들은 이해하지 못하는 방식으로 러시아인의 심금을 울리는 역할을 한다. 〈맨체스터 가디언〉 특파원으로 『Swallows and Amazons』를 집필하고 트로츠키의 비서와 결혼했던 아서 랜섬^{Arthur Ransome}은 다음 책에서 여러 민담을 수집해 옮겼다. 『Old Peter's Russian Tales』(London, 2021). 마거릿 팩슨^{Margaret Paxson}이 쓴『Solovyovo: The Story of Memory in a Russian Village』(Bloomington, IN, 2005)는 민간 신앙이 아

직도 소련 해체 이후, 러시아 일부 지역에서는 아직도 큰 영향력을 가진
다는 점을 보여주었다.

감사의 말

이 책은 내가 출판인 앤드루 프랭클린과 편집자 페니 다니엘과 함께 작업한 네 번째 책이다. 더할 나위 없이 즐겁고 가끔 배꼽 잡으며 웃기도 했던 협업이었다. 두 사람과 수년간 나를 아낌없이 도와준 프로파일북스 출판사 식구 모두에게 정말 고맙다.

이 책에 직간접적으로 기여한 사람의 수는 헤아릴 수 없다. 내가 아주 어렸을 때 만난 안나 콜링우드 씨는 무시무시한 러시아 여성이었고, 러시아에 관한 내 생각이 형성될 때 큰 영향을 주었다. 이 책 대부분의 내용 밑에 케임브리지에서 내가 스승들로부터 얻은 가르침이 깔려 있다. 1952년 나는 징집병으로 빈에서 근무했는데, 소련군 정보부 소속의 피보바로프 중위를 돌보는 일을 맡았다. 피보바로프 중위는 내가 처음으로 만난 소련 '전쟁기계'였다. 영국 외무부와 모스크바 대사관에서 일할 때 만난 동료들, 공직을 떠난 후 10년 동안 줄기차게 러시아로 출장을 다녀야 했던 도이치뱅크 시절의 동료들은 모두 내게 큰 가르침을 주었다.

최근에는 러시아를 잘 알기로 둘째가라면 서러울 저명한 호주 외교관 카일 윌슨에게 특히 고맙다. 윌슨의 활기차고 논쟁을 좋아하는 인터넷 친구들은 내게 끝없는 자극을 주었다.

책의 원고를 읽어주신 분들께 특히 감사드린다. 영국의 가장 훌륭한 러시아 역사학자 중 한 사람인 제프리 호스킹, 소련의 마지막 10년에 관해 누구보다 해박한 역사가이자, 자신도 러시아인이며, 지금은 런던정경대의 교수인 블라디슬라프 주복, 모스크바 대사관에서 만난 동료로 경제학자이자 현대 러시아 문제에 관해 매의 눈 같은 통찰력으로 조언해준 던컨 앨런, 소련 붕괴 이래로 조국에서 일어나는 일과 관련해 열정적이고 통찰력 있는 관찰자이자 참여자인 이리나 베레즈키나, 몽골족과 관련해 내게 혜안을 제공한 크레이그 케네디, 그리고 엄청난 박식함을 가진 학술서적 속독가 줄리안 쿠퍼에게 감사한다. 이들은 내게 조언하고, 내 실수를 바로잡았지만, 이 책의 결과물에 대한 책임은 오롯이 내 몫이다.

긴 세월 동안 내게는 많은 러시아인 친구가 있었다. 애석하게도, 그중 많은 이가 죽거나 망명 중이다.

나의 아내 질은 러시아어를 할 줄 알았고 러시아에서 산다는 것의 현실적인 측면에 관해 나보다 훨씬 많이 알았다. 그녀는 47년간 가장 가까운 벗이었다. 질은 너무 일찍 죽었지만 죽기 전에 손자 손녀를 볼 수 있어서 다행이었다.

지난 10년 동안 운 좋게도 수 맥라렌과 함께하는 즐거움을 누렸다. 수와 나는 1960년대에 그녀의 남편과 더불어 로마에서 동료로 처음 만났다. 수의 따뜻하면서도 침착하고 독립적인 마음과 흔들리지 않는 확고한 지지가 없었다면 나는 오늘 이 자리에 없었을 것이고 분명 제정신으로 버틸 수 없었을 것이다.

Notes

시작하며 _ 국가, 신화, 역사

1. Edward Gibbon, *Decline and Fall of the Roman Empire* (London, 1989), vol. 1, Chapter 3.

2. George Kennan's *The Marquis de Custine and His 'Russia in 1839'* (London, 1972) is a necessary corrective to Custine himself.

1 _ 국가의 탄생

1. Shevkunov's film is at: https://orthochristian.com/7411.html

2. The Byzantine historian Nicetas, quoted in Gibbon, *Decline and Fall*, vol. 7, p. 188n.

3. Gibbon, *Decline and Fall*, vol. 9, Chapter 48; W. E. H. Lecky, *History of European Morals* (London, 1869).

4. J. J. Norwich, A Short History of Byzantium (London, 1998), p. 21.

5. Diarmaid MacCulloch, *A History of Christianity* (London, 2010), p. 471.

6. Mark Whittow, *The Making of Byzantium*, 600–1025 (Berkeley, CA, 1996), pp. 239, 242.

2 _ 종말을 몰고 오는 기마대

1. Boris Akunin, *Istoria Rossiiskogo Gosudarstva. Chast Azii. Ordynski Period* (Moscow, 2014), p. 15.

2. Geoffrey Chaucer, 'The Squire's Tale' (c.1380).

3. Akunin, *Istoria Rossiiskogo Gosudarstva*, p. 15.

4. George Turberville (1553), quoted in Richard Hakluyt, *Voyages*, vol. 2 (London, 1962), pp. 99 ff.

5. Benkendorf is quoted by Peter Squire in *The Third Department* (Cambridge, 1968), p. 232.

6. Akunin, *Istoria Rossiiskogo Gosudarstva*, p. 10.

7. Anatoli Fomenko, *History: Fiction or Science?* (Douglas, Isle of Man, 2003), vol. 4, at: http://chronologia.org/en/seven/chronology4.html

3 _ 모스크바 대공국의 성장과 몰락

1. Baron von Herberstein, *Description of Moscow and Muscovy, 1557* (London, 1989).

2. Quoted in Jerome Blum, *Lord and Peasant in Russia* (Princeton, NJ, 1971), pp. 146–7.

3. Quoted in Janet Hartley, *Siberia: A History of the People* (New Haven, CT, and London, 2014), p. 64.

4. Blog posted on 24 July 2017 (https://vse.kz/blog/1432/entry-31896-lozh-ob-ivane-groznom/), accessed 13 February 2020.

5. Isabel de Madariaga, *Ivan the Terrible* (New Haven, CT, and London, 2005); James Meek, *London Review of Books*, 1 December 2005.

4 _ 마침내, 유럽의 강자로

1. V. P. Potemkin, *Istoria Diplomatii* (Moscow, 1941–5), vol. 1, p. 270.

2. Lindsay Hughes, *Peter the Great: A Biography* (New Haven, CT, 2004), p. 214.

3. Francis Maes, *A History of Russian Music* (Berkeley, CA, University of California Press, 2001), p. 167.

5 _ 제국이 된 러시아와 희생자들

1. Linda Colley, review of Niall Ferguson, *Empire*, in the *Guardian* (18 January 2003).

2. P. Hopkirk, *The Great Game: The Struggle for Empire in Central Asia* (London, 1992), p. 305.

3. *Encyclopædia Britannica* (1911 edn).

4. Linda Colley, *The Gun, the Ship, and the Pen* (London, 2021), p. 78.

5. *Documents of Catherine the Great: The Correspondence with Voltaire and the Instruc-*

tion of 1767 in the English Text of 1768 (London, 1931), translations by W. F. Reddaway.

6. Aleksander Pushkin, *The Captain's Daughter* (1836).

7. Viktor Louis, conversation with the author, 1965.

8. Treaty between Austria, Prussia and Russia formally dissolving the Polish–Lithuanian Commonwealth, 1797.

9. Quoted from Wikipedia, 'Russification of Ukraine', accessed 9 October 2021.

6 _ 19세기 러시아와 저주받은 질문

1. Quoted from Jerzy Zdrada, *Apollo Korzeniowki's 'Poland and Muscovy'* (Kraków, 2008).

2. Dostoevsky thus began his private notebook for 1863.

3. The 'Valuev Circular' is summarised by Wikipedia at https://en.wikipedia.org/wiki/Valuev_Circular.

4. Yaroslav Dashkevych, 'How Moscow Hijacked the History of Kyivan Rus', euromaidanpress.com.

5. Ilya Ilyin, *Osnovy Borby za Natisonalnuyu Rossiyu* (Basis of the struggle for a national Russia) (Narva, 1938); M. Smolin, article from *Ukrainski Separatizm v Rossii* (Ukrainian separatism in Russia) (Moscow, 1988). Putin made his remarks to Bush at the 2008 NATO summit in Bucharest, Romania.

7 _ 피로 얼룩진 50년

1. William Shakespeare, *Macbeth*, Act III, scene iv.

2. Text in J. Stalin, *Problems of Leninism* (Moscow, 1953), pp. 454–8.

3. Anna Akhmatova, 'In Place of a Foreword', *Requiem* (Leningrad, 1957).

8 _ 지정학적 재앙?

1. Mikhail Gorbachev, *Memoirs* (London, 1997), p. 212.

2. R. Garthoff, *Soviet Leaders and Intelligence: Assessing the American Adversary during the Cold War* (Washington, DC, 2015), p. 13.

3. Leslie Gelb, *New York Times* (20 August 1992), p. 27.

4. My diary entry, 10 September 1989.

9 _ 블라디미르 푸틴, 신화 마니아

1. Strobe Talbott, *The Russia Hand* (London, 2007), pp. 74–6.

2. Many Western commentators have argued that the Russians were given no assurances. The story is however clearly documented. Mary Sarotte sets it out with flair in *Not One Inch: America, Russia, and the Making of the Post-Cold War Stalemate* (London, 2022). In March 1991 French, German, American and British officials agreed that NATO should not enlarge eastwards (British FCO telegram of 7 March 1991, discovered by Joshua Shifrinson in the British National Archive and reproduced by *Der Spiegel* on 18 February 2022).

3. Putin's pronouncements are available on the Russian presidential website. They include:

   a) 'Russia at the Turn of the Millennium – A Strategy for Russia's Revival', 31 December 1999;

   b) 'State of the Nation Address', 25 April 2005;

   c) 'On Questions of International Security', Munich, February 2010;

   d) 'On the Historical Unity of Russians and Ukrainians', 12 July 2021;

   e) 'On Social Measures for Russians in Donbas Affected by the War', 16 March 2022.

마치며 _ 역사 다시쓰기

1. Benkendorf is quoted by Peter Squire in *The Third Department* (Cambridge, 1968), p. 232. The anonymous Russian is quoted by Anne Applebaum in *Gulag* (London, 2004), p. 203.